ELITES PARLAMENTARES
E A DUPLA ARTE
DE REPRESENTAR

Igor Gastal Grill
Eliana Tavares dos Reis

ELITES PARLAMENTARES E A DUPLA ARTE DE REPRESENTAR

INTERSECÇÕES ENTRE "POLÍTICA" E "CULTURA" NO BRASIL

Copyright ©: Igor Gastal Grill e Eliana Tavares dos Reis

Direitos desta edição reservados à Editora FGV
Rua Jornalista Orlando Dantas, 37
22231-010 | Rio de Janeiro, RJ | Brasil
Tels.: 0800-021-7777 | 21-3799-4427
Fax: 21-3799-4430
editora@fgv.br | pedidoseditora@fgv.br
www.fgv.br/editora

Impresso no Brasil | *Printed in Brazil*

Todos os direitos reservados. A reprodução não autorizada desta publicação, no todo ou em parte, constitui violação do copyright (Lei nº 9.610/98).

Os conceitos emitidos neste livro são de inteira responsabilidade do(s) autor(es).

1ª edição – 2016

Coordenação editorial e copidesque: Ronald Polito
Revisão: Marco Antonio Corrêa e Victor da Rosa
Diagramação: Ilustrarte Design e Produção Editorial

Ficha catalográfica elaborada pela
Biblioteca Mario Henrique Simonsen/FGV

Grill, Igor Gastal
   Elites parlamentares e a dupla arte de representar: intersecções entre "política" e "cultura" no Brasil / Igor Gastal Grill e Eliana Tavares dos Reis. – Rio de Janeiro : FGV Editora, 2016.
   260 p.
   Inclui bibliografia.
   ISBN: 978-85-225-1909-5

   1. Elites políticas - Brasil. 2. Política e cultura - Brasil. I. Reis, Eliana Tavares dos. II. Fundação Getulio Vargas. III. Título.

CDD – 305.5240981

Sumário

Introdução   9
O que escrever quer dizer na política?   11
Alguns limites e potencialidades das noções de elites
   e de campo   16
Politização, domínios e multinotabilidades   19
As difusas e móveis fronteiras entre trabalho político
   e intelectual no Brasil   25

**Capítulo I: Carreiras políticas e gêneros de produção
escrita de parlamentares brasileiros**   33
Duplo investimento e seleção social   34
Apontamentos finais   49

**Capítulo II: Trajetórias de multinotabilidades: política
e cultura nos casos de Afonso Arinos e Delfim Netto**   51
Carreiras políticas e produção escrita   52
Notáveis letrados e arquitetos da nação   54
A nova linguagem do poder: economistas notáveis
   e a força da burocracia   66
Apontamentos finais   78

Capítulo III: Universidade e política: carreira profissional, notabilização intelectual e afirmação política — 81
Entre a cátedra e o parlamento: caracterização do universo — 86
Reconfigurações históricas e condicionantes da afirmação universitária e política de agentes com trajetórias *multinotáveis* — 95
Grandes famílias, centralização política e inovações institucionais (1920-50) — 97
Radicalização política e disputas em torno da cultura e da universidade (1960-80) — 107
Apontamentos finais — 117

Capítulo IV: *Ars obligatoria*, *ars inveniendi*: imposições e subversões na afirmação política e intelectual de mulheres parlamentares — 119
Perfis social, político e intelectual de parlamentares brasileiras — 121
Biografias e construção de equivalências — 137
Apontamentos finais — 146

Capítulo V: "Memórias" de políticos brasileiros: produção escrita, gestão de imagens e "teorizações" nativas sobre o jogo político — 149
Reconversões da elite política pós-Estado Novo e as "confissões políticas" de dois protagonistas — 152
A diversificação da elite política: "memórias" de um "herdeiro" e de um protagonista da "esquerda" — 162
Apontamentos finais — 172

Capítulo VI: Bases da notoriedade, trabalho de eternização e "confissões políticas" ambivalentes: "memórias" de Afonso Arinos — 177
Entre memórias e diários: passado-presente; política-literatura — 178
Apontamentos finais — 196

Capítulo VII: Inserções culturais, engajamentos militantes e carreiras políticas a partir de duas configurações regionais (RS e MA) 199

Cursus honorus, militâncias e imbricações entre "política" e "cultura": perfis exemplares 208

"Heranças", usos do direito e ocupação de "altos postos" 209

Gostos culturais, destinos políticos 224

Apontamentos finais 235

Referências 241

Introdução

No Brasil, há muitas discussões sobre as interferências da "política" no trabalho intelectual que, não raro, são posicionamentos que ora as percebem pela falta (assumindo o caráter reivindicatório de uma "missão histórica"), ora pelo excesso (expressando o cunho denunciativo de um lamento cientificista). Porém, algumas pesquisas recentes têm privilegiado abordagens mais sócio-históricas para considerar os períodos de menor ou maior (in)distinção entre os domínios e registros políticos e culturais. A ênfase, nesse caso, geralmente recai, em um plano, sobre os processos históricos e os condicionantes sociais de maior ou menor diversificação e autonomização (sempre relativa) entre eles, e, em outro plano, sobre as lógicas de seleção e de hierarquização dos seus agentes.

Esta última foi a trilha inicial seguida nas investigações que originaram os capítulos deste livro. No entanto, levando em conta que poucas são as pesquisas que têm aportado sobre a importância das inscrições culturais no trabalho político, invertemos o ponto de partida dominante. Isso se justifica pela constatação de que, não somente como estratégia de apropriação de produtos concebidos nos mundos culturais (literatura, ciência, filosofia, religião etc.), na luta pela conquista ou manutenção de posições relativamente bem alocadas no espaço público, a produção mesma de bens culturais e o reconhecimento como "intelectual" são dimensões significativas da própria atividade política e funcionam como trunfos de distinção contundentes.

Há uma extensa bibliografia produzida por cientistas sociais brasileiros nas últimas décadas sobre carreiras e perfis de políticos. *Grosso modo*, a literatura — a despeito das divergências entre os autores que adotam perspectivas mais societais, organizacionais, de caráter mais objetivista ou perspectivista — lança luzes sobre os padrões de institucionalização das organizações políticas brasileiras,[1] as clivagens partidárias e o recrutamento do pessoal político.[2] Para o que está em pauta nos textos que compõem esta coletânea, desejamos esclarecer a primordialidade da noção de *carreira política* para abarcar os desdobramentos das apostas feitas por agentes desde suas *entradas na política*, nos termos apresentados por Michel Offerlé (1996). Ou seja, procurando apreender as modificações nos princípios de aferição de excelência humana e sua reconversão em critérios de hierarquização política e intelectual, bem como as gramáticas que fixam complementaridades entre os domínios políticos e culturais em diferentes conjunturas.

Nesse caso, é importante realçar pelo menos quatro eixos analíticos, construídos ao longo das pesquisas realizadas, portanto, que estão na base das reflexões subsequentemente apresentadas. O primeiro se refere à verificação de um duplo e indissociável reconhecimento conquistado por agentes que se afirmam como porta-vozes de "causas" legítimas, contando com a notoriedade como "intelectual" e de estima por sua carreira política — sinalizando para as fronteiras fluidas, os princípios amalgamados, os perfis híbridos e os trânsitos possíveis de serem operados. O segundo diz respeito às modalidades de intersecção entre domínios políticos e domínios culturais orquestradas por agentes empenhados no trabalho de politização de bens culturais e de intelectualização das lógicas e práticas de intervenção política. O terceiro concerne mais diretamente às teorizações nativas acerca de regras, papéis e definições concorrentes nos jogos políticos e culturais, e que não raro deixam perceber a construção consagradora ou detratora de

---

[1] Ver Santos e Pegurier (2011); Marenco dos Santos (2001); Meneguello (1998); entre outros.
[2] Ver Costa e Codato (2013); Coradini (2007); Perissinotto e Miríade (2009); Reis (2008); Marenco dos Santos e Serna (2007); Rodrigues (2002). Para um balanço acerca de estudos de carreiras políticas na pista seguida, ver Grill (2013).

"etiquetas políticas", de eventos e personagens, de códigos de conduta etc. E o último eixo trata do trabalho simbólico de autoapresentação e de administração de identidades estratégicas, levado a cabo por agentes com mandatos para gerir os bens políticos, com certificações para participar da disputa pela prescrição de princípios de visão e divisão do mundo social e dispostos a fabricar ou gerenciar imagens de si — conforme as posições ocupadas em determinados estágios das lutas políticas e culturais nas quais se encontram envolvidos.

Tais aspectos convergem na percepção de que, no espaço social mais amplo, o acesso a determinados conhecimentos e ao trabalho de formulação intelectual (em oposição ao mundo prático, não reflexivo, pragmático, ordinário) legitima posições de poder, sedimentando reputações distintivas *em* e *entre* diversos segmentos de grupos dominantes (jurídicos, midiáticos, religiosos, universitários etc.). Particularmente no universo político, a capacidade de uso da "palavra" escrita e oral, certificada na mobilização de recursos multifacetados que sustentam a *força ilocucionária dos discursos* (Bourdieu, 1996a), deve ser investigada como condição e condicionante das *entradas* e como trunfo contundente para a construção de carreiras políticas reconhecidas como singulares.

A problemática construída com a pretensão de evidenciar mecanismos e regularidades que regem o mundo social, a partir da análise de imbricações entre microcosmos relacionais, concorrenciais e contingencialmente plasmados, tem sido privilegiada nos trabalhos desenvolvidos no âmbito do Laboratório de Estudos sobre Elites Políticas e Culturais (Leepoc). Cabe grifar que, para tanto, o apoio recebido pela Fundação de Amparo à Pesquisa e ao Desenvolvimento Científico e Tecnológico do Maranhão (Fapema) e pelo Conselho Nacional de Desenvolvimento Científico e Tecnológico (CNPq) tem sido indispensável para levar a cabo tais investimentos.

O que escrever quer dizer na política?

Sabe-se que personalidades públicas são eternizadas em monumentos erguidos, documentos armazenados e interpretações oferecidas sobre seus feitos e as conjunturas das quais participaram. Tais interpretações, oferecidas por historiadores, jornalistas, cientistas sociais, entre outros, alinham-se no trabalho social de invenção das posições e papéis políticos. Ou seja, em que diferentes categorias de agentes, com distintos e múltiplos créditos e rendimentos, empenham-se em dizer o que é (ou deveria ser) "a política" ou "o político" em determinadas condições sociais e históricas.

No entanto, para o momento, a questão que se coloca é quando o papel de descrição, registro ou análise é operado por agentes que procuram sair daquele "estado" de "objeto" de apreciação para pretender o de "sujeito". Lançando mão de diferentes recursos sociais, culturais e ideológicos que dispõem (ou que estão disponibilizados), podem pontuar temáticas consideradas relevantes e adentrar em universos de produção de bens simbólicos considerados mais legítimos, como a escrita. Fala-se, então, de uma circunstância em que as lideranças políticas apresentam definições de si e dos demais, apropriam-se de meios não necessariamente monopolizados por outros domínios de competências, e ainda podem atestar sua capacidade de reflexão e distanciamento do posto (Le Bart, 2005, 1998; Neveu, 2003, 1992; Le Bart e Neveu, 1998).

De modo geral, pode-se apostar em cinco aspectos (conectados) fundamentais que explicitam, ao menos em parte, as lógicas subjacentes aos empreendimentos de escrita dos agentes.

O elemento mais geral diz respeito à possibilidade de entender a dinâmica política nas suas relações de interdependência com outros domínios sociais. As intersecções legítimas e valorizadas entre esses domínios (particularmente os políticos e os culturais) são produzidas e sustentadas justamente pela circulação dos agentes e geram efeitos de hierarquização em diferentes níveis. O que vai ao encontro da importância, acentuada por Le Bart (1998:76), de buscarmos:

> analisar as interações entre campo "literário" e campo político para perceber complementaridades, superposições, eventualmente deslocamentos distintivos entre *métier(s)* político(s) e *métier(s)* da escrita, entre definições dominantes do "homem político" e definições dominantes do "homem de letras".

INTRODUÇÃO

De par com a aceitação da existência de amálgamas e intercruzamentos de lógicas e domínios, derivando em um espaço social marcado pela plasticidade e fluidez das fronteiras (que poderiam delimitar as suas esferas específicas), propõe-se aqui que a dedicação em oferecer escritos (análises técnicas, posicionamentos ideológicos, narrativas históricas, textos literários, memórias etc.) pode significar: a) uma forma de submissão à lógica do jogo social em geral e ao político especialmente, haja vista que escrever ocupa uma posição de excelência diante de outras formas de produção de bens simbólicos (como teatro, música, dança, oratória...); b) um trunfo contundente na concorrência política de homens e mulheres com carreiras políticas eletivas entre si e com outros agentes pela imposição de sentidos sobre o mundo social; c) uma oportunidade de ativação de estratégias de subversão do jogo ou simplesmente de "saída" da rotina mais pragmática das atividades políticas; d) e, finalmente, a chance de demarcação de uma singularidade que justifica e maximiza o potencial distintivo de representação (política) pleiteado.

A ideia de submissão visa enfatizar que os especialistas que disputam entre si a imposição de representações e categorizações (que beneficiariam as posições que eles próprios assumem) estão também subordinados a valores e práticas dominantes. Assim, escrever não é somente uma escolha, um ensejo para demonstrar a capacidade de reflexão ou uma ocasião de estabelecer versões autorizadas. Tal prática pode significar uma injunção, um "dever", ou espelhar uma forma de constrangimento (do meio de inscrição, das origens, dos oponentes, dos profanos etc.), enfim, apresentar-se como imperativo (afirmado, por exemplo, nas ocasiões em que não são os próprios políticos que escrevem, mas que assinam a autoria de certas publicações).[3]

---

[3] A indagação sobre se foi realmente o político quem escreveu os livros não é central, pois não buscamos analisar propriamente as estratégias de escritura, mas o lugar que o empenho na produção escrita ocupa nos investimentos globais dos agentes, nos posicionamentos que explicitam (e, portanto, aos quais se filiam), no trabalho de autoapresentação e de legitimação presentes nesses investimentos de publicação, bem como as multiposicionalidades e os reconhecimentos conquistados.

Todavia, a mesma injunção constitui-se como expediente de luta importante na ordenação de batalhas, mediante a composição das estratégias de concorrência (e afinidades) com outros domínios sociais como os universitários, os religiosos, os jurídicos e os midiáticos. Se os porta-vozes desses domínios autorizam-se todo o tempo a posicionar-se sobre e no universo da representação política, e muitas vezes a competir com os profissionais da política pelo papel de representante da "opinião pública" (Neveu, 2006; Marquetti, 2001; Garraud, 2001; Champagne, 1998; Charle, 1990; entre outros), o trabalho intelectual das lideranças políticas coloca-se como uma forma de intervenção na definição e tomada de posição acerca de problemas sociais considerados legítimos, participando da sua construção mediante a mobilização de saberes e competências geralmente associados àqueles outros domínios e profissionais. O que favorece a pluralidade de lógicas e tráfegos de agentes ou tráficos de produtos, sem grandes interdições ou a necessidade de expressivas retraduções.

A produção escrita desponta, então, não somente como recurso de distinção e critério de hierarquização endógeno, mas também coadunado a dinâmicas de luta e de complementaridades mais amplas com outros domínios e agentes em interdependência. Isto é, os textos produzidos não necessariamente se inscrevem apenas na disputa interna aos domínios políticos, mas podem igualmente participar do processo concorrencial de redefinição das posturas intelectuais, assim como de lugares no espaço de poder em geral.[4]

Conjuga-se ao processo que delineia um campo de disputa e de hierarquização internos e externos aquele em que a profissionalização da atividade política é acompanhada pelo afloramento do seu descrédito (muito devido à expansão e à diversificação dos domínios e repertórios de mobilização política; à competição com outros porta-vozes; às considerações cínicas do cinismo político; entre outros). Em uma con-

---

[4] Grèzes-Rueff (1994:19-20), analisando o caso francês, já alertara: "A interrogação sobre a cultura ou incultura dos deputados aparece frequentemente [...]. Para o homem político é um meio retórico de desvalorizar o adversário, lhe opondo a legitimidade de uma cultura acadêmica e consagrada pelos diplomas adversários. Para o intelectual e o jornalista é a ocasião de meditar sobre os perigos de confiar o poder do Estado à assembleia de eleitos cujos membros seriam, com frequência, pouco dignos de exercê-la, por falta de formação, de conhecimento e de capacidades intelectuais".

figuração caracterizada pela conjunção de referências que depreciam ou desqualificam a posse de cargos eletivos, adicionada à escalada do conhecimento técnico, das formulações midiáticas e à persistente valorização de uma condição de "intelectual", a conquista de altas posições no *ranking* político parece depender das aptidões para se apresentar como um profissional híbrido (político, comunicador, intelectual, militante, especialista e porta-voz).

Afora as imposições de um determinado perfil que corresponderia aos códigos do sucesso político, a produção escrita pode significar também, aos agentes em competição, tanto a chance de tentar modificar os critérios que pautam o jogo social e político como apenas um desvio do cotidiano das responsabilidades políticas. Nesse caso, como ato de criação, essa prática é entendida como possibilidade de mediação entre princípios da *responsabilidade* e da *convicção*, nos termos weberianos (Weber, 1993), e permite pensar o espaço político como um *transcendental histórico*, isto é, ao mesmo tempo como um "campo de censura" e "meio de expressão", que circunscreve o espaço dos possíveis e dá brechas à inventividade (Bourdieu, 1996b:266).

Portanto, a produção escrita e outras inscrições em domínios culturais (universidades, academias, institutos de pesquisa, meios de comunicação etc.) aparecem como uma forma de não se subordinar à rotina do papel; de conjugar as urgências do jogo político à capacidade de reflexão e distanciamento em relação às mesmas; de explorar a margem para as transmutações possíveis. Trata-se, assim, de entender que os investimentos e inscrições culturais, sobretudo a produção de textos escritos, trazem à tona não somente uma dimensão de racionalização do trabalho político como aquele que requer compromissos com os resultados, o exercício de papéis prescritos, de aquiescência às regras etc. Mas igualmente admitindo as invenções razoáveis; os usos possíveis dos possíveis dados; a externalização de convicções, "projetos", posições dissonantes ou desviantes, expressos, sobretudo, nos gêneros de escrita.

O último aspecto que queremos salientar (articulado com o que vem sendo dito) refere-se à consideração de que, instituindo representações por meio dos escritos, as lideranças políticas podem se reestabelecer como representantes legítimos, balizando sua singularidade. Com efeito, a "arte de representar" e a "arte de escrever" encontram-se imbricadas e, possivelmente, compõem um princípio organizador das práticas que se impõem gerando efeitos, mesmo que frágeis, de refração no espaço político.

Perceber como certos agentes com carreiras eletivas e voltados a posicionar-se sobre "questões políticas" ou politizáveis dedicam-se a engendrar bens simbólicos é um expediente que permite entender as bases da construção de representações sobre o mundo social compatíveis com as representações que forjam sobre eles mesmos e, inclusive, fundamentando sua competência como representante político.

Alguns limites e potencialidades das noções de elites e de campo

Entre as questões fundantes da agenda de estudos sobre elites políticas e culturais na qual se situa a proposta deste livro, destacam-se os debates em torno justamente das noções de elite e de campo. Alguns esclarecimentos são pertinentes.

No que tange às elites, não pretendemos retomar os intermináveis debates e pontos de vista "teóricos", que geralmente reduzem as reflexões a "querelas nominalistas" em torno de "artefatos sem realidades objetivas" (Bourdieu, 1988), exaurindo qualquer possibilidade de apreensão dos grupos e instituições mediante o estudo dos agentes, das suas características e distribuição em um espaço específico.

Essa ressalva é importante porque, principalmente no âmbito da ciência política, há discussões voltadas seja a definir o que é ou quem são as elites, seja a debater sobre a apropriação desta ou de outra adjetivação para classificar diferentes populações ("classes dominantes", "grupos dirigentes", "oligarquias" etc.).

E também porque buscamos nos afastar do "olhar realista", substancialista, que, reivindicando ensinamentos manualescos da "arte do recorte", se empenha em localizar as elites a partir de fronteiras que seriam "reais", mediante critérios pretensamente objetivos e precisos de delimitação das linhas divisórias que as separam da "não elite" ou que apartam os distintos segmentos de elites. Não obstante, tais limites e fronteiras somente existem como resultados do jogo de divisões e visões, isto é, próprios de imposições que devem ser pensadas como parte de um espaço de luta acerca das definições legítimas.

O "realismo" das "teorias neomaquivelianas" — que leva a "naturalizar os mecanismos que produzem e reproduzem a separação entre 'agentes politicamente ativos' e os 'agentes politicamente passivos' e a constituir em leis eternas as regularidades históricas válidas nos limites de um estado determinado da estrutura da distribuição do capital" (Bourdieu, 1989a:163) — encontra-se com o "realismo científico objetivista", expresso na devoção a métodos positivistas de pesquisa guiados para o fim de retratar da forma mais fiel possível "quem governa". As armadilhas do substancialismo, em especial na sua feição quantitativista, que insuspeita da capacidade de medição precisa e não problematiza os instrumentos utilizados para medir (Bachelard, 1996), ganharam força até se esgotar (Scott, 1995; Coradini, 2008; Grynszpan, 1996; Grynszpan e Grill, 2011). E isso muito devido à falta de alcance dos achados, quando os analistas se deparam com a necessidade de explicar processos sociais mais amplos.

Em detrimento do enfoque sobre coletividades substancializadas (a "burguesia", a "classe dominante", a "oligarquia", o "regime" etc.) e antropomorfizadas (dotadas de estratégias e fins essencializados e conhecidos), preferimos sobrelevar a centralidade da heterogeneidade (dinâmica) das configurações de relações que comportam alianças, clivagens, interpenetrações, osmoses etc.

No entanto, seguimos a argumentação de Christophe Charle (2009) para resguardar o uso da terminologia elite como adequada para classificar certos universos de análise. No que pese seus inconvenientes desde as definições das teorias elitistas até certas aplicações de contemporâneos, trata-se de uma noção geral e plural. Por esse motivo, ela acolhe diversos tipos de grupos dirigentes ou dominantes, não imunes à contestação da sua legitimidade, atuantes em distintas configurações históricas e sociais de luta, e que são protagonistas de transformações dos princípios dominantes de hierarquização social, cultural e política.

Nisso que a ideia de elite expande, a noção de campo (ou setor, esfera etc.) restringe. Enquanto a primeira pode se referir a notáveis, especialistas, amadores e profissionais, a última define-se pela presença de profissionais inscritos em condições solidamente institucionalizadas, diferenciadas, objetivadas.

Com a vantagem de demandar o afastamento de uma visão do mundo social que se ocupava exclusivamente de "coisas visíveis", Pierre Bourdieu (1988) explorou a formação de microcosmos relativamente autônomos e interdependentes, delineados ao longo de processos de objetivação de suas instituições e capitais específicos relativamente a um campo de poder mais amplo, a partir do qual se hierarquizam e se redefinem incessantemente.

Como construções históricas (com gênese, invenção e diferenciação), sobre a noção de campo importa atentar aos processos de delimitação das fronteiras que circunscrevem (de forma mais ou menos rígida) regras, princípios e leis próprias, não dadas de uma vez por todas, mas em constante reinvenção por partes dos seus profissionais em relação uns aos outros, aos "profanos" e aos demais campos. Logo, as condições de entrada nesses universos são móbiles de disputas dos agentes, que buscam cerrar fileiras, estabelecer barreiras ou criar brechas para novos ingressantes ou perfis considerados "apropriados".

Descortinam-se, assim, um sistema complexo de relações de dominação e de cumplicidade, no qual os envolvidos almejam conquistar ou conservar posições e deflagram tomadas de posição em função das propriedades detidas, das disposições sociais ajustadas, dos sentidos conferidos ao jogo, dos recursos reunidos e relacionalmente acionados, e sempre animados por disputas pela imposição de princípios de legitimação. Do mesmo modo, esboçam-se redes de relações objetivas e subjetivas (de subordinação, de complementaridades, de alianças, de antagonismos), bem como exigências à alocação e reconhecimento da autoridade de especialista, em termos de adesões, crenças e competências (Bourdieu, 1996b).

Essas são as principais dimensões que permitem, nos marcos do modelo bourdieusiano, compreender as lógicas das lutas específicas e quem são os lutadores "aptos" a nelas arrojar-se, bem como o grau de autonomia (independência relativa) que os distintos espaços de força gozam em relação às lógicas heterônomas (interferência de registros e bases de poder exógenas).

A dupla construção (histórica e analítica) desses campos de batalha informa o cuidado de se evitar duas falácias teóricas. Uma concernente à apropriação do conceito de campo como se tivesse uma "aplicabilidade universal e como se todo contexto pertinente de ação fosse necessariamente um campo. [Negando] então a sua historicidade..." (Lahire, 2012:212-213). A outra referente à avaliação de que é vantajoso, então, simplesmente "substituir radicalmente [por questão de mera escolha] este conceito por outros modos de recortes de objetos. [Recusando] toda ideia de esferas sociais, de subsistemas [...]. Como se nada na realidade sócio-histórica pudesse confirmar a existência de tais microcosmos sociais..." (Lahire, 2012:212-213).

De fato, os vetores de diferenciação social que possibilitam os descolamentos e deslocamentos desses microcosmos são retroalimentados por critérios de seleção (desigual distribuição de recursos) e de especialização de papéis (meios e atribuições retidos), entre outros que podem ser localizados em configurações históricas contrastantes. Contudo, há contextos marcados por graus distintos de objetivação de instituições e capitais, ou seja, por níveis variados de autonomização (profissionalização e independência de poderes exógenos ou alógenos).

Politização, domínios e multinotabilidades

Como, no trabalho político e cultural, "arte de escrever" e "vocação para representar" sintetizam um duplo e indissociado reconhecimento instituído na inscrição em domínios concorrenciais de atuação e na autoridade reivindicada/atribuída para definir e agir sobre o mundo social? Essa questão permite ponderar que, no universo em pauta, os agentes estão, a um só golpe, autorizados, por delegação instituída, a tomar decisões políticas em arenas públicas, com pleno poder de ação e direito de preempção (Bourdieu, 1984a), e, no mesmo grau, contam com o reconhecimento (não adstrito às certificações dos meios políticos, mas também culturais) da sua autoridade para dizer (produzindo então representações) o que é ou deveria ser o "Estado", a "sociedade", a "economia", a "cultura" etc.

A oportunidade de conquistar tal reconhecimento é dada por uma dinâmica em que os processos de *politização* interseccionam diferentes vias, como aquela que diz respeito ao descolamento histórico de uma esfera especializada de exercício da atividade política (no sentido weberiano); outra relacionada com os discursos, às vezes estruturados em jargões de uma moral-cívica que retoma a filosofia política para consagrar o aprendizado da "participação" e o "interesse dos cidadãos por política"; e a politização da vida social que, em contextos como o brasileiro, abrange a importação e a redefinição das duas anteriores, resultando em arranjos nos quais as disposições políticas e os posicionamentos sobre temáticas políticas ou politizáveis são gerados no imbricamento de registros e práticas a princípio dissonantes entre si (morais, culturais, burocráticos, sociais, éticos, estéticos etc.).

A esta altura, confiamos no embasamento de dois fatores precípuos do espaço do poder no Brasil. O primeiro é a relevância das relações pessoalizadas e seu caráter estruturante da dimensão mais vasta do ordenamento tanto social como político, tornando mais fluidos os limites entre o que é formal ou informalmente considerado como "política", assim como menos nítidas as distinções entre interações regidas por lógicas institucionais e pessoais . O segundo é a monopolização personificada e a ativação de determinados recursos que efetivamente contam (principalmente de origens sociais, títulos escolares e redes de relações), colaborando para a ocupação das posições as mais bem alocadas na hierarquia social como um todo e naquelas posições equivalentes nos domínios específicos.

Assim, aceitando a tese da perseverança de um tipo de poder e de relações de dominação que podem ser associados a condições periféricas e neopatrimoniais, deriva-se a articulação de quatro componentes. O primeiro é a menor diferenciação entre esferas sociais, que são, ao contrário, edificadas e legitimadas sob a égide do intercruzamento de lógicas e recursos indistintamente políticos, culturais, administrativos, militantes, afetivos, ideológicos etc. (Pécaut, 1990; Coradini, 2012; Reis, 2015). O segundo é de que, no volume e na estrutura dos patrimônios dos agentes situados em posições de poder, destacam-se os trunfos decorrentes da personificação do capital simbólico e da acumulação do capital de relações sociais (Bourdieu, 2002). O terceiro é o prevalecimento de princípios de hierarquização social respaldados em códigos de honra/reciprocidade e em mecanismos de representação/ mediação política via patronagem/clientelismo (Davis, 1977; Landé, 1977; Bailey, 1971; Grill, 2008a; Bezerra, 1999; Palmeira e Heredia, 2010). E o quarto é o inundamento de outros domínios, como os culturais, religiosos, científicos, jurídicos etc., por lógicas e lutas políticas (no sentido amplo), que acabam conformando-se aos seus princípios de funcionamento (Reis e Grill, 2106, 2014a; Petrarca, 2007; Oliveira, 2005; Seidl, 2003; Engelmann, 2004; entre outros). É claro que esses aspectos ganham tons variados ao longo do tempo e conforme a constituição dos diferentes domínios sociais.

A aplicação da ideia de *domínio* ao longo deste livro não é fortuita. Propomos defini-la a partir dos meios específicos mobilizados, das atribuições próprias monopolizadas e dos condicionantes que operam para a especialização de papéis.[5] Utilizamos essa noção para indicar circunstâncias nas quais não é possível pressupor elevados graus de institucionalização ou de autonomização. O que não significa dizer que não sejam circunscrições delimitadas por injunções legítimas, nas quais atuam agentes portadores de características e trunfos variados de autoridade, que os habilitam a circular entre elas e a produzir e impor representações sobre a vida social.

Acreditamos, por um lado, que é pouco profícuo pensar, nas condições em pauta, em termos de esferas dotadas de características que lhes garantem autonomia, como independência de poderes, lógicas e registros *esotéricos* (na acepção de externos aos princípios que delineiam as fronteiras e os critérios autóctones de funcionamento, hierarquização e legitimação de um campo*)*. E, por outro lado, é salutar mergulhar nos mecanismos de especialização que providenciam as condições de funcionamento de dimensões da vida social que são *exotéricas* (no sentido de inacessíveis aos não especialistas).[6]

---

[5] Jacques Lagroye (1997) demarcou os aspectos diferenciadores especificamente da "política" como uma dimensão da vida social.
[6] Para uma discussão sobre a distinção e a caracterização dos princípios "esotéricos" e "exotéricos" na descrição do funcionamento dos campos feita por Bourdieu, ver Lahire (2012).

Nessa última direção, o caminho promissor é cotejar processos de maior ou menor profissionalização no exercício de determinadas atividades — observados por intermédio de parâmetros objetivos como as condições de remuneração para viver de uma ocupação específica, o grau de institucionalização das carreiras, as competências codificadas etc. Mas ainda mais rentável é apreender os papéis — muitas vezes múltiplos e à primeira vista contraditórios, uma vez que são exigências associadas a distintas configurações de lutas situadas no tempo e no espaço — prescritos a certas categorias de agentes sociais (políticos, intelectuais, docentes, cientistas, gestores, religiosos, jornalistas etc.), que têm atribuições, (auto)imagem e lugar no mundo social possibilitados justamente pela inscrição em âmbitos e pela familiaridade com saberes, gramáticas e repertórios que em outras situações são associados a campos diferenciados.[7]

Por conseguinte, a potencialidade dessa elasticidade conceitual reside na oportunidade de contemplar cinco investimentos de análise: 1) romper com pressupostos essencialistas presentes em definições de política, de cultura, de religião, de direito, de ciência, de militância, apropriadas como se fossem "realidades" trans-históricas e transculturais (Coradini e Reis, 2012); 2) direcionar o olhar para as múltiplas vias históricas de construção e legitimação de âmbitos de atuação de especialistas; 3) indicar a existência de domínios e lógicas intercruzados da vida social (políticos, culturais, religiosos, científicos, jurídicos etc.), que condensam papéis, atividades e funções específicas; 4) observar os diferentes graus e combinações de processos de relativa autonomização, institucionalização e especialização; 5) efetuar comparações sincrônicas entre *domínios* plasmados em determinadas sociedades, e diacrônicas de um mesmo domínio em constantes mudanças, adaptações, subversões.

Em vista disso, a abordagem em termos de domínios de atuação de elites é heuristicamente relevante por duas estratégias metodoló-

---

[7] A distinção feita na sociologia política francesa entre o estudo de profissões e de *métiers* pode servir de baliza. Ver os números da Politix (1994 e 1996). Contudo, o investimento deve ser na complementaridade dos enfoques, bem como se deve resguardar da utilização de termos como *profissão* e *métier* como se fossem universais e independentes das condições históricas dos seus usos.

gicas, que podem ser viabilizadas mediante a sua utilização. A primeira diz respeito à possibilidade de circunscrever dimensões da vida social (como da política, da religião, do direito, da ciência etc.) erguidas, conforme caracterizou Coradini (2012:69), na "superposição integrada" de lógicas e práticas, isto é, que não estão encerradas em esferas autônomas, mesmo em situações de relativa especialização de papéis. A segunda é a de permitir delimitar âmbitos de atuação e/ou causas disputadas a partir dos seus protagonistas, credenciados justamente pelo pertencimento/vínculo multidimensional e pelos papéis que conseguem assumir junto com a multiposicionalidade em distintos meios (Reis e Grill, 2015). Adota-se, assim, "recortes de pesquisa" que englobam universos que em outras condições seriam considerados de "ordens sociais" diversas (Reis e Grill, 2016).

A operacionalização dessas dimensões de análise converge com o tratamento das imbricações entre domínios sociais modelados em processos de politização em distintos níveis, que, a um só tempo, produzem e são produzidos nos intercruzamentos de lógicas e registros de atuação acionados (relacional e concorrencialmente) por agentes portadores de certas propriedades sociais. Do mesmo modo, é possível detectar os múltiplos recursos (materiais e simbólicos), mais ou menos institucionalizados, personificados por agentes que conquistam notoriedade e legitimidade para definir e agir sobre o mundo social. Compreendendo como, por esse intermédio, alcançam posições (de) notáveis nas hierarquias de domínios específicos e na do espaço social mais amplo, ou seja, desfrutam de *multinotabilidades*.

Essa ideia é enraizada na noção weberiana de notável como aquele que consegue converter em posição de poder a estima social decorrente da sua origem, fortuna ou outros bens passíveis de serem distribuídos aos seus seguidores (Weber, 1987). Contudo, para seu emprego atualizado, não se deve perder de vista que a concepção de notabilidade é empregada de forma parcial e alargada. Quer dizer, em primeiro lugar, ela não se restringe à associação feita por Max Weber entre a figura do notável e a situação econômica específica dos indivíduos que ocupavam cargos eletivos sem necessidade de remuneração ("viviam para a política"). Em segundo lugar, a noção é ampliada para admitir pensar, numa direção, como os notáveis de outrora se acomodaram à formação de uma elite política especializada, profissionalizada e às exigências de burocratização e modernização da política. Valendo igualmente o oposto, isto é, como as novas gerações de políticos profissionais assimilaram formas "tradicionais" ou readaptadas de notabilização, num processo ininterrupto de interpenetrações e osmoses (Phelippeau, 2002; Garrigou, 1998; Grill, 2008a). E, noutra direção, pode-se perceber como mudanças mais gerais contribuem para a afirmação de novos notáveis.[8] Neste último caso, tratando-se de agentes específicos que conseguem reunir e mobilizar suportes de reputação pessoal em domínios e lógicas específicos ou múltiplos — ainda que não sejam imunes a desvalorizações.

Em vista disso, a consideração das *multinotabilidades* pode ser situada entre dois níveis já discutidos, para os quais funciona como uma espécie de ponte de mediação ou de síntese. O primeiro, de inspiração mais empírica, abarca a *multidimensionalidade* das lógicas de ação e das práticas sociais, que são agilizadas não a partir de um universo específico de referência, mas da pluralidade de registros e de trânsitos possíveis aos agentes em um espaço social relativamente flexível (Coradini e Reis, 2012; Reis e Grill, 2016; Reis, 2015; Reis e Grill, 2014a; Grün, 2014; Dubois, 2013; Medvetz, 1990; entre outros). O segundo, de inspiração mais analítica, contempla a *multiposicionalidade* passível de ser acumulada em instâncias, lugares, enfim, nos domínios de atuação das elites, verificando a vinculação das posições sucessiva e simultaneamente ocupadas pelos agentes (no tempo e no espaço) com a superfície social de que eles dispõem (Bourdieu, 1989b; Boltanski, 1973).

Se, por um lado, tem-se uma configuração histórica marcada por uma forte multidimensionalidade condicionada e condicionadora das formas de agir e de pensar, dos sentidos e reconhecimentos atribuídos, por outro lado, tem-se a possibilidade de apreensão de um sistema de posições, oposições e posicionamentos com a operacionalização de dimensões articuladas de análise, quais sejam: a origem social dos agentes; os instrumentos legítimos de expressão monopolizados; a visibilidade e reputações logradas; a encarnação de atributos de excepcionalidade valorizados; e a ratificação pelos aparatos de celebração e outros modos de autorização fundados em certificações institucionais.

---

[8] Ver apresentação do dossiê publicado na revista *Politix* (2004), dedicado justamente a pesquisas que tomam como base de análise variadas configurações de notabilidades.

Como corolário da investigação de domínios e de suas elites a partir desses enquadramentos, é importante examinar os trunfos ativados nas disputas por posições de poder — e (des)qualificados nessas lutas —, atentando para a combinação entre mecanismos objetivos (enraizamento das instituições e objetivação de capitais específicos ou híbridos) e as coalizões interindividuais de laços pessoais, diretos, informais e intermitentes, que podem ser apreendidas mediante a operacionalização da noção de *rede* e derivações, como as de *facções*, *quase-grupos*, *grupos diádicos não corporados*, *cliques*, *conjunto de ação* (Boissevain, 2003; Bailey, 1971; Landé, 1977; Mayer, 2010).[9] Obviamente, essa opção analítica exige a transposição de barreiras disciplinares entre ciência política, sociologia e antropologia.[10]

Em suma, os procedimentos elencados constituem um viés original e capaz de incorporar a diversidade de expressões de fenômenos políticos e culturais em sociedades delineadas por padrões de institucionalização variados, que, em sintonia com um ponto de vista reflexivo, evita embarcar em resultados e explicações, bem como professar concepções de política, cultura, ciência, direito, religião etc. pautados em processos históricos e condições disciplinares alógenos e discrepantes.

As difusas e móveis fronteiras entre trabalho político e intelectual no Brasil

Breve contextualização do universo de investigação

Muito sucintamente, cabe ainda acentuar alguns elementos gerais sobre as diferentes configurações de interdependência entre posições e papéis tidos como intelectuais e políticos tramados na dinâmica histórica brasileira. Sublinhando que os arranjos que os entrelaçaram podem ser compreendidos em via dupla, ou seja, tanto a

---

[9] Para uma discussão sobre o alcance e os limites do uso dessas noções, ver Palmeira e Goldman (1996) e Grill (2013 e 2006).
[10] Um esboço de síntese e aproximação em uma mesma agenda de estudos sobre especialização política das dimensões, variáveis e indicadores privilegiados pela ciência política, pela sociologia política e pela antropologia (da) política pode ser encontrado em Grill (2013 e 2006).

partir das relações entre os "intelectuais" e o "mundo político" como daquelas entre os "políticos" e o "mundo intelectual".

Inicialmente, sobressai na gênese da constituição do Estado nacional o contraste entre, de um lado, um efeito de sobreposição entre atividades de ensino e parlamentares ou de unificação das elites educadas, cosmopolitas (fortemente definidas pela importação do repertório europeu) e com "vocação política" (Alonso, 2002; Carvalho, 1996). Do outro lado, estaria localizada a massa daqueles sem as mesmas condições de acesso ou aproximação com tais oportunidades de poder.

O século XX trouxe como espólio do período imperial o peso da elite homogênea e coesa que se empenhou, notadamente a partir dos anos 1920, na concepção da "identidade nacional" sob a égide de um Estado precocemente centralizado e com forte poder de penetração em um meio social com fraco poder de mobilização (Badie e Hermet, 1993; Pécaut, 1990; Trindade, 1985). Ocorre, então, um deslocamento nas posturas intelectuais e políticas com a atenuação da ideologia cosmopolita e a ascensão da atitude nacionalista, condicionado por estratégias de reconversão dos herdeiros de famílias dirigentes em declínio econômico (Garcia Jr., 1993a; Miceli, 1979).

O desenrolar desse processo foi a urgência de reconstrução do Estado nacional nos anos 1930 e, no bojo, o avigoramento do mercado editorial cujas publicações, de forma não negligenciável, vinham imbuídas da temática nacionalista (Garcia Jr., 1993a; Pécaut, 1990; Miceli, 1979; Sorá, 2010; Pontes, 1998). Destaca-se a série de reconfigurações pontuais que paulatinamente ocorriam, como a transferência do eixo dominante das transações culturais da Europa para os Estados Unidos da América e as modificações no espaço de possibilidades das carreiras intelectuais, graças à diversificação e expansão do mercado de diplomas universitários. O "estamento burocrático" da era Vargas, como frisou Miceli (1979), foi delineado a partir das posições ocupadas por agentes recrutados e hierarquizados segundo seus recursos sociais, culturais e políticos; distribuídos em postos políticos, administrativos, técnicos e culturais; pautados pela agenda dos "problemas nacionais".

De dentro do Estado — seja ou não por cooptação, atrelando o trabalho burocrático ou político ao intelectual, estabelecendo distinções entre o "homem político" e o "homem de letras" etc. —, o período que vai até os anos 1960 deflagra o processo de especialização das atividades políticas e das atividades intelectuais. O que não significa dizer que há uma separação contundente umas das outras, haja vista que a base do prestígio social conquistado no desempenho dessas atividades é construída com a atestação de alguma forma de reconhecimento acumulado nas inscrições em ambos os domínios (Coradini, 2014; Pécaut, 1990).

Os arranjos operados durante o Estado Novo (1930-45) também tiveram impactos sobre a configuração política subsequente (1945-64), em especial sobre o sistema partidário da denominada "democracia populista" — em grande parte composto por forças mobilizadas no "regime varguista" ou por setores da "oligarquia" marginalizados no mesmo período.

É preciso assinalar desses processos, notadamente desencadeados nos anos 1930, fatores como: a aglutinação temporária de correntes políticas opostas e de agentes oriundos de um espaço político tradicional (descendentes de grandes proprietários) e *outsiders* em relação às forças provinciais hegemônicas (São Paulo e Minas Gerais). Além disso, eles são marcados pelos bloqueios nas carreiras militares, jurídicas e políticas, que contribuíram para a ativação de estratégias de reconversão ao poder central das elites agrárias (Garcia Jr., 1993b).

Em outra direção, complementar e não contraditória, percebe-se a diversidade das composições sociais e econômicas dos partidos concorrentes nas décadas de 1930 e 1940, União Democrática Nacional (UDN) e Partido Social Democrático (PSD). Sendo a base privilegiada do recrutamento dos "udenistas" os "círculos de maior prestígio das profissões liberais e intelectuais, junto às elites de grandes proprietários rurais em alguns estados nordestinos e nos remanescentes do pessoal político a serviço de antigos clãs oligárquicos já atuantes durante a Primeira República"; enquanto os "pessedistas" eram majoritariamente selecionados entre lideranças do empresariado industrial, entre o pessoal político das interventorias e entre alguns elementos das corporações burocráticas, como os militares. A maior ou menor proximidade com o poder central no Estado Novo constitui força de atração a uma ou outra sigla (Miceli, 1981:563).

Conjuga-se a isso o ingresso maciço de distintos segmentos no espaço de concorrência eleitoral a partir de 1945, ligados especialmente à imigração (descendentes de alemães, italianos, sírios, libaneses, japoneses...). A afirmação na arena política, nesses casos, estaria vinculada ao processo ascensional de mobilidade social e de reconversão de bases econômicas em bases de exercício do poder político-eleitoral. As estratégias escolares de obtenção de títulos em instituições semelhantes àquelas frequentadas pelas "famílias tradicionais", assim como a especialização em atividades comerciais e/ou empresariais, somaram-se ao capital de relações sociais acumuladas e à condição de mediadores que determinados "grupos familiares" adquiriram nas "colônias" ou "comunidades" às quais estavam ligados (Coradini, 1998a; Seyferth, 1999; Fausto, 1995; Truzi, 1995; Grün, 1995; Grill, 2008a).

No universo intelectual, Pécaut (1990) caracterizou a intervenção da geração culta constituída nos anos 1925 a 1945 como comprometida com a construção e decifração da "nação"; ao passo que aquela atuante nos anos 1950 aos 1960 teria se dedicado à formulação de projetos de desenvolvimento econômico, à promoção da emancipação das classes populares e à garantia da independência nacional.

Os conteúdos atribuídos aos papéis e gramáticas intelectuais e políticas, assim como as formas de intervenção na "realidade", alteraram-se durante as lutas de resistência ao regime militar e pela democratização do país. Entram em cena lideranças oposicionistas orientadas por versões de marxismo, que inauguram seus engajamentos em movimentos estudantis, religiosos e organizações clandestinas; em que a universidade e os professores universitários ganham proeminência; as ciências sociais se afirmam como disciplina e como fonte para a aquisição de saberes ajustados aos engajamentos múltiplos; agências internacionais, sobretudo americanas, investem no financiamento de instituições e de "competências" compatíveis com os ideais da "democracia"; novos partidos políticos são formados; entre outros. Na proliferação de causas, espaços e porta-vozes legítimos da gramática democrática, os debates em torno das políticas públicas apropriadas ocupam lugar central, mobilizando agentes que, numa perspectiva diacrônica e/ou sincrônica, podem exercer os papéis ou ativar lógicas híbridas como militantes, intelectuais, *ex-*

INTRODUÇÃO

perts e políticos profissionais, dependendo das trajetórias e carreiras profissionais e políticas seguidas (Reis, 2015, 2013a).

Desse modo, não é exagero afirmar que nas últimas décadas houve uma progressiva diversificação da composição social da chamada elite política brasileira. Tal constatação se ampara na identificação de uma diversidade de extrações sociais que convivem em diferentes âmbitos e posições nas hierarquias do universo político e polarizam entre si. De um lado, encontram-se os herdeiros de "grandes famílias" que combinam saberes e recursos advindos do espaço doméstico (socialização, patrimônio simbólico, redes de relações etc.) com conhecimentos técnicos acumulados em escolas que se notabilizaram na formação de grupos dirigentes e em funções públicas (Grill, 2008a; Canêdo, 2013). Do outro lado, localizam-se, em proporções cada vez maiores, os agentes que acionam capital associativo (militância em associações, sindicatos, movimento estudantil, igreja católica, guerrilha) em trajetos ascendentes de ocupação de cargos eletivos — afirmando-se como novos segmentos na esfera política (Reis, 2008; Grill, 2008b; Canêdo, 2008; Coradini, 2007; Marenco dos Santos e Serna, 2007; Rodrigues, 2002, 2006). Com efeito, novos repertórios de atuação e formas de legitimação da especialização na política se fixaram, sobretudo emergem clivagens entre concepções e modalidades de intervenção apresentadas como mais "técnicas" e outras consideradas mais "militantes", segundo os perfis, as posições e os objetos disputados pelos agentes em dado domínio de luta. Sem deixar de mencionar os múltiplos intercruzamentos entre elas e apropriações multifacetadas dos seus significados.

Sinteticamente apresentados, esses cenários, conjugados às abordagens analíticas adotadas, formam o esteio de sustentação das pesquisas empíricas cujos resultados expomos nesta obra. Estudos esses que permitiram, no seu desenvolvimento, redefinir ou lançar mais interrogações ou ao menos dar algumas pistas sobre configurações e interdependências, sobre domínios, lógicas e perfis, sobre mecanismos e condicionantes que pesam nos desdobramentos desses processos.

Sobre os capítulos, antecipamos que o primeiro traz um estudo mais quantitativo e sociográfico, no qual foram examinados parlamentares brasileiros (deputados e/ou senadores) que, entre 1945 e 2010, publicaram livros de gêneros variados e de forma relativamente sistemática ao longo dos seus itinerários. A exploração do *Dicionário histórico-biográfico* da Fundação Getulio Vargas foi fonte privilegiada que permitiu localizar 1.181 agentes que, em seu conjunto, registram por volta de 4.062 títulos de trabalhos classificados em gêneros de escrita que podem — inspirados na categorização proposta por Le Bart (1998) — ser definidos como generalistas, setoriais, históricos, literários e (auto)biográficos. A consonância entre expressiva produção intelectual e significativa regularidade na ocupação de cargos públicos e eletivos foi o principal critério para proceder à delimitação de 299 casos priorizados na análise.

Foram, então, testadas correlações dos gêneros de escrita com as décadas de entrada na política, os títulos escolares e profissionais conquistados e a posição política galgada. O que, por um lado, proporcionou verificar o desenho de uma "elite letrada e votada" no universo político e, por outro, possibilitou estabelecer parâmetros para a escolha de casos pertinentes à análise de trajetórias exemplares.

Logo, com base nos 299 agentes, circunscrevemos perfis mais específicos ou modelos de notabilização que se sucederam ao longo do tempo. Congruente com a adoção de uma perspectiva diacrônica, acentua-se que a construção de trajetórias tornou exequível a identificação dos recursos detidos e das estratégias acionadas pelos agentes, bem como a apreensão das lógicas subjacentes em momentos históricos e biográficos sucessivos.

Dessa forma, as trajetórias de Afonso Arinos e Delfim Netto, abordadas no segundo capítulo, foram privilegiadas por serem representativas de duas matrizes fundadas, respectivamente, na cultura erudita e "herança familiar", e nas "flexibilizações" da diversificação do espaço universitário e da progressiva especialização (via força da linguagem dita técnica ou setorializada) do jogo político. O cotejamento dos dois casos propiciou demonstrar diferentes (porém não excludentes) formas de desfrutar do duplo reconhecimento como intelectuais e políticos, iluminando os capitais mobilizados com vista ao logro de posições variadas e relativamente bem assentadas em domínios parlamentares, universitários, burocracias de Estado, espaços midiáticos, instâncias de consagração intelectual, lugares de formulação de políticas públicas etc.

INTRODUÇÃO

É interessante observar que ambos tiveram inserções importantes no âmbito acadêmico e na consolidação de instituições consagradas aos temas econômicos (Faculdade de Economia da Universidade de São Paulo — USP — e Fundação Getulio Vargas — FGV, no Rio de Janeiro), em distintas fases de institucionalização dos seus respectivos domínios, como vários outros dos agentes que constam no quadro geral. O que motivou o recorte de outro segmento específico dessa população, tratado no capítulo três: agentes que atuaram de forma profissionalizada na esfera acadêmica.

Isto é, neste ângulo de análise o foco recaiu sobre deputados e senadores atuantes entre 1945 e 2010 que, além da ocupação de postos políticos e da dedicação à produção escrita, exerceram carreiras como docentes e administradores em instituições universitárias, sobretudo empreendendo esforços na criação e gestão de espaços institucionais de ensino e pesquisa (universidades, institutos, departamentos, laboratórios, cursos de graduação e pós-graduação). Enfim, trata-se de parlamentares que participaram dos processos de institucionalização do sistema universitário brasileiro e da formulação da problemática política legítima progressivamente gestada nessa dinâmica. A retroalimentação entre prestígio acadêmico, vinculação com espaço político-partidário e ocupação de cargos administrativos de relevo fica particularmente evidente em casos de agentes que chegaram à posição de reitor em condições específicas de reconfiguração das universidades no Brasil, como os casos de Pedro Calmon e Cristovam Buarque, examinados em detalhe.

Predominantemente atuaram no âmbito da educação as oito mulheres localizadas entre os 299 investigados. As características persistentes no universo mais amplo são: além da atuação nos principais estados do país em termos do chamado "peso político na federação", o pertencimento a "famílias de políticos"; a proveniência de extrações sociais relativamente altas; a posse de títulos escolares e profissionais tidos como de prestígio e considerados compatíveis com o exercício de funções políticas e atividades intelectuais; a aquisição de diplomas nas mais reputadas instituições de ensino superior do país; e o fato de serem majoritariamente homens. Entretanto, 2% de mulheres constituem esta "nobreza" e mereceram atenção na discussão apresentada no quarto capítulo. Nesse momento, são realçadas as propriedades específicas dessas parlamentares, seus perfis sociais, culturais e políticos relativamente às características dominantes, concomitantemente à focalização das temáticas sobre as quais se debruçam nas suas produções e os diversos domínios nos quais se inscrevem. Procedimentos esses que revelam lógicas aparentemente paradoxais de reprodução da dominação e de condições propícias à subversão de princípios e domínios preponderantemente "masculinos". Um aspecto que chamou atenção foi que a maioria delas, apesar de terem carreiras políticas não muito longas, investiu na produção de livros do gênero autobiográfico, o que não é o mais frequente.

A demarcação do universo empírico por modalidade de escrita privilegiada por certos agentes, como é o caso da pesquisa sobre as "memórias de políticos", foi priorizada nos quinto e sexto capítulos. A escassez de trabalhos de edificação de "memórias" no espaço mais amplo dos gêneros de escrita aos quais se dedicam os parlamentares, especialmente no que diz respeito às narrativas cuja ênfase recai na descrição autobiográfica, está interligada com perfis políticos e desdobramentos peculiares de carreiras que autorizam o investimento nesse bem raro. O exame das trajetórias e das tomadas de posição de personalidades/personagens políticos autores de "memórias" desvela a intervenção ativa desses agentes na invenção de um conjunto de instituições que estruturam o espaço político, mediante as adaptações às suas regras, a legitimação de seus códigos, as redefinições dos papéis prescritos, as disputas em torno dos seus significados etc.

O último capítulo traz outro enquadramento mais pontual e com viés qualitativo. Nele, o alvo são políticos cujas origens sociais, formação escolar e acúmulo de cargos políticos poderiam indicar perfis "tradicionais" de recrutamento; revelam-se particularmente representativos de múltiplas inserções e lógicas, ao mesmo tempo sociais, políticas, culturais e militantes, funcionando na conquista de posições relativamente bem situadas. As singularidades das trajetórias estudadas referem-se às nuances da politização de bens culturais como poemas, romances, peças de teatro, letras de músicas, teses jurídicas, entre outras, a partir de duas configurações regionais discrepantes das quais são provenientes: Rio Grande do Sul e Maranhão.

CAPÍTULO I

Carreiras políticas e gêneros de produção escrita de parlamentares brasileiros*

Qual o lugar, os significados e os usos da produção escrita entre agentes que se especializaram na ocupação de cargos eletivos? O que ela informa sobre os vínculos, trânsitos, critérios e registros duplos, enfim, amálgamas que se estabelecem entre produção intelectual e atividade política profissional? Essas são algumas das questões que fundamentam a análise que segue, cujo objetivo inicial é aprofundar elementos identificados no exame dos processos de especialização política e das interdependências entre lógicas e princípios políticos e intelectuais (Reis, 2015; Grill, 2005), com um escopo ampliado de investigação (o "plano nacional") e dedicando atenção especial à produção de livros por políticos profissionais que alcançaram o cume da hierarquia de postos políticos.

Dessa forma, pretendemos apreender as relações entre a diversidade de gêneros de escrita e as modalidades de atuação privilegiadas por profissionais da política. E, por esse intermédio, procuramos indicar pistas sobre o peso de determinados tipos de investimentos "intelectuais" nas carreiras de agentes profissionalizados no exercício de mandatos políticos e, de uma forma mais ampla, empenhados

---

* A discussão apresentada neste capítulo foi originalmente publicada por Grill e Reis (2012a), em artigo da *Revista Pós Ciências Sociais*, v. 9, n. 17.

no trabalho de constituição concorrencial de um *nomos* ao espaço político. Em face da necessidade de recorte e da disponibilidade de fontes biográficas, são abarcados agentes que ocuparam cargos como senador e como deputado federal, independentemente de terem ou não passado por posições mais periféricas (como vereança) ou centrais (como ministérios). Partimos da ideia de que a propensão para escrever livros aumenta correlativamente à ocupação de posições situadas no topo da pirâmide política, estando, portanto, nesse universo delimitado para a investigação, o grosso dos escritos fornecidos por essa categoria de agentes.

Duplo investimento e seleção social

Para a operacionalização da pesquisa, o ponto de partida foi um levantamento prévio nos verbetes do *Dicionário histórico-biográfico brasileiro* (DHBB) da Fundação Getulio Vargas (Abreu et al., 2011), que permitiu detectar e reagrupar os personagens que exerceram cargos eletivos (como deputados e senadores) e para os quais foram elencadas as obras publicadas. Foram, então, reunidos 1.181 casos que satisfazem os critérios mencionados e que expressam regularidades (frequências) em termos de origem geográfica (estados em que atuaram), conjunturas (período em que exerceram os cargos) e os tipos de textos aos quais se dedicaram, como: trabalhos mais setorializados que explicitam o uso de competências específicas (profissionais, militantes, escolares...); discussões de cunho mais generalista (edificadores de projetos de sociedade, ideologias, identidades...); produções literárias (romances, novelas, contos, crônicas e poesias); narrativas, descrições ou análises históricas sobre personagens e/ou eventos; e confissões políticas (memórias e autobiografias).[11]

---

[11] Classificação tomada de empréstimo de Le Bart (1998, 2012).

Em termos de distribuição geográfica, há uma correspondência com a importância política, econômica e numérica (no interior da Câmara dos Deputados) por regiões e estados. Percebe-se uma nítida densidade na região Sudeste (quase 40% do total), seguida da região Nordeste (em torno de 30%), que reúne o maior número de estados, e da região Sul (15%) e Norte/Centro-Oeste (com 15% somadas), que completam o universo. Nota-se, igualmente, uma correspondência com a importância econômica, cultural, de tamanho de bancadas e demográfica dos estados, prevalecendo parlamentares de São Paulo (15,7%), Minas Gerais (12,1%), Rio de Janeiro (8,9%), Rio Grande do Sul (7,7%), Pernambuco (6,1%) e Bahia (6%).

Não é por acaso que nessas configurações regionais, em primeiro lugar, concentraram-se, durante o século XX, além das elites políticas, intelectuais e econômicas do país, as grandes instituições educacionais, as redes de políticos e intelectuais, os círculos de sociabilidades que contribuíram para a formulação de concepções de Estado e projetos de nação. E nelas, em segundo lugar, nasceram as primeiras editoras, jornais e revistas que fomentaram a gênese e o desenvolvimento do mercado editorial brasileiro.

Considerando que a fonte utilizada registra verbetes biográficos de elites pós-30 (sem deixar de ter em conta o trajeto anterior dos agentes), que o mercado político esteve fechado entre 1937 e 1945 e que houve uma significativa expansão do mercado editorial e dos índices de escolarização ocorridos entre os anos 1930 e 1960 (Sorá, 2010; Miceli, 1979; Garcia Jr., 1993a; Pontes, 1988), são elucidativos os dados condizentes com a distribuição dos políticos que assinaram publicações conforme as décadas em que atuaram. Observa-se a forte incidência de políticos que escreveram/publicaram nos anos 1950 e 1960, como atesta o quadro 1. Vale esclarecer que isso não significa que eles tenham exercido cargos durante 10 anos ou mais, mas somente informa a década em que o agente esteve, em algum momento preciso, atuante. Assim, as ocorrências indicam a conjuntura política e intelectual das inserções.

QUADRO 1
Distribuição por décadas em que os agentes atuaram

DÉCADAS	QUANTIDADE
1910	31
1920	38
1930	236
1940	253
1950	475
1960	407
1970	378
1980	395
1990	302

Fonte: DHBB-FGV.

Pode-se avançar nesses indícios aliando a identificação acerca da longevidade ou brevidade das carreiras políticas à cronologia das simbioses entre atividade política e atividade de escrita. Assim, chega-se a 352 casos cuja atuação dos agentes está restrita a determinada década, sendo as mais preponderantes: 1930 (83 casos) e 1950 (87).[12] Nota-se que essas carreiras mais curtas se localizam no período do Estado Novo em que o "fechamento" do mercado eleitoral incidiu em bloqueios e adiamentos de percursos possíveis. Há ainda aqueles que atuaram politicamente durante duas décadas, somam 416 políticos, sendo os intervalos mais significativos: 1950-60 (82 casos); 1970-80 (88); e 1980-90 (127). Finalmente, tem-se que 413 parlamentares exerceram funções políticas em períodos que atravessam três décadas, destacando-se: 1930-50 (41 casos); 1940-60 (46); e 1970-90 (60).[13]

---

[12] Não foram considerados os casos que ingressaram nos anos 2000.
[13] Para essa contagem, foi descartada a década de 2000, uma vez que contempla políticos cujas carreiras estão em transcurso e, portanto, não se pode mensurar o tempo de duração.

Com base nesses números é possível propor esquematicamente a configuração de três gerações de profissionais da política que se dedicaram a atividades de escrita, notadamente à publicação de livros. A primeira formada por lideranças que ingressaram na arena política no decorrer da chamada "República Velha" ou já no "período varguista" e saíram de cena na década de 1950. A segunda geração seria daqueles que apareceram no pós-Estado Novo (segunda metade de 1940) e protagonizaram os embates das décadas de 1950 e 1960. E a terceira daqueles agentes que dividem o espaço político desde o período conhecido como de "redemocratização" do país.

Duas tendências devem ser grifadas. Por um lado, nota-se a propensão à existência de mais casos de parlamentares que escreveram nas décadas de 1950 e 1960. Por outro lado, verifica-se a ocorrência de um movimento que tende a maior profissionalização política nas últimas décadas. Assim, em uma extremidade, localizam-se os notáveis que se dedicam tanto à política quanto às atividades de escrita como *hobby*. E, em outra extremidade, estão os profissionais da representação que escrevem sobre temáticas esteadas por suas "competências" e especialidades.

A ordenação por gêneros do conjunto de publicações disponíveis trouxe à superfície uma variedade de usos da escrita e de repertórios ativados como mecanismo de legitimação. A classificação mostra que 44% das produções enquadram-se nos escritos generalistas, 25% portam sobre temáticas especializadas ou setoriais, 13% são de biografias históricas, 9,9% referem-se à literatura e apenas 2,8% dedicam-se às autobiografias e/ou memórias.

Essas frequências são somente um dos indicadores que encaminham para a apreensão de aspectos como: a consolidação do gênero setorial e o progressivo uso de conhecimentos técnicos ou especializados (voltados para a gestão e representação política); a persistência ao longo do tempo da relevância em escrever sobre as questões da atualidade (generalistas); e o declínio de gêneros como o literário e as biografias históricas, que paulatinamente são monopolizados por profissionais da literatura, história ou ciências humanas.

Com efeito, para uma melhor apuração dessas considerações, propõe-se o teste de correspondências entre os gêneros de escrita e variáveis referentes aos períodos históricos (décadas de entrada na política dos autores), à posição social (mediante indicadores como títulos escolares, instituições em que foram obtidos e profissões exercidas), e à posição alcançada na hierarquia política (cargos eletivos e administrativos mais altos ocupados).

Considerando que o foco privilegiado são as cadeias de interdependências (intersecções, contrabandos, concorrências, influências recíprocas, coações mútuas, invenções de papéis etc.) entre o "mundo intelectual" e o "mundo dos especialistas da representação política", a partir do quadro geral procedeu-se a uma segunda delimitação selecionando agentes com forte, constante e equilibrada dedicação tanto à carreira política quanto à produção escrita. Portanto, um dos procedimentos adotados foi o de desconsiderar aqueles que constam com uma participação fugaz no espaço político institucional, ainda que apresentem um vasto repertório de produtos culturais. Entende-se que isso indica que são outras as atividades principais por eles exercidas (como jornalistas, literatos, juristas, historiadores...), podendo pesar no seu reconhecimento como "intelectuais" mais do que como "políticos". O mesmo aplicando-se para o inverso, ou seja, foram dispensados aqueles com carreira política com alguma longevidade em contraste com uma exígua produção escrita.

Desse modo, chegou-se a 299 casos de agentes cujas propriedades sociais evidenciam correlações entre princípios de hierarquização social e de hierarquização/legitimação vigentes em domínios políticos. Denotando, portanto, a composição, no seio da elite política, de uma "nobreza" culturalmente dominante e bem-sucedida do ponto de vista eleitoral. Sendo possível identificar a conjunção entre o recrutamento em segmentos estabelecidos social e politicamente aos quais historicamente foi atribuído o papel de pensar, refletir, interpretar, decifrar "realidades"; o exercício de ocupações ligadas a saberes, competências e condições de trabalho que ao mesmo tempo predispõem e impõem a prática da escrita; a posse de títulos que certificam a simbiose direito/dever de escrever; o pertencimento a "rodas" de letrados e personalidades públicas que facilitam a publicação e divulgação de obras; entre outras características.

As informações expostas a seguir permitem visualizar em detalhe parte dos processos de reconfiguração dos domínios políticos e intelectuais, assim como das imbricações que promovem. Os dados relativos à extração social e as correlações com registros de escrita em forma de livros são elucidativos da interligação entre seleção social, hierarquização política e recursos culturais.

Em termos de estados de atuação, os casos analisados concentram-se em São Paulo (39), Minas Gerais (37), Rio de Janeiro (35), Bahia (28), Rio Grande do Sul (27), Pernambuco (24), Ceará (18) e Paraná (14). Somados, os parlamentares desses sete estados chegam a 222 casos e representam aproximadamente 75% (3/4) do total analisado. Os demais estados (20) contribuem com em torno de 25% (1/4) da população e não ultrapassam nove casos por unidade da federação.

Foi possível identificar, ainda, entre os 299 parlamentares considerados, a existência de 154 casos de agentes como pertencentes às chamadas "famílias de políticos" nos seus estados de atuação. Trata-se de descendentes e/ou ascendentes e/ou ligados por alianças matrimoniais a outros ocupantes de cargos eletivos (sem levar em conta os casos de parentes que ocupam cargos administrativos e burocráticos no espaço político mais amplo).

Além disso, entre as profissões dos pais detectadas, observou-se que esses últimos são: fazendeiros (47), militares de alta patente (24), empresários (17), comerciantes (20), advogados (13), magistrados (13), professores (7), altos ou médios funcionários públicos (8), médicos (7), engenheiros (3), dentistas, agricultores (2), historiador, tabelião, jornalista, embaixador, alfaiate, barbeiro, metalúrgico, pedreiro (1 de cada). Não há a informação para 131 casos.

No que tange às ocupações prévias, atenta-se para a concentração nas seguintes atividades: advogados/promotores (116), funcionários públicos (60), professores/professores universitários (42), médicos (25), empresários (21), jornalistas (20), militares (06), religiosos (5) e outras (4).

Há relativa correspondência com os cursos superiores conquistados — a saber: direito (170), medicina (30), economia (28), ciências humanas (24), engenharias (21) e outras (14) — e uma prevalência dos títulos obtidos em universidades federais e estaduais do país ou em escolas, faculdades e instituições que lhe deram origem, contabilizando 256 diplomas de nível superior. Entre as instituições de ensino superior destacam-se: a UFRJ (50 casos), a UFPE (36), a USP (36), a UFBA (30), a UFMG (25), a UFRGS (12), a UFCE (12), a UFPR (9), a Ufam (7), a UFPA (6). Essas instituições de ensino somam 223 locais de obtenção de títulos superiores entre os 287 identificados. E mais: 75 (1/4) dos casos têm pós-graduação, 289 (96%) dos casos têm graduação e 120 (40%) são membros de panteões de letrados como academias de letras e institutos históricos e geográficos dos seus estados.

Reforçando a prevalência de um segmento marcado pelo "aristocratismo ilustrado", como definiu Coradini (1998b) para a elite médica, a prática da escrita associada ao engajamento político ao longo do século XX no Brasil foi predominantemente monopolizada por agentes com perfil considerado mais "conservador". Inicialmente, os "políticos-bacharéis" de famílias "tradicionais" nos seus estados, posteriormente os "técnicos-políticos" possuidores de diplomas universitários, com saber especializado em áreas do conhecimento e passagem por cargos político-administrativos via ligações com políticos estabelecidos há décadas. Apenas mais recentemente, o ingresso de novos segmentos egressos do movimento sindical, estudantil, da "luta contra a ditadura" etc. produziu a diversificação do espaço político relativamente à composição social e às clivagens ideológicas. Logo, no tocante ao posicionamento ideológico, analisando as filiações partidárias e o trajeto político em termos de adesões e compromissos nos embates de que participaram, é possível, *grosso modo*, localizá-los em um espectro que vai da "direita", com 178 casos (ou aproximadamente 60% do total); passa por posições passíveis de serem classificadas como de "centro", com 90 casos (ou em torno 30%); e chega na "esquerda", com apenas 31 casos (ou algo que gira próximo aos 10%).

Isso se traduz nos gêneros de escrita privilegiados e nas transformações relativas à incidência que podem ser observadas ao longo do tempo. Quando se toma o principal gênero de escrita praticado por cada um dos parlamentares analisados, chega-se à seguinte distribuição: 124 (41,5%) dedicam-se prioritariamente à escrita sobre assuntos ligados a determinado setor que exige algum conhecimento especializado (setoriais); 98 (32,5%) oferecem escritos sobre grandes temáticas ou generalidades (generalistas); 52 (17,5%) redigem sobre personalidades, movimentos, grupos etc. (biografias históricas); apenas 23 (7,5%) investem especialmente na literatura ou produção de romances, contos, poesias, novelas etc.; e somente 2 (0,7%) são marcados por terem produzido fundamentalmente "confissões políticas", como memórias, autobiografias etc.

Contudo, a ampla maioria dos agentes não se restringe a um tipo de gênero. Pelo contrário, mais frequentemente eles transitam por diferentes modalidades de escrita. Contabilizando os outros gêneros de escrita praticados pelos parlamentares (afora o mais frequente para cada caso mencionado anteriormente), foi possível identificar que 110 (37% do total) escrevem sobre temas gerais; 99 (33%) produzem livros de biografias históricas; 81 (27%) desenvolvem temas mais especializados; 80 (27%) se dedicam às confissões políticas; e 42 (14%) aos textos literários.

Chama atenção que os gêneros "confissões" e "literatura", que trazem baixos índices quando se busca o principal tipo de produção, aparecem com maior contundência quando o olhar recai sobre as outras modalidades de produção. Isso revela que há a prevalência de gêneros ligados diretamente à prática da representação política, isto é, que oportunizam a manifestação do político sobre temas especializados e "relevantes" para a administração pública, para a elaboração de tomadas de posição sobre grandes questões da atualidade ou, ainda, para a intervenção sobre a memória política (nacional ou regional).

Esses dados apontam também para as fronteiras mais bem guardadas e para o caráter mais exigente em termos de capacidades e tempo de dedicação no domínio da literatura, logo menos compatível e acessível aos políticos profissionais, que renunciam ou que exercitam tal gênero de escrita esporadicamente, como *hobby*. Já no que concerne às confissões, dois aspectos parecem interligados, quais sejam: a raridade do gênero como principal modalidade entre políticos que se dedicam à escrita; e sua concentração entre profissionais da política com carreiras exitosas e que chegaram ao topo da hierarquia política, na maior parte dos casos com a produção de outros gêneros ao longo da vida.

A forte presença dos gêneros mais setorializado ou especializado e generalista não deve ser tomada como homogênea e constante. Variações diacrônicas e correspondências entre perfis e modalidades de escrita permitem desvelar continuidades e descontinuidades nas vinculações entre o *métier* do político e a prática da escrita. Por exemplo, entre os parlamentares que priorizam publicações setoriais, há a seguinte distribuição por áreas de conhecimento: direito = 40 (32,5%); economia = 40 (32,5%); medicina = 16 (13%); engenharia = 9 (7%;); educação = 12 (9%); administração pública = 4 (3%); e questões rurais = 3 (2,5%). Observa-se uma polarização entre produções escritas ligadas ao direito, em um extremo, e à economia,[14] no outro extremo. Entre elas, a educação, mais próxima do polo de conhecimento "humanista", e a medicina e a engenharia, mais próximas de um polo "técnico". Num eixo intermediário, encontram-se escritos ligados à administração pública e às questões rurais.

Tal clivagem adquire maior nitidez quando são testadas algumas associações. Nesse caso, afiguram-se correlações significativas entre os gêneros e as décadas de ingresso dos políticos nas carreiras eletivas, a titulação escolar, as concepções de profissão e os padrões de carreiras políticas.

Há um aumento proporcional dos gêneros próprios a domínios específicos ao longo do tempo (em sentido inverso às biografias históricas e à literatura), com uma ampliação de temas ligados à economia, à administração pública e à educação, em detrimento do direito. Assim, observa-se, por um lado, o incremento do investimento em conhecimentos especializados, mormente em cursos de direito, economia e ciências humanas; e, por outro, a combinação da atividade

---

[14] A consolidação de uma competência política associada às qualidades técnico-profissionais dos economistas é analisada por Loureiro (1992). A autora estuda as origens e os processos de valorização de habilidades como o uso de modelos matemáticos, a previsão de cenários, a elaboração de projetos de investimento e desenvolvimento e, principalmente, "a capacidade de pensar a economia em termos globais e a disposição para intervir em seus processos" (Loureiro, 1992:49). É importante reter que tal valorização é resultado de um trabalho coletivo e histórico de grupos e instituições pertencentes aos meios acadêmicos e governamentais, expressando interesses e ideologias e as disputas internas existentes no campo econômico.

política com a do literato ou a do historiador autodidata se mostra cada vez menos frequente.[15]

QUADRO 2
Gêneros × década de ingresso na carreira eletiva

	PRÉ-30	30	40	50	60	70	80	TOTAL
Setorial	18	17	14	20	18	18	19	124
Generalista	9	11	11	18	24	15	10	98
Biografias Históricas	14	13	07	12	03	03	-	52
Literatura	05	06	01	05	02	03	01	23
Confissões	01	01	-	-	-	-	-	02
Totais	47	48	33	55	47	39	30	299

Fonte: DHBB-FGV.

A constituição de um polo dito mais "humanista" e outro considerado mais "técnico" guarda relação com os tipos de diplomas de nível superior obtidos. Mais do que isso, é possível apostar na influência de discrepantes matrizes de formação cultural, abastecedoras de quadros de pensamento, ideias, vocabulários, referências, enfim, parâmetros para o empenho dos agentes na busca de fundamentos das decisões políticas e alicerces das transformações do próprio Estado. Em linhas gerais e em distintos contextos, a modalidade de escrita generalista parece orientada pelo aprendizado de línguas, transmissão/recepção de retóricas e gosto pela história. No tocante, em par-

---

[15] Algo que se assemelha (talvez até como uma forma de ressonância) ao que foi demonstrado por Grèzes-Rueff, para a França, sobre a passagem de um cenário em que havia a forte associação entre poder e palavra para outra situação sintetizada no binômio poder-ação. Segundo ele, isso revela a "transformação da cultura da elite ou, pelo menos, a mutação do que os dirigentes, a opinião e os próprios deputados estimam ser a bagagem mínima que se deve exigir de um homem de estado" (Grèzes-Rueff, 1994:176-178). Passam a prevalecer conhecimentos mais "utilizáveis" e ligados a "soluções concretas" em detrimento de uma cultura mais literária, erudita, retórica e aparentemente desinteressada.

ticular, aos elementos que caracterizam a formação jurídica, tem-se a defesa de causas, a análise de textos e o contato com clientelas de múltiplas proveniências e, em muitos casos, a aquisição de conhecimentos "extras" advindos da ciência política ou mesmo do direito em nível de pós-graduação.[16]

QUADRO 3
Gêneros × titulação escolar

	DIREITO	ECONOMIA	CIÊNCIAS HUMANAS	MEDICINA	ENGENHARIA	ADMINISTRAÇÃO	ESCOLA MILITAR	AGRONOMIA	NSA	TOTAL
Setorial	59	24	04	17	11	02	04	02	01	124
Generalista	51	04	15	09	09	01	03	02	04	98
Biografias Históricas	41	-	02	03	01	-	01	01	03	52
Literatura	18	-	02	01	-	-	-	-	02	23
Confissões	1	-	-	-	-	-	-	-	01	02
Totais	170	28	23	30	21	03	08	05	11	299

Fonte: DHBB-FGV.

Na mesma direção, apura-se a existência de uma forte correlação entre a formação em economia e o gênero mais técnico ou especializado, bem como entre a formação em ciências humanas e a produção generalista. As chamadas formações tradicionais da "elite política" (direito, medicina e engenharia), por sua vez, apresentam relativo equilíbrio entre os parlamentares que possuem tais titulações e se dedicam seja à escrita especializada, seja à generalista. Quer dizer,

---
[16] Pistas que se inspiram no trabalho de Grèzes-Rueff (1994) sobre a cultura dos deputados franceses.

é possível identificar uma divisão entre os titulados em direito, em medicina e em engenharia, uma vez que alguns priorizam a produção sobre questões mais gerais (distanciando-se da especialização escolar) e outros acionam exatamente tais conhecimentos para legitimar seus escritos. Do mesmo modo, quando são cotejadas as frequências das vinculações entre a principal ocupação prévia à carreira política e os gêneros de escrita preferidos, é viável apostar em padrões opostos de excelência profissional e de legitimação do título e dos produtos escritos (livros) advindos desses conhecimentos. Isso com exceção dos professores, que estão mais associados ao polo "técnico" (setorial), e dos jornalistas mais ligados à literatura e a generalidades. Profissionais do mundo jurídico, médicos, empresários e funcionários públicos se bifurcam entre aqueles que escrevem sobre temas relacionados com as suas profissões (sem deixar de reivindicarem relevância política) e aqueles que tomam posição sobre as grandes questões da agenda política (democracia, justiça social etc.).

QUADRO 4
Gênero × ocupação prévia

	ADV/PROMOTOR	PROFESSOR	MÉDICO	EMPRESÁRIO	FUNCIONÁRIO PÚBLICO	JORNALISTA	MILITAR	RELIGIOSO	OUTROS	TOTAL
Setorial	48	23	12	11	24	01	04	01	-	124
Generalista	35	11	09	07	23	07	01	01	04	98
Biografias Históricas	26	05	03	02	08	05	01	01	01	52
Literatura	07	03	01	01	04	06	-	01	-	23
Confissões	-	-	-	-	01	01	-	-	-	02
Totais	116	42	25	21	60	20	06	04	05	299

Fonte: DHBB-FGV.

Além da posição social, a posição política alcançada e os tipos de carreiras percorridas sinalizam para determinadas condições que predispõem e/ou autorizam para os diferentes empreendimentos de escrita. Tomando os cargos mais altos conquistados na hierarquia de postos políticos dos seus estados, verifica-se que os agentes que chegaram somente à deputação federal tendem mais aos temas especializados, e os políticos que alcançaram o governo do estado apresentam maior propensão a escrever sobre generalidades e biografias históricas. Já aqueles que chegaram ao Senado da República se distribuem em proporções bastante semelhantes àquelas encontradas para o conjunto dos casos. É possível identificar, portanto, dois modelos de atuação parlamentar e de uso da escrita entre deputados federais, um tido como mais técnico ou setorializado, que predomina e se fortalece ao longo do tempo, e outro mais generalista em leve declínio. Já entre os governadores, prevalece a figura do político preocupado com as grandes temáticas sociais e políticas e com a memória política, seus vultos e ícones.

QUADRO 5
Gênero × cargo eletivo mais alto ocupado

	DEPUTADO FEDERAL	SENADOR	GOVERNADOR	TOTAL
Setorial	88	31	05	124
Generalista	49	25	24	98
Biografias Históricas	31	12	09	52
Literatura	16	04	03	23
Confissões	02	-	-	02
Totais	186	72	41	299

Fonte: DHBB-FGV.

Se a ocupação de determinados cargos eletivos, bem como a dinâmica de concorrência política e suas transformações ao longo do tempo, prescreve papéis e predispõe a gêneros de escrita, a ocupação de cargos administrativos não é menos importante para a constituição da notoriedade e do prestígio social que autorizam a escrever e publicar (e o inverso possivelmente também ocorra).[17] Examinando os cargos administrativos mais altos ocupados, percebe-se a maior propensão a escrever sobre temas relacionados com competências especializadas, na seguinte ordem de postos: em presidências e diretorias de estatais; ministérios; e secretarias de estado. Em outra via, decresce a disposição para tal gênero entre aqueles que somente ocuparam cargos eletivos e aqueles que ocuparam assessorias, chefias de gabinete, cargos de confiança, entre outros, aumentando agora a frequência das biografias históricas, das generalidades e da literatura (essa última apenas entre políticos que ocuparam unicamente cargos eletivos). O que permite depreender que entre os deputados federais e senadores há uma maior atração por questões especializadas (exigente em termos de detenção de competências específicas e certificadas), e a legitimidade para publicar sobre tais assuntos é fundada à primeira vista na posse de títulos escolares e ocupação de cargos técnicos.

QUADRO 6
Gênero × cargo administrativo mais alto ocupado

	MINISTRO	PRESIDENTE/ DIRETOR ESTATAL	SECRETÁRIO	OUTROS	SOMENTE ELETIVA	TOTAL
Setorial	36	18	30	06	34	124
Generalista	21	05	23	09	40	98

continua

---

[17] O reconhecimento da posse de certa "competência" pode estar relacionado com o acúmulo prévio tanto de créditos objetivados em títulos e publicações voltados, por exemplo, para a "agenda de estado", "causas" e "problemas sociais" valorizados em algum momento, como e indissociavelmente de laços (afetivos, ideológicos, instrumentais etc.) e aprendizados adquiridos ao longo de biografias militantes, socializações e sociabilidades comuns. Ver Reis (2015).

	MINISTRO	PRESIDENTE/ DIRETOR ESTATAL	SECRETÁRIO	OUTROS	SOMENTE ELETIVA	TOTAL
Biografias Históricas	15	03	08	05	21	52
Literatura	01	03	05	01	13	23
Confissões	-	-	01	01	-	02
Totais	73	29	67	22	108	299

Fonte: DHBB-FGV.

Fator que pode ser corroborado pela correlação entre padrões de carreira (construídos com base no tempo dedicado a mandatos eletivos e a cargos político-administrativos) e gêneros de escrita. Parlamentares com carreiras predominantemente eletivas escrevem, proporcionalmente, menos livros alicerçados em competências especializadas e mais livros sobre generalidades e literatura. Políticos com carreiras que mesclam atuações semelhantes (medidas em tempo) em cargos eletivos e administrativos tendem a escrever, proporcionalmente, mais sobre temas especializados e menos literatura e generalidades. Por fim, senadores e deputados que passaram a maior parte da carreira política em cargos administrativos dedicam-se prioritariamente à produção setorializada.

QUADRO 7
Gêneros × padrões de carreiras políticas

	ELETIVA	EQUILIBRADA	ADMINISTRATIVA	TOTAL
Setorial	60	57	07	124
Generalista	68	30	-	98
Biografias Históricas	32	19	01	52

continua

	ELETIVA	EQUILIBRADA	ADMINISTRATIVA	TOTAL
Literatura	20	03	-	23
Confissões	01	01	-	02
Totais	181	110	08	299

Fonte: DHBB-FGV.

Apontamentos finais

Como foi demonstrado ao longo do texto, há uma nítida distinção entre dois modelos. Sobressai, de um lado, um padrão no qual preponderam: formação "humanista"; ligação com "grandes famílias de políticos" estabelecidas social e politicamente desde o século XIX e início do século XX; passagem por cursos de direito, engenharia e medicina nas principais instituições de ensino superior do país (hoje universidades federais situadas em estados que contam decisivamente no "mapa político"); exercício da advocacia, promotorias, profissões liberais e/ou altos cargos no funcionalismo público; e dedicação principalmente à escrita de temas generalistas, biografias históricas ou setoriais apoiados no saber e na atividade jurídica.

E, do outro lado, um padrão no qual prevalece um perfil de: formação "técnica", constituído de egressos de segmentos que ascenderam social e politicamente mais recentemente; afiançados pela conjugação da posse de diplomas (notadamente, economia e outras especialidades consideradas e exercidas como "técnicas") e atividades profissionais (entre elas o magistério em universidades em um período mais profissionalizado) e/ou públicas atestadoras desses saberes; e que investiram primordialmente em temas setoriais voltados para as suas áreas de conhecimento em interface com a relevância política e administrativa.

Nos dois polos há a predominância de políticos que articulam o conjunto de gêneros de escrita em proporções e temporalidades compatíveis com seus perfis sociais, suas carreiras políticas e as sequências de eventos, movimentos, experiências, concorrências e interações aos quais se submetem.

A pretensão deste texto foi expor os encaminhamentos iniciais da investigação de um universo diversificado na sua composição e intrincado nas suas lógicas, princípios e dinâmicas. O aprofundamento do estudo exige empreendimentos mais refinados de pesquisa que permitam aperfeiçoar a apreensão do lugar (de embates e de consagrações) da produção escrita entre os condicionantes de carreiras e de concepções políticas.

Como sugere Le Bart (1998), a verificação quantitativa do maior ou menor investimento na produção e publicação por políticos não deve desconsiderar as características e os efeitos qualitativos desses investimentos, mormente no que diz respeito às possibilidades de apreensão das definições legítimas do *métier* político. Tal ênfase é mais fortemente assumida nos capítulos subsequentes.

CAPÍTULO II

Trajetórias de multinotabilidades: política e cultura nos casos de Afonso Arinos e Delfim Netto*

O estudo das trajetórias de dois personagens da política brasileira no século XX — cujos meios e espaços de ingerência alimentaram um montante de recursos de intervenção de caráter multidimensional e de capitais simbólicos personificados — traz elementos que permitem testar pistas de investigação sob o registro das transformações históricas mais gerais, dos trunfos combinados em diferentes circuitos, assim como acerca da pertinência do arcabouço conceitual aplicado. São aqui analisados dois modelos de multinotabilização que se sucederam ao longo do tempo e se mesclaram em personagens que desfrutam do duplo reconhecimento como intelectuais e políticos profissionalizados: Afonso Arinos e Delfim Netto.

A escolha desses casos exemplares foi amparada na exploração sociográfica exposta no capítulo anterior, que mapeou propriedades sociais, carreiras políticas e gêneros de escrita para uma gama ampliada de parlamentares brasileiros com trajetos políticos relativamente bem-sucedidos (em termos de longevidade e de posição alcançada na hierarquia de postos) e que se aplicam (ou se empenharam em algum momento) na produção e publicação de livros. Esboçou-se, pois, um espaço de relações de força entre agentes com certas características ou injunções necessárias à ocupação das posições dominantes.

---

* Uma versão deste texto foi originalmente publicada por Reis e Grill (2015), em artigo da *Dados: Revista de Ciências Sociais*, v. 58, n. 2.

Assim, esses dois protagonistas são políticos e intelectuais do "seu tempo". Examinando os períodos em que exerceram suas atividades de forma mais intensa e com notoriedade, verifica-se os investimentos que priorizaram na aquisição/explicitação de saberes, habilidades e lugares de atuação consonantes com seus recursos de origem e com as condições específicas de concorrência (perspectiva sincrônica).

Porém, não foram somente protagonistas de "um tempo", pois seguiram rotas cujos desdobramentos ensejam perceber as lógicas e imposições agindo sobre a necessidade de constante inovação de estratégias e trunfos de afirmação, decorrentes de reconfigurações das exigências e das bases de reconhecimentos legítimos. Dinâmicas interdependentes e reveladas aqui na sequência das respectivas trajetórias (perspectiva diacrônica).

Em tela, duas matrizes (política especializada e cultura erudita) que garantem posições variadas e relativamente bem assentadas em diversos domínios (parlamentar, universitário, burocracia de Estado, midiático, instâncias de consagração intelectual, lugares de formulação de políticas públicas, entre outros). E, por intermédio da construção dos percursos e assinalando as tomadas de posição, é possível situar, igualmente, processos, bases e linguagens de notabilização vigentes no Brasil ao longo do século XX.

Carreiras políticas e produção escrita

No primeiro capítulo, examinamos os dados referentes a um conjunto de agentes que, além de carreiras políticas, também publicaram livros de variados gêneros. Nessa exploração preliminar, na qual localizamos (basicamente utilizando o DHBB como fonte) 1.181 agentes e 4.062 títulos, no primeiro momento tratamos somente de informações referentes ao estado de origem, ao período de atuação dos políticos no intervalo de 1945 a 2010 e à recorrência diferenciada dos gêneros em termos numéricos.

A convergência entre uma robusta produção escrita (em termos de livros) e uma sólida regularidade na ocupação de cargos públicos e eletivos (captada pela duração das carreiras de cargos eletivos) foi o parâmetro adotado que levou à delimitação de 299 casos considerados pertinentes. Operou-se, para esses, correlações dos gêneros de escrita com as décadas de entrada na política, com os títulos escolares e profissionais conquistados e com a posição política então ocupada. Possibilitando pontuar tendências das características dominantes dessa elite e, com base nisso, delimitar/selecionar casos para análises mais precisas.

Daquela incursão exploratória, algumas constatações gerais podem ser retomadas.

Sobre a periodização, por exemplo, foi verificada a tendência histórica ao aumento de escritos sobre temáticas especializadas, que exigem saberes técnicos específicos; a diminuição das publicações dedicadas à consagração de heróis, personalidades políticas, eventos históricos julgados singulares, bem como da produção de textos mais literários (como poesias, crônicas, novelas, romances etc.); e a persistência das preocupações gerais, que tratam de grandes questões, projetos de sociedade, destinos sociais e coletivos, pensam determinada região, seguem um viés mais ideológico, ou mesmo moral.

Outra tendência que chamou atenção, agora concernente aos títulos escolares e profissionais, foi a da existência de uma clivagem entre, por um lado, um padrão que associa saberes "técnicos" com o gênero setorial e, por outro lado, um que mobiliza conhecimento em "humanidades" com o tipo "generalista".

No que se refere às correlações com carreiras políticas, algumas recorrências também podem ser sublinhadas. Quando tomamos o cargo político mais alto ocupado, se observa, entre outras coisas, que aqueles agentes que foram no máximo deputados federais escrevem sobre temas mais especializados, numa propensão crescente à produção de caráter mais técnico ou setorializado; ao passo que aqueles que conquistaram governos de estado e cadeiras no Senado da República tendem a seguir ocupando-se de generalidades (grandes temáticas sociais e políticas) e publicando biografias históricas, colocando-se, por esse intermédio, a serviço da memória política, dos seus "vultos" e "ícones". Dado que é reforçado quando se correlacionam os gêneros de escrita privilegiados com informações sobre o tempo dedicado a mandatos eletivos e a cargos político-administrativos.

Evidenciou-se, pois, que parlamentares com carreiras predominantemente eletivas escrevem mais sobre generalidades e literatura, acionando menos os saberes especializados. Enquanto para aqueles que combinam cargos eletivos e administrativos, ao longo da sua carreira, ocorre o contrário, ou seja, têm a inclinação a escrever mais sobre temas especializados e menos literatura e generalidades. E os senadores e deputados que ocuparam mais cargos administrativos ao longo da sua carreira, esses se dedicam prioritariamente à produção setorializada.

Afonso Arinos e Delfim Netto representam casos modelares dessas tendências e a construção das suas trajetórias propicia delinear de forma dinâmica os processos e condicionantes das práticas e lógicas dominantes em distintas conjunturas históricas que conduziram à definição e à redefinição de estratégias de inscrição políticas e culturais mais específicas. O que significa a possibilidade de traçar, na série articulada de configurações de interdependências, o esboço de diferentes fases do mercado de produção de bens simbólicos, conjugado ao exame das posições e das tomadas de posição.

Notáveis letrados e arquitetos da nação

Afonso de Melo Franco nasceu em 1905 na capital de Minas Gerais (Belo Horizonte)[18] e acrescentou o "Arinos" ao nome posteriormente, em homenagem a um tio escritor regionalista e membro da Academia Brasileira de Letras. Pertencente a uma tradicional família mineira, contou com a origem social alta em todos os sentidos, constituindo-se como descendente de uma genealogia de políticos, intelectuais, diplomatas e reproduzindo um padrão de transmissão/conquista de posições centrais de poder observada desde o Império.[19]

---

[18] Minas Gerais ocupa o segundo lugar (12,1%) entre os estados mais frequentes de proveniência dos agentes computados no banco mais amplo dos 1.181 casos, antecedido por São Paulo que ocupa o primeiro lugar (15,7%) e é o estado de origem de Delfim Netto. Grifa-se que essas posições permaneceram mesmo com a delimitação dos 299 casos.
[19] Observou-se no trabalho mais amplo que 154/299 dos agentes são oriundos de "famílias de políticos" nos seus estados de atuação. Especificamente sobre a reprodução de "elites mineiras" em posições de poder no decorrer do Império e da República, ver Canêdo (2011).

Os avós, paterno e materno, de Afonso Arinos de Melo foram respectivamente: deputado provincial do Império e senador em Minas Gerais (1892 e 1923); e deputado geral por Minas Gerais, presidente da província do Rio de Janeiro, governador de Minas (1889-1892), ministro da Justiça (1890), prefeito do então Distrito Federal, Rio de Janeiro (1898-1900). O pai foi: deputado estadual por MG (1903-1906), deputado federal (1906-1929), ministro da Viação (1918-1919), embaixador do Brasil na Liga das Nações (1924-1926), ministro das Relações Exteriores (1930-1933), presidente da comissão Constitucional visando a redação do anteprojeto da nova constituição (1934), constituinte do estado de MG (1935) e deputado estadual (até 1937). Virgílio, um dos irmãos mais velhos de Afonso Arinos, foi: 1) líder da juventude civil revolucionária (1930), deputado constituinte por Minas (1934), deputado federal (1935-1937), fundador da União Democrática Nacional (UDN). Outros dois (também mais velhos) seguiram carreiras diplomáticas. [Abreu, 2001]

No seu percurso escolar, Afonso Arinos estudou nos Colégios Brasileiro, Anglo-Mineiro e Arnaldo (nos quais foi colega de outras "personalidades" da política e da literatura brasileiras). No Rio de Janeiro, foi frequentando o Internato Pedro II que teria vindo à tona o "seu gosto pela literatura escrevendo, entre 1919 e 1920, poesias e artigos para a revista estudantil *Primavera*" (Abreu, 2001:336).

A formação em direito foi iniciada em 1922 na Faculdade de Direito do Rio de Janeiro (por onde passaram outros contemporâneos ilustres) e, no transcorrer do curso, Arinos acompanhou o pai em missões diplomáticas para Santiago do Chile e Genebra. A obtenção do título de Bacharel, no ano de 1927, viabilizou a ocupação do cargo de promotor de Justiça da Comarca de Belo Horizonte, exercido à sombra de pressões políticas contra as supostas pretensões do seu pai de concorrer a governador do estado. Nessa estada em Belo Horizonte começou, então, a escrever artigos sobre política internacional no órgão de notícias chefiado por Carlos Drummond de Andrade. Porém, em 1928, desvinculou-se do posto na promotoria, casou-se com a neta de um ex-presidente da República (Rodrigues Alves) e foi residir no Rio de Janeiro (Abreu, 2001:337).

Na então capital federal, atuou como fiscal de bancos e advogado de uma grande empresa concessionária dos serviços de distribuição de energia elétrica; vinculou-se a uma rede de intelectuais católicos (Alceu Amoroso Lima, Heráclito da Fontoura Sobral Pinto, Franscisco Clementino de San Tiago Dantas e José Lins do Rego) aglutinados em torno da Livraria Católica, dirigida por Augusto Frederico Schimidt;[20] passou a produzir crônicas para *O Jornal* de Francisco de Assis Chateaubriand, e para a *Revista do Brasil* dirigida por Rodrigo Melo Franco de Andrade (com o qual possuía laço de parentesco).

Essas inserções colaboraram para o fortalecimento das relações políticas e literárias de um circuito de intelectuais mineiros com os chamados "modernistas" (Graça Aranha, Sérgio Buarque de Holanda, Prudente de Morais Neto, Ronald de Carvalho, Manuel Bandeira, Gilberto Freire, Gastal Cruls, Agripino Grieco e Hamilton Nogueira).

Ao mesmo tempo, Afonso Arinos se dedicou ao empreendimento oposicionista frustrado de composição da chapa encabeçada por Getúlio Vargas e João Pessoa para concorrer nas eleições presidenciais de 1930, pela Aliança Liberal. No entanto, foi internado durante vários meses para tratamento de saúde no Sanatório Hugo Werneck, em Belo Horizonte. Enquanto isso, seu pai (Afrânio de Melo Franco) e seu irmão (Virgílio Alvim de Melo Franco)[21] envolviam-se nos arranjos contra o governo federal presidido por Júlio Prestes. Com a instauração do governo provisório de Vargas, o pai fora indicado ao Ministério das Relações Exteriores e ele publicou, pela Graphica Ypiranga, o livro *Responsabilidade criminal de pessoas jurídicas*. Em meados de 1931, ainda por motivos de saúde, Arinos foi para a Suíça e isso oportunizou sua indicação para ser secretário da delegação

---

[20] Conforme Sorá (2010:123), a livraria Católica desempenhou a tarefa de integração do centro Dom Vital, congregando o denominado "círculo católico". Segundo o autor: "Mais do que por uma intenção doutrinário-religiosa, esse grupo era unido por uma rejeição visceral à República Velha, e à intenção de introduzir o 'social' na produção intelectual. O renome acumulado pelo conjunto de seus integrantes formou uma rede de relações também utilizada para promover atividades de edição".

[21] Sínteses biográficas de Afrânio de Melo Franco e Virgílio, assim como do próprio Afonso Arinos, podem ser conferidas em: <http://cpdoc.fgv.br/producao/dossies/AEraVargas1/biografias>.

brasileira enviada a Genebra para a Conferência Internacional de Desarmamento, ocorrida em 1932.

Com o êxito de Getúlio Vargas em derrotar a Revolução Constitucionalista de São Paulo, as eleições para a Assembleia Nacional Costituinte (incubida de produzir a nova Constituição e eleger o presidente da República) foram marcadas para maio de 1933. Sem deixar de acompanhar o protagonismo político do irmão (Virgílio), Afonso Arinos assumiu as direções dos jornais *Estado de Minas* e *Diário da Tarde*, de Belo Horizonte (ambos faziam parte dos *Diários Associados* de Chateaubriand e eram politicamente vinculados à facção da qual Vírgilio era uma das lideranças); publicou artigos como editor de política e lançou o livro *Introdução à realidade brasileira* pela Coleção Azul da Editora Schmidt — que teria expressado "aquela fase da revolução brasileira ainda marcada pelo predomínio das elites, da ordem intelectual e das preocupações institucionais" (Arinos, depoimento, apud Abreu, 2001:337). Outro ensaio político lançado em 1934 foi *Preparação para o nacionalismo*, pela Editora Civilização Brasileira.

O fluxo de publicações de Afonso Arinos não teve nenhum período longo de estagnação, pelo menos até o início da década de 1980.

> Arinos publicou, em 1936: o "Conceito de civilização brasileira" (na coleção Brasiliana da Companhia Editora Nacional); em 1937: "O índio brasileiro e a Revolução Francesa: as origens brasileiras da teoria da bondade natural" (1ª Edição, publicado pela José Olympio), "Roteiro lírico de Ouro Preto" (1ª Edição, publicado como Boletim da Sociedade Fellipe D'Oliveira, com ilustrações de Pedro Nava) e "Espelho de três faces" (um conjunto de ensaios, crônicas e perfis publicado pelas Edições e Publicações Brasil); em 1938: "Síntese da História Econômica do Brasil" (1ª Edição, sai pelo Ministério da Educação e Saúde ou Serviço Gráfico do Rio de Janeiro); em 1939: "Terra do Brasil" (livro de história pela Companhia Nacional) e o "Ideia e tempo" (crônica e crítica pela Editora Moderna); em 1942: "Um soldado do reino e do Império — a vida do marechal Calado" (Gráfica Laemmert); em 1944: "Homens e temas do Brasil" (Livraria e Editora Zélio Valverde) e "Mar de sargaço" (crítica, publicado pela Livraria

Martins), em 1945: "Portulano" (1ª Edição, também publicado pela Livraria Martins); e, em 1947: "História do Banco do Brasil — primeira fase: 1808-1835" (1ª Edição, pela Associação Comercial de São Paulo). [Abreu, 2001]

Depois de ter dirigido o jornal oposicionista *Folha de Minas* com Virgílio (agora desvinculado do governo central),[22] ele passou a ser assistente de consultoria jurídica do Banco do Brasil no Rio de Janeiro (1935) e assumiu a cadeira de História do Brasil da Universidade do Distrito Federal, fundada por Anísio Teixeira. Inaugurava-se um período de relativa distância das empreitadas políticas (que durou até a metade da década de 1940) e de intensos empreendimentos na condição de "escritor". Nesse caso, o espaço para publicações disponível para Arinos merece destaque.

O "florescimento de um mercado do livro" resultou da diversificação e expansão do mercado de diplomas universitários que formou públicos favoráveis (estudantes universitários, professores, funcionários do setor privado, profissionais liberais, entre outros) ao consumo de determinados produtos. Fortaleciam-se os empreendimentos no mercado editorial, a presença de financiadores e a afirmação de produtores e produtos de bens culturais variados, notadamente com influência norte-americana (Miceli, 1979).

O "frenesi de reinterpretar o passado nacional, de interpretar e diagnosticar o presente" se consubstanciou na produção de coleções publicadas nas maiores editoras do período (Pontes, 1988:58). Se na década de 1920 "editar" era um ofício restrito a alguns imigrantes, nos anos 1930 editoras foram fundadas por brasileiros, principalmente nos grandes centros urbanos (Rio de Janeiro, São Paulo, Belo Horizonte e Porto Alegre), havendo um aumento de 600% na edição de livros entre 1930 e 1936, abrangendo livros didáticos (altamente rentáveis), gêneros como a "literatura de ficção em geral e [a] literatura brasileira em particular" (Pontes, 1988:60). Naquela conjuntura, várias coleções foram organizadas para demarcar o debate

---

[22] O rompimento com Getúlio Vargas de Afrânio de Melo Franco e Virgílio fora motivado pela não indicação deste último ao cargo de intendente de Minas Gerais.

político e ideológico em jogo (como aquela lançada em 1932, pela Schmidt, a coleção Azul e, em 1934, pela Editora José Olympio, Problemas Políticos Contemporâneos) e/ou para agregar interpretações sobre a "realidade brasileira" (com destaque para: Brasiliana, Documentos Brasileiros, e Biblioteca Histórica Brasileira).[23]

No decorrer de mais ou menos 12 anos (entre 1935 e 1948), Afonso Arinos foi conferencista em universidades, ministrou cursos no exterior (história econômica e política na Universidade de Montevidéu; cultura brasileira na Sorbonne, em Paris; literatura brasileira na Fauldade de Letras de Buenos Aires), deu aulas de história do Brasil no Instituto Rio Branco e organizou simpósios que geraram livros. Em 1943 produziu, com outros ativistas (entre eles, seu irmão), o *Manifesto dos mineiros*, em oposição declarada ao governo varguista. O falecimento do pai nesse mesmo ano estimulou o início da pesquisa e produção do trabalho *Um estadista da República — Afrânio de Melo Franco e seu tempo*,[24] publicado em três volumes 12 anos mais tarde, em 1955, pela livraria José Olympio.[25]

Em 1945 se empenhou na fundação da União Democrática Nacional (UDN), escrevendo o manifesto inaugural com João Mangabeira. Devido à ocupação do cargo de secretário-geral do partido e à desistência em disputar um mandato, Virgílio colaborou na campanha de Arinos à Assembleia Nacional Constituinte, em 1945. E ele, mesmo conquistando somente a primeira suplência da bancada mineira da UDN, com a eleição para governador de Milton Campos, acabou assumindo, em 1947, a vaga aberta na Câmara. Logo foi indicado como vice-líder da bancada udenista e à Comissão de Justiça, tornado-se

---

[23] Para uma comparação das diferentes "coleções" denominadas "brasilianas" existentes no período em distintas editoras, ver Sorá (2010).
[24] O pai de Afonso Arinos, Afrânio de Melo Franco, incarnava, ao lado de outros "ilustres", como demonstra Lattman-Weltman (2005:37), a figura do estadista por ele celebrada e os traços do homem público que ele idealizava. Assim, ele recorria ao gênero panegírico (biografias históricas), utilizado com grande aptidão para reconstrução biográfica.
[25] Gustavo Sorá (2010:445) chega a localizar Afonso Arinos como "parte do sistema de parentesco prático que rodeou a vida do editor [José Olympio] e sua família nuclear", ou seja, membro da "casa" ou da "grande família" privilegiado pela proximidade e pelo afeto dispensado por José Olympio ("o patriarca").

relator da subcomissão incumbida de formular leis complementares à Constituição (Abreu, 2001:338).

Assim, esse personagem adentrou no cenário público num momento em que persistia o "cosmopolitismo introjetado no modo de pensar da elite imperial brasileira" e em que o curso de direito somente atestava a participação na classe dirigente, com a ocupação de altas posições políticas, administrativas e intelectuais (Alonso, 2002:27; Miceli, 1979:35). Entretanto, essas condições já estavam em reconfiguração. A reforma do ensino superior, que ocorrera no início da década de 1930,[26] levou à expansão de outras áreas de conhecimento (ciências sociais, educação, psicologia, economia, entre outras), assim como interferiu contundentemente para a diversificação do espaço de concorrência política e intelectual, com a multiplicação dos lugares necessários de inscrição dos agentes visando o acúmulo de trunfos atinentes à conquista ou manutenção de posições (híbridas) bem alocadas, a exemplo da imprensa, das instituições culturais, das organizações políticas etc.

A "expansão da máquina burocrática" no decorrer do regime Vargas e o uso de mecanismos de cooptação empregados pelo Estado agiram na incorporação de agentes com a *griffe* de "intelectual" no chamado estamento burocrático. Esses, por sua vez, podiam reconverter atributos acumulados nos meios políticos e administrativos para os domínios intelectuais, ocupar lugares em instâncias de consagração "propriamente" culturais (como a Academia Brasileira de Letras) e distinguir-se internamente pela vinculação ou não do trabalho burocrático ao trabalho de criação — haja vista que seus bons rendimentos e disponibilidade de tempo poderiam sustentar a dedicação à produção cultural (Miceli, 1979).

No pós-45, especialmente a partir da década de 1950 e até 1965, observa-se um período de intensificação do processo de industriali-

---

[26] Tendo à frente Francisco Campos, que então presidia o recém-criado Ministério da Educação e Saúde Pública, a reforma se orientava pela busca de "modernização" e formação de "profissionais qualificados". Com essa base foi promulgado o Estatuto das Universidades Brasileiras (1931), foram criadas a Universidade de São Paulo (1934) e a Universidade do Rio de Janeiro (1935), embrião da Universidade do Brasil (1937), e foi constituído o Conselho Nacional de Educação (Fávero, 2006).

zação, de crescimento econômico e de urbanização do país. Foi criado o Projeto de Lei de Diretrizes e Bases da Educação Nacional, com debates sobre os parâmetros das escolas públicas e privadas e a instituição da UnB (1961) — celebrada como o "ápice" da "modernização do ensino superior no Brasil" —, adicionado ao aumento de 161 mil matrículas e à federalização de instituições estaduais e privadas (Martins, 2009; Fávero, 2006).[27]

No plano político, o sistema partidário foi marcado pela clivagem UDN e PSD. Afonso Arinos movimentou-se, no espectro de forças partidárias, em oposição aos partidos considerados pró-Vargas (PSD e PTB) por terem sido mobilizados pelo comando do Estado Novo. Liderou, pois, a sigla (UDN) que reunia dirigentes políticos estaduais anti-Vargas. Ao longo da sua carreira política, compôs a Comissão de Reforma Administrativa, foi relator da Comissão Especial para emitir parecer sobre a autonomia do Distrito Federal e propôs a lei contra a discriminação racial. Com as teses *As leis complementares da Constituição* e *História e teoria do partido político no direito constitucional brasileiro*, ele conquistou as cátedras de Direito Constitucional nas Universidades do Distrito Federal (atual Uerj) e do Brasil (atual UFRJ), entre 1949 e 1950, quando ocupava o primeiro de três mandatos como deputado federal. Reeleito em 1950, assumiu novamente seu mandato em 1951, ano da aprovação da Lei contra o preconceito de raça e de cor que ganhou o seu nome (Lei nº 1.390, de 3 de julho de 1951).

Foi em 1951 também que Getúlio Vargas assinou a Lei nº 1.411 que instituiu a profissão de economista no Brasil, coincidindo com o ano em que Antônio Delfim Netto diplomou-se em economia na Faculdade de Ciências Econômicas e Administrativas da Universidade de São Paulo (FEA/USP),[28] instituição na qual ingressara em 1948

---

[27] Esse processo é discutido com um pouco mais de detalhe no próximo capítulo.
[28] Vale ressaltar que, relativamente ao universo de 299 investigados na pesquisa sociográfica, a maior presença é de advogados (170) e a instituição de ensino superior é a UFRJ (50); estando os agentes com títulos universitários em economia (28) e a USP (36) como IES nos terceiros lugares. Os perfis de Arinos e Delfim se coadunam, portanto, com as formações dominantes no quadro geral.

(terceira turma) após ter obtido, em 1946, o título de contador pela Escola Técnica de Comérico Carlos de Carvalho (Macedo, 2001:375). Filho de uma costureira e de um funcionário da empresa de transportes da prefeitura de São Paulo, Delfim começou a trabalhar como contínuo ou *office-boy* depois do falecimento do pai, aos 14 anos de idade (quando ele nasceu, Arinos era promotor de justiça em BH), e com 18 frequentou a Escola Técnica. No período em que ainda realizava o curso universitário, trabalhou no Departamento de Estradas e Rodagem, ocupação que lhe permitiu escrever textos como "Uma estimativa de custos de operação dos equipamentos rodoviários" e "Alguns métodos estatísticos para cálculos de depreciação numa economia sujeita à inflação". Suas origens sociais são, portanto, semelhantes àquelas de seus contemporâneos de faculdade de economia da USP, instituição que, como mostrou Loureiro (1992:57), era "procurada por jovens de extração social mais baixa, provenientes de escolas técnicas do comércio que não tinham condições econômicas de frequentar escolas de Direito ou Engenharia".

Depois de formado, Delfim Netto conseguiu uma posição como assistente do professor Luiz de Freitas Bueno[29] (catedrático de econometria) na cadeira de Estatística I e, em 1953, atuou na Bolsa de Mercadorias de São Paulo como professor de um curso de análise matemática para economistas (Abreu, 2001:1806).

Também foi em 1953 que, à frente da bancada udenista, Arinos se opôs frontalmente ao governo de Getúlio Vargas, chegando a advogar pelo cumprimento do tratado militar entre o governo brasileiro e o norte-americano em função da "guerra fria" e o "princípio da

---

[29] Luiz de Freitas Bueno nasceu em 1919 no interior de São Paulo (Cravinhos). Formado em ciências e letras e engenheiro elétrico, realizou o doutorado e obteve a livre-docência em Estatística Econômica pela Universidade Federal do Rio Grande do Sul. Na década de 1940 entrou para a FEA-USP, como professor de estatística, e tornou-se catedrático. É apresentado no portal da instituição como "praticamente autodidata nessa ciência, que chegava tardiamente ao Brasil". Na sua biografia de professor emérito, é destacado que teria "provocado significativos avanços na faculdade por seu pioneirismo na difusão e no exercício da econometria. Formou muitos discípulos, entre os quais Delfim Netto e Affonso Celso Pastore, principalmente porque trabalhou diretamente com eles. Foi Bueno quem introduziu a prática de contratação de ex-alunos para o cargo de assistentes, exemplo seguido até os dias de hoje". Disponível em: <www.fea.usp.br>. Acesso em: out. 2012.

solidariedade continental". Confirmado pelo Congresso em março do mesmo ano (com vigor até 1977), o acordo era apontado como possibilidade de "modernização dos equipamentos militares" e como assistência técnica dos EUA, tendo sido criticado, sobretudo, pelo provável interesse do governo daquele país "na requisição de tropas brasileiras para a guerra na Coreia" (Abreu, 2001:339).

Persistindo na oposição ao governo, Arinos contestou a política de cooperação entre as diferentes agremiações partidárias empreendida por Vargas, e, em 1954, suas críticas foram intensificadas e vertidas com o manifesto de 82 coronéis e tenentes-coronéis contra o aumento de 100% do salário mínimo apresentado pelo então ministro do trabalho João Goulart (que interferiu na substituição deste último por Hugo Faria, assim como na modificação do ministro da Guerra). Com o atentado contra Carlos Lacerda (UDN) e a morte do major-aviador Rubens Vaz, em agosto do mesmo ano, os conflitos entre governo e oposição se exacerbaram e Arinos discursou pelo afastamento do presidente (Abreu, 2001:339).

O suicídio de Vargas ocorreu justamente em 1954 causando imensa comoção popular, o que acabou favorecendo o relativo aumento do apelo eleitoral do Partido Social Democrático (PSD) e do Partido Trabalhista Brasileiro (PTB); e redundando no prejuízo sofrido pela UDN de 10 cadeiras na Câmara Federal. Mesmo assim, Afonso Arinos conseguiu reeleger-se pela terceira vez com uma votação quatro vezes maior do que aquela obtida na estreia.

A despeito da intensa campanha de oposição das lideranças udenistas e das autoridades militares, a chapa Juscelino Kubitschek (presidente) e João Goulart (vice) venceu as eleições de outubro de 1955, constituindo-se imediatamente em alvo de condenações dos partidários da UDN, que pretendiam impedir judicialmente a posse dos eleitos. A favor de uma saída legal, Arinos defendeu, sem sucesso, a reapresentação da emenda parlamentarista de Raul Pilla.[30] Depois concentrou suas censuras na corrupção, no crescimento da taxa de

---

[30] Raul Pilla foi médico e político no Rio Grande do Sul. Professor universitário da Faculdade de Medicina de Porto Alegre, ele ocupou cargos eletivos como de deputado estadual e de deputado federal (entre 1946 e 1967) e foi dirigente partidário do Partido Federalista e do Partido Libertador. Escreveu dezenas de livros.

inflação e no aumento dos gastos públicos, especialmente o "desperdício" representado pela construção de Brasília. Em 1957, ocupou a posição de líder do Bloco Parlamentar de Oposição (UDN, PL e PDC), ao mesmo tempo que o deputado Carlos Lacerda passava a liderar a bancada da UDN na Câmara.[31]

Em 1958, Afonso Arinos chegou ao Senado pelo Distrito Federal (atual estado do Rio de Janeiro), derrotando um dos filhos de Getúlio Vargas. Vitória que coroou o protagonismo político alcançado no plano nacional e indicava ainda o incremento da força política de Carlos Lacerda, da UDN e dos discursos oposicionistas na capital do país. Presidente da Comissão de Relações Exteriores, ele apoiou a campanha de Jânio Quadros que, eleito, retribuiu com sua nomeação para o Ministério das Relações Exteriores, em 1961. Todavia, foi substituído sob a chefia de Tancredo Neves (primeiro-ministro durante a experiência parlamentarista instaurada em virtude da renúncia de Jânio Quadros e a disputa travada em torno da posse do seu vice, João Goulart, tido como o "herdeiro de Getúlio Vargas") e seguiu atuando no âmbito das relações internacionais. Porém, com a posse de Francisco de Paula Brochado da Rocha (outro primeiro-ministro empossado no início da década de 1960), voltou a assumir a chefia do Itamaraty. Nesse período: chefiou a XVI Assembleia Geral da ONU; comandou a delegação brasileira que participou da Conferência do Desarmamento em Genebra; compareceu ao Concílio Vaticano II na condição de embaixador extraordinário; e esteve à frente da delegação brasileira na XVII Assembleia Geral da ONU (Abreu, 2001:340).

Antes da eleição ao Senado, em janeiro de 1958, Afonso Arinos teve êxito no pleito à Academia Brasileira de Letras (venceu João Guimarães Rosa), ocupando a vaga de José Lins do Rego. Foi saudado por Manuel Bandeira na investidura, ocorrida em julho do mesmo ano.

---

[31] Sobre as semelhanças e as diferenças entre as posições acerca do "liberalismo" de Afonso Arinos e Carlos Lacerda no que se convencionou chamar de "udenismo", ver o recente artigo de Chaloub (2013). Na sua ótica, Arinos professava um "udenismo pedagógico", "o qual julga negativamente o conflito e atribui às elites o papel de, sobranceiramente, mediá-lo". Ao passo que Carlos Lacerda é associado ao "udenismo conflitivo" que "insere as elites no enfrentamento político, toma o confronto com o inimigo como essência do embate político" (Chaloub, 2013:295-296).

Nota-se que, nesse momento, quando o debate intelectual foi dominado por outras versões de nacionalismos (diferentes daquela prevalecente nos anos 1930), a produção de Afonso Arinos voltou-se para a consagração pessoal e familiar. Do mesmo modo, centrou-se em temas ligados às liberdades democráticas e ao estado democrático de direito, condizentes com suas adesões políticas conjunturais, assim como com os atributos que então acionava. Posicionou-se sobre questões nacionalistas no Senado, no Ministério das Relações Exteriores e no desempenho das atribuições diplomáticas assumidas no período. Foram tratadas as temáticas do desenvolvimento, da afirmação nacional, da autodeterminação e da soberania, associadas a discussões sobre relações internacionais.

Além do *Um estadista da República*, lançado em 1955, e até a ocupação do ministério, Arinos publicou: *Barra do dia* (1956, Editora Simões, livro de poesias); *Episódios de história contemporânea* (1957, Forense); *Pela liberdade de imprensa* (1957, Editora José Olympio); *Curso de direito constitucional* (1958, Editora Forense, 1. ed., 1º v.); *Síntese da história econômica do Brasil* (1958, Progresso, 2. ed.); *Presidencialismo ou parlamentarismo* (1958, em colaboração com Raul Pilla, 1. ed., José Olympio); *Curso de direito constitucional* (1960, Forense, 2º v.); e *A alma do tempo — formação e mocidade* (1961, primeiro volume de suas memórias, 1. ed., José Olympio).

Os tipos de publicação privilegiados por Arinos, por sua vez, voltavam-se à produção de memórias, biografias históricas, poesias e temas especializados do direito que possuem interface com a organização do sistema político.[32] Logo, manteve-se relativamente distante das disputas entre intelectuais ligados às ciências sociais, posicionados mais à esquerda, que disputavam a bandeira da soberania nacional (Pécaut, 1990:99), e daquelas que dominavam o espaço dos economistas (monetaristas × estruturalistas), que debatiam ques-

---

[32] Tomando-se o cruzamento realizado no exame de 299 casos entre gêneros de escrita *versus* década de ingresso na carreira eletiva, é possível ratificar que os agentes examinados são representativos de regularidades e discrepâncias mais gerais. Encontrou-se, entre aqueles que ingressaram na década de 1930, 20 agentes dedicados predominantemente a publicações do tipo históricas, literárias e (auto)biográficas e 28 com produções setoriais e generalistas; enquanto para aqueles que ingressaram na década de 1960, para os primeiros gêneros o número diminuiu para apenas 5 casos, ao passo que para os últimos gêneros eles aumentaram para 42 agentes.

tões relativas ao nacionalismo, ao desenvolvimento industrial, ao planejamento econômico, à reforma agrária etc. (Loureiro, 1992:63).

A nova linguagem do poder: economistas nótaveis[33] e a força da burocracia

O estudo sociográfico demonstrou uma forte associação entre a posse de título escolar em economia e a dedicação ao gênero setorialista. Isto é, 86% dos agentes com formação superior em economia escreveram precipuamente livros dedicados à sua área de formação, mobilizando seus conhecimentos escolares e "competências" técnicas. Quase 70% desses casos analisados possuem pós-graduação na área, e mais da metade deles com experiência de internacionalização nas suas apostas acadêmicas em nível de mestrado e doutorado. Desses, praticamente todos atuaram no magistério superior ministrando cursos ligados à disciplina de economia. Outro dado vultoso obtido naquele levantamento diz respeito à existência de dois padrões de carreiras políticas entre os parlamentares com formação em economia. De um lado, aqueles que exerceram cargos na esfera administrativa a partir do reconhecimento que adquiriram como profissionais e docentes da área de economia (em torno de 55% dos casos). De outro lado, agentes que se dedicaram primordialmente a carreiras eletivas, não demonstrando conjuntamente uma especialização em assuntos econômicos no desempenho das suas funções públicas (próximo a 45% dos casos).

Nessa população especificamente composta por economistas com extensa produção bibliográfica e com passagem pelo parlamento brasileiro, o ex-ministro Delfim Netto é um representante exemplar. Portador de um currículo acadêmico marcado pela nova linguagem matematizada e dolarizada da economia[34] e pelo pertencimento

---

[33] A expressão foi inspirada na definição dada por Loureiro (1992:47) para caracterizar o segmento que adquiriu "destaque no seio das elites político-administrativas, fazendo-os ascender da condição de assessores técnicos à de dirigentes políticos".

[34] Sobre as transferências culturais com os norte-americanos, a constituição de uma nova linguagem do poder e a legitimação de novos perfis de "especialistas" da política e da cultura, ver Dezalay e Garth (2000).

a centros de pesquisa considerados de excelência, ocupou cargos administrativos de relevo no aparato burocrático nacional durante o regime militar (1964-85) e postos políticos (parlamentares e partidários) de destaque nas últimas décadas. Por meio do seu itinerário de mais de quatro décadas de atuação na cena pública percebem-se transformações mais gerais em domínios de concorrência das lideranças, equilíbrios e tensões na balança de poder, entradas de novos protagonistas e linguagens, saídas, reconversões e adaptações de agentes relativamente estabelecidos no jogo político.

No mesmo ano em que Arinos entrou para a ABL (1958), Delfim Netto foi aprovado no concurso para livre-docente de estatística econômica, com a tese *O problema do café no Brasil*, e conquistou a condição de professor catedrático de economia brasileira na Faculdade de Ciências Econômicas e Administrativas da USP. Seu trabalho foi publicado pela própria FEA-USP em 1959,[35] ano em que foi eleito vice-presidente da Ordem dos Economistas de São Paulo. Além disso: passou a compor o conselho editorial da *Revista de Ciências Econômicas*; foi assessor econômico na Associação Comercial de São Paulo (pela qual publicou, em coautoria com Luiz Mendonça de Freitas, o livro *O trigo no Brasil*, em 1960); e recebeu o convite para fazer parte da equipe de planejamento do governo paulista.

Subsequentemente, ele desempenhou funções na Comissão Interestadual da Bacia Paraná-Uruguai; no Serviço Estadual de Mão de Obra da Secretaria do Trabalho do governo estadual; no Conselho Técnico Consultivo da Assembleia Legislativa; e produziu pesquisas para a Associação Nacional de Programação Econômica e Social, entidade financiada por banqueiros paulistas, e publicou, em 1964, o texto "Alguns aspectos na inflação brasileira".

No âmbito acadêmico, Delfim foi diretor de pesquisa da FEA-USP[36] e, por essa mesma instituição, em 1963, prestou concurso e

---

[35] Foi reeditado em 2009 (Editora Unesp em parceria com Edições Facamp). Em apresentação de economista da FEA, o livro adquire o estatuto de "clássico sobre o assunto". A adjetivação se deve à contribuição acadêmica, principalmente pela utilização pioneira de "recursos analíticos da teoria econômica", mesmo que ainda sem muita sofisticação econométrica (Macedo, 2001:376).

[36] A FEA foi criada em 1946, justamente depois do Estado Novo e nos primórdios da Guerra Fria, período que marcou, por um lado, a decadência do modelo francês de es-

obteve o título de professor catedrático de teoria do desenvolvimento econômico com o estudo *Alguns problemas do planejamento para o desenvolvimento econômico*. Despontava como "o primeiro economista formado depois da regulamentação da profissão a ocupar uma posição de Catedrático nessa faculdade".[37]

Com sua significativa intervenção, membros da FEA, em 1964, criaram o Instituto de Pesquisas Econômicas (IPE) como centro complementar do Departamento de Economia e com o fim de realizar pesquisas econômicas e financeiras. O instituto teve forte atração entre os poderes públicos e o empresariado, bem como resultou na Fundação Instituto de Pesquisas Econômicas (Fipe), na década de 1970. Tais empreendimentos contaram com a contribuição do programa da United States Agency for International Develoment (Usaid), que fomentava a vinda de professores norte-americanos para esse tipo de instituição de pesquisa, bem como propiciava a ida de pesquisadores brasileiros para os EUA. O acordo MEC/Usaid teria sido o responsável "pela formação de nova geração de professores do Departamento de Economia ao longo da década de 1970, os quais, nos anos seguintes, chegaram aos cargos de professor titular, com a aposentadoria dos antigos catedráticos" (Macedo, 2001:383).

Três medidas tomadas pelo governo em relação às universidades são paradigmáticas: i) a oficialização do "apoio" técnico, financeiro e militar dos EUA ao Brasil; ii) a consultoria dada ao MEC pelo norte--americano Rudolph Atcon, componente da Agency International Development, em 1965; iii) a formação da comissão especial presidida pelo general Meira Mattos, cuja atuação foi direcionada à repressão das mobilizações deflagradas a partir das universidades.[38]

A década de 1970, junto com a reforma universitária que extinguiu as cátedras, parece ter sido o ápice da escalada da versão da

---

tudos econômicos e, por outro, o forte investimento dos Estados Unidos na mobilização/formação/exportação de especialistas do mundo inteiro nas áreas de economia, matemática, física, engenharia e outras especialidades, oferecendo-lhes condições de pesquisas e de integração nas universidades. Os investimentos governamentais e norte-americanos nesta e em outras instituições de ensino e pesquisa foram sistemáticos na segunda metade dos anos 1960.

[37] Disponível em: <www.fea.usp.br/feaecon//perfil>. Acesso em: 5 jul. 2013.
[38] Ver mais detalhes no próximo capítulo.

"dolarização do conhecimento", particularmente no tocante ao ensino de economia quantitativa, de aplicação prática, à qual Delfim filiou-se.

No plano político, por sua vez, é patente a progressiva importância de instâncias burocráticas no processo decisório e, por conseguinte, a relevância dos burocratas como atores centrais das decisões governamentais (em detrimento dos "políticos"). Não por acaso, a bibliografia temática ressalta a atuação dessa burocracia estatal na condução de políticas econômicas e na montagem do estado nacional-desenvolvimentista. Isto é, sublinham como determinadas agências de Estado passaram a monopolizar as atribuições de regulação, financiamento e planejamento econômico.[39]

Dois aspectos, no entanto, devem ser ponderados. Em primeiro lugar, a demonstração da força do papel dos "técnicos" nessa seara e no interior do chamado aparelho de Estado não significa, conclusivamente, que o lugar desfrutado por esses agentes seria definido exclusivamente em função da sua competência técnica ou do saber especializado proclamados, assim como não se pode assegurar que os mesmos estivessem imunes da dependência de outros recursos de afirmação, como o estabelecimento de alianças estratégicas com protagonistas da política eletiva. Ademais, e em segundo lugar, os ocupantes desse espaço burocrático muitas vezes são eles próprios os atores das disputas partidárias. Afora o fato de que os conhecimentos (fundamentalmente escolares), mobilizados para as tarefas de planejamento e regulação econômica, nem sempre foram monopólio de economistas, tampouco os postos nos organismos governamentais que regem a economia são por "natureza" ou automaticamente ocupados por indivíduos com formação econômica.

Loureiro (1992) mostra as especificidades do caso brasileiro examinando as condições histórico-estruturais, bem como o trabalho coletivo de instituições e grupos diversificados que ensejaram a afirmação acadêmica e governamental da ciência econômica no

---

[39] Perissinoto (2012) e Loureiro, Olivieri e Martes (2010) retomaram de forma fecunda alguns dos principais trabalhos que relacionaram burocracia e política no Brasil, tanto em momentos de autoritarismo como de democracia.

país, quer dizer, do seu lugar de destaque no âmbito das instituições de ensino superior e das agências governamentais. A "nova competência política", simbolizada por uma "qualificação técnico-profissional" e associada a modelos matemáticos sofisticados, quantificação, predição etc., resultou das características sociais dos seus "promotores" (muitos deles, aliás, além de já estabelecidos social e politicamente, acumularam também outros títulos, como em direito). Do mesmo modo derivou da "montagem institucional que certos grupos puderam empreender, tanto no âmbito do aparelho do Estado quanto nos meios intelectuais e universitários" (Loureiro, 1992:49).

Foi entre 1964 ou 1965 que Delfim Netto inaugurou sua inscrição federal compondo o Conselho Consultivo de Planejamento (Consplan) e, por indicação de Roberto Campos (então ministro do Planejamento), integrou o Conselho Nacional de Economia. Este mesmo ministro o indicou para o cargo de secretário da Fazenda do estado de São Paulo. Nessa pasta ficou até 1967, quando assumiu a função de ministro da Fazenda.[40]

Delfim Netto publicou, em 1966, *Problemas econômicos da agricultura brasileira* (pela Universidade de São Paulo), *Alguns aspectos da inflação brasileira* (com Affonso Celso Pastore, Pedro Cipollari e Eduardo Pereira de Carvalho, pela Séries Estudos Anpes, Associação Nacional de Programação Econômica e Social, n. 1), e *Agricultura e desenvolvimento no Brasil* (também pelos Estudos Anpes, n. 5); e, em 1967, *Estudo de educação econômico-social do Brasil* (Instituto de Sociologia e Política da Federação do Comércio do Estado de São Paulo), *Política econômica e financeira do governo: 1967/68* (FEA-USP), e foi coautor de *O café no Brasil* (lançado pelo Ministério da Indústria e do Comércio, Instituto Brasileiro do Café e Assessoria de Relações Públicas).

Na gestão do Ministério da Fazenda, com o Plano Estratégico de Desenvolvimento (PED), Delfim protagonizou um momento de as-

---

[40] É possível afirmar que Delfim Netto é um caso desviante do provável. Suas características sociais, escolares e estéticas podem estar na base de resistências e estigmatizações das quais foi alvo, sobretudo lançadas pelas elites estabelecidas na sua estreia no cenário público. Ver Roberto Grün (2014).

censão da economia nacional, com uma baixa de 23% da inflação e um crescimento de 4,8% do Produto Interno Bruto (PIB), tendo no desempenho da indústria, principalmente no setor de bens duráveis de consumo, o carro-chefe desse crescimento. Do ponto de vista econômico, alguns fatores conjunturais teriam contribuído para essa reativação do crescimento:

[...] a grande expansão do comércio e da liquidez internacionais no período, a expansão do setor público, responsável pela absorção de grande parte da capacidade ociosa do parque industrial brasileiro, a consolidação do mercado de capitais e do sistema financeiro nacionais e a política de achatamento salarial. [Abreu, 2001:1807]

Entretanto, o período foi de fortalecimento das mobilizações conduzidas pelos antagonistas do governo estabelecido. Notadamente, lideranças políticas, intelectuais, setores da Igreja Católica e estudantes promoveram formas diversas de articulação e de contestação ao regime (composição de organizações clandestinas, reuniões, encontros, manifestações, produção de documentos, grupos de estudos, propagandas impressas, projetos de guerrilha etc.), que geraram confrontos com a polícia. Para a contenção das mobilizações, os setores militares mais radicais conseguiram fazer instituir, em dezembro de 1968, o Ato Institucional número 5, assinado pelo presidente da república e seus ministros (incluindo Delfim).

No momento do golpe militar, em Minas Gerais, Afonso Arinos era secretário do governo e fora eleito presidente da Comissão de Constituição e Justiça do Senado, até Roberto Campos assumir esse posto em 1965. Nesse mesmo ano, publicou o segundo volume das suas "memórias", intitulado *Escalada* (1965, José Olympio), e o livro *Evolução da crise brasileira* (1965, pela Companhia Editora Nacional). Em 1966, divulgou cinco discursos sobre a reforma constitucional, participou da criação da Aliança Renovadora Nacional (Arena), produziu uma versão para o capítulo do anteprojeto de Constituição referente aos direitos e garantias individuais (por solicitação do líder da maioria no Senado, Daniel Krieger) e apresentou uma emenda indicando a instituição do regime parlamentarista.

Terminado o mandato de senador, sem concorrer à reeleição, Arinos foi nomeado membro do Conselho Federal de Cultura (CFC). Tornou-se, assim, um dos "cardeais da cultura nacional"[41] junto a outros intelectuais que, à frente do CFC, encabeçaram a política para o setor cultural em um momento (1967-78) em que o Estado atuou como "agente financiador e organizador de projetos culturais, tornando-o o grande mecenas da cultura brasileira" (Maia, 2012:25-26). Como outrora, os membros do conselho teriam se centrado em forjar concepções acerca da "cultura nacional", dessa vez alicerçando-se num sentido de "civismo", isto é, defendendo "a formação de uma 'consciência cívica'" como "necessária à convivência harmônica entre o estado e a sociedade civil" (Maia, 2012:28).[42]

Além de Afonso Arinos, participavam do CFC: Gilberto Freyre, Pedro Calmon, Josué Montello, Gustavo Corção, Djacir Lima Menezes, João Guimarães Rosa, Rachel de Queiroz, Ariano Suassuna, Roberto Burle Marx, Hélio Viana, entre outros que, segundo Tatyana Maia (2012:42-43), "eram companheiros de uma longa trajetória no campo político e intelectual iniciada naqueles estonteantes anos 1920". Cabendo sublinhar que a "identidade de grupo" se fundava em "laços de companheirismo e amizades", bem como "era associada aos cargos exercidos nas fileiras do Estado" (Maia, 2012).

Afonso Arinos, entre 1967 e 1969, investiu na publicação do segundo volume de *História do povo brasileiro* (1967, Editores Culturais); na ABL proferiu o discurso de recepção a João Guimarães Rosa; lançou a segunda edição de *Curso de direito constitucional brasileiro* (Revista Forense), além do terceiro volume das suas memórias,

---

[41] Expressão cunhada por Gilberto Freyre e que inspirou o trabalho de Tatyana Maia (2012).
[42] Quintella (1984) também apontou para fatores de coesão e unidade entre os integrantes do Conselho Federal de Cultura. Homogeneidade essa também perceptível na Academia Brasileira de Letras e no Instituto Histórico e Geográfico Brasileiro. A recorrência dos mesmos nomes nestas três instituições (CFC, ABL e IHGB); os termos carregados de afetividade, intimidade e proximidade que são acionados nos discursos realizados pelos seus membros; assim como os requisitos informais (identidade regional, formação intelectual, convivências, cargos políticos, missão para a cultura etc.) acionados para admissão no(s) grupo(s), permitiriam identificar um grupo ocupando a condição de elite cultural no Brasil naquele momento. Cabe lembrar que Afonso Arinos pertenceu às três instituições.

Planalto (1968, José Olympio) e *História do povo brasileiro*, em colaboração com Jânio Quadros (1968, Editores Culturais). No início da década de 1970, publicou uma brochura do curso de extensão ministrado na Pontifícia Universidade Católica do Rio Grande do Sul sobre *História das ideias políticas* (1970); ganhou o prêmio Intelectual do Ano conferido pela Sociedade Paulista de Escritores (1973); lançou a segunda edição da *História do Banco do Brasil* e *Rodrigues Alves — apogeu e declínio do presidencialismo* (1973, José Olympio) e *Jean-Baptiste Debret* (1974, Editora Fontana). Em 1975, Arinos se aposentou do magistério, criou a Fundação Milton Campos (Centro de Estudos Políticos ligado à Arena) e divulgou *Problemas políticos brasileiros* e a segunda edição de *Pela liberdade de imprensa* (José Olympio). Em 1976, publicou a segunda edição de *O índio brasileiro e a Revolução Francesa* (José Olympio), e de *Um estadista da República* (Nova Aguilar), o quarto volume das suas memórias *Alto-mar — maralto* (José Olympio), *Direito constitucional* (1. ed., Forense). Em 1978, o quinto volume de suas memórias, *Diário de bolso seguido de Retrato de noiva* (Editora Nova Fronteira).

Ocorria então o início da "distensão lenta, gradual e segura" quando Delfim Netto ocupou o posto de embaixador do Brasil na França, permanecendo em Paris de 1975 a 1978 (a equipe ministerial foi redefinida com a posse de Ernesto Geisel, em 1974). Em 1979, após deixar o cargo, viu frustrada sua pretensão de ser o governador de São Paulo pela Arena (partido de sustentação ao regime militar) e foi acusado de subestimação dos índices inflacionários de 1973. Porém, teve êxito na indicação para ocupar o Ministério da Agricultura no governo do general João Batista Figueiredo — foi formado um "ministério de composição entre o chamado 'grupo da Sorbonne', ligado às origens da Escola Superior de Guerra, e a equipe mais próxima ao ex-presidente Geisel" (Abreu, 2001:1809).

A crise internacional e os descontentamentos relativos à combinação de ineficácia das medidas contencionistas adotadas e o crescimento da inflação ("em virtude do aumento dos custos financeiros das empresas e do agravamento do déficit do Tesouro") levaram à renúncia do então secretário de planejamento, Mario Henrique Simonsen, e à nomeação de Delfim na chefia da Seplan, em 15 de agosto de 1979, na qual ficou até 1985. Nesse período: publicou a segunda edição de *O problema do café no Brasil* (1981, pela Fipe/USP); assumiu a cátedra de Análise Macroeconômica na USP (1983); negociou novo empréstimo junto ao Fundo Monetário Internacional (1983); defendeu uma política salarial (orientada pelo FMI) que limitava o reajuste dos salários a 80% do INPC (1983); escreveu "Mudanças estruturais da economia no governo Figueiredo" (1984, pela Seplan); foi denunciado pelo envolvimento no caso Coroa-Brastel (Abreu, 2001).[43]

Delfim Netto coordenou ainda a campanha exitosa do ex-presidente Jânio Quadros (coligação PTB-PFL) à prefeitura de São Paulo (derrotando o peemedebista Fernando Henrique Cardoso), em 1985. Desde essa atuação, apostou sistematicamente na arena político-eleitoral incrementada, principalmente, a partir da Assembleia Nacional Constituinte, eleita em 1986.

Enquanto isso, Afonso Arinos seguia empenhado no trabalho de sustentação intelectual de seus posicionamentos políticos e jurídicos. Chegou a fazer uma "pesquisa de opinião", enviando questionários para prefeitos, professores de direito, juristas, dirigentes sindicais, empresários, políticos e profissionais liberais, visando perscrutar "as aspirações médias da sociedade", que poderiam servir de "subsídios para uma reforma da Constituição brasileira" (Abreu, 2001:342). Isso no mesmo ano (1980) em que substituiu Temístocles Cavalcanti (falecido) na diretoria do Instituto de Direito Público e Ciência Política (Indipo) da Fundação Getulio Vargas (FGV), "voltado para a pesquisa e comandado por juristas líderes do pensamento brasileiro" (Rodrigues e Falcão, 2005:6-7). Os resultados da pesquisa foram publicados na *Revista de Ciência Política* do Indipo (Arinos, 1984).

---

[43] O lugar central ocupado pelo então ministro do planejamento Delfim Netto e por outros economistas no "escândalo financeiro" do início da década de 1980 permite explorar lógicas que regiam as relações entre ocupantes de cargos de alto escalão do Poder Executivo, empresários e intermediários atuantes como assessores ou consultores com trânsito junto a órgãos governamentais. A cuidadosa descrição de Marcos Otávio Bezerra (1995) mostra como às qualificações técnicas e políticas atribuídas aos economistas soma-se o potencial de intermediação e de constituição de teias de relações no interior do campo burocrático, sobretudo como são passíveis de maximização enquanto trunfo político e para a ampliação da superfície de contatos e vínculos.

Com a vitória de Tancredo Neves no Colégio Eleitoral de janeiro de 1985, Arinos foi indicado para presidir essa Comissão Provisória de Estudos Constitucionais, responsável por apresentar propostas à Constituinte, mantida mesmo com a posse do vice-presidente José Sarney na chefia do Executivo, após a morte de Tancredo. Ficou conhecida como "comissão Afonso Arinos" e rotulada, por seus oponentes, como uma "comissão de notáveis". Formada por 50 personalidades de juristas, advogados, professores de direito, empresários, cientistas sociais, jornalistas, um médico e um economista, a composição foi contestada por lideranças da Ordem dos Advogados do Brasil (OAB), Central Única dos Trabalhadores (CUT) e Conferência Nacional dos Bispos do Brasil (CNBB), enfim, lideranças que a identificavam como tendo "um caráter conservador e elitista" (Abreu, 2001:342).

Na ocasião de entrega do texto ao presidente, Arinos foi condecorado com a Grã-Cruz da Ordem Nacional do Mérito. Em novembro do mesmo ano, candidatou-se ao Senado, sendo eleito constituinte pelo Partido da Frente Liberal (PFL) em aliança com o Partido do Movimento Democrático Brasileiro (PMDB). Faleceu antes de concluir o último mandato de senador. Seu livro *Presidencialismo ou parlamentarismo*, em colaboração com Raul Pilla, foi reeditado em 1999, pela Editora do Senado.

Nota-se como, na fase final da sua carreira, Afonso Arinos agregou às certificações conquistadas via títulos em direito, exercício do magistério superior, produção de livros e artigos, outros conhecimentos técnicos e saberes como a produção de pesquisas de opinião, a atuação em fundações de estudos em partidos e em conselhos na esfera pública. Ajustava-se, portanto, à linguagem do poder progressivo e crescentemente importada das instituições norte-americanas e fundada na credibilidade científica e na adesão à ideologia democrática.

Nas últimas décadas, Delfim Netto, por sua vez, publicou diversos trabalhos, ocupou postos e acumulou honrarias de diversas ordens. Foi presidente da Comissão de Finanças e Tributação da Câmara dos Deputados; vice-presidente e presidente do diretório nacional do Partido Democrático Social (PDS); eleito Economista do Ano pela Ordem dos Economistas de São Paulo; vice-presidente do Partido Progressista Brasileiro (PPB); membro titular da comissão especial do projeto sobre o Sistema Financeiro Nacional; entre outras.

Em 1987, Delfim Netto escreveu o texto *Só o político pode salvar o economista* e, principalmente na segunda metade da década de 1990, produziu uma multiplicidade de artigos para revistas mais ou menos especializadas e de grande circulação, como *Economia Aplicada, Exame, Conjuntura Econômica, Carta Capital, Isto é dinheiro*, entre muitas outras, principalmente para a FEA/USP. Entre os livros, destacam-se as coautorias de *O plano real e a armadilha do crescimento econômico* (Unicamp/IE, 1997), *50 anos de ciência econômica no Brasil* (Vozes, 1997) e *O futuro da indústria no Brasil e no mundo: os desafios do século XXI* (Campus, 1999), e ainda a publicação de *A crônica do debate interditado* (Top Books, 1998) e *Como as nações se desenvolvem* (Campus, 1999).

Como é possível observar, ao longo do seu itinerário, Delfim ocupou quase sempre cargos administrativos, de consultorias e assessorias fundadas na sua formação em economia, assim como os seus textos dificilmente fogem dessa área, seja ela numa perspectiva mais especializada ou generalista.[44] Posteriormente, consagrado por sua escalada de *office-boy* à "*czar* da política econômica", passando por posições de poder e de produção científica (Macedo, 2001), Delfim Netto ocupou o cargo de deputado federal de 1987 a 2006.

Os percursos de economistas-parlamentares revelam distintas vias de notabilização que guardam relação com a posse do título de economista. Quer dizer, mesmo no período democrático inaugurado nos anos 1980, o monopólio das decisões na área econômica permaneceu sob o controle de grupos de economistas que gozavam de notoriedade nos meios universitários, fator que a manteve como o meio de expressão e legitimação anteposta no espaço político. Assim, a edificação desse instrumento como recurso indispensável à produção de explicações não apenas ao mundo econômico, mas também

---

[44] Novamente, pode-se enfatizar as correspondências encontradas no que diz respeito aos gêneros de escrita privilegiados no quadro mais amplo e nos dois casos exemplares no tocante à polarização entre produções escritas generalistas ou encobrindo gêneros variados entre diplomados em Direito (Arinos), em um extremo, e produções setorializadas associadas aos formados em economia (Delfim), no outro extremo.

sobre políticas sociais, culturais e arranjos democráticos, impulsionou os investimentos de pretendentes à ocupação das posições de poder nesse tipo de saber (Loureiro, 1997).

Acentua-se no período recente, da mesma maneira, a progressiva valorização de recursos adquiridos nas instituições de ensino em grandes centros (no Chile, na Europa e principalmente nos Estados Unidos) e a autoridade (ou suposta "neutralidade") fundada na posse de uma competência "científica" e acadêmica — tanto mais eficaz quanto mais alicerçada no acúmulo e ativação de um "capital internacional". A consolidação de princípios de *expertise* e o consenso acerca da preeminência democrática teriam sido determinantes para a substituição dos "políticos-bacharéis" pelos "técnicos-políticos", logo, para a reconfiguração dos espaços de luta pelo poder em suas diferentes dimensões e direções (Dézalay e Garth, 2000; Guilhot, 2001).

Assim, processos desse tipo estão na gênese da redefinição de competências e códigos de realização política, o que significa a emergência e a ascensão de novas categorias de profissionais no espaço político ou usos diversificados dos mesmos títulos ao sabor dos alinhamentos partidários e ideológicos em curso. A configuração internacional esboçada e as lógicas exógenas que progressivamente se impõem nos países do Sul interagem com as modificações endógenas da agenda de problemáticas, causas e etiquetas legítimas próprias às realidades nacionais não centrais. Os jogos de poder fundem lógicas governamentais e não governamentais, ou estatais e não estatais, desenhando arenas coabitadas por profissionais que transitam em empresas de consultoria, organizações não governamentais, movimentos sociais, centros universitários de pesquisa, associações categoriais, cargos políticos (eletivos ou administrativos), enfim, promovem o intercruzamento entre domínios e lógicas de militância e de *expertise* (Guilhot, 2001; Buclet, 2009; Reis, 2015, 2013a).[45]

---

[45] Visando apontar alguns indícios no sentido de apreender a estrutura interna do espaço dos *think tanks* nos EUA, Tom Medvetz (2008) pondera que os mesmos fatores que levam esses agentes a ocupar uma posição central no campo do poder são responsáveis por sua vulnerabilidade ante as diferentes áreas que são articuladas na constituição dessa figura híbrida. Nesse caso, a discussão entre *heteronomia* em oposição

Apontamentos finais

As modificações conjunturais e estruturais ocorridas ao longo do século XX são, no mesmo golpe, produto e produtoras da reordenação de diversos segmentos de elites e da recomposição dos grupos dirigentes, operando amplas transformações nas linguagens, hierarquias e repertórios de atuação em espaços de poder nacionais e transnacionais.

Grifam-se os condicionantes e os efeitos (em diferentes níveis e configurações nacionais) da ingerência norte-americana e do deslocamento do eixo das transferências culturais outrora marcados pela ascendência europeia. Uma das consequências foi a afirmação dos "técnicos-políticos" (com fortes influências "dolarizadas" e com uma linguagem econômica do poder) em detrimento dos "políticos-bacharéis" oriundos de famílias "tradicionais" (com influências "cosmopolitas" e uma linguagem honorífica do poder).

Enlaçados a isso, ocorreram processos de recomposição daquilo que define uma condição de intelectual e dos imbricamentos necessários para armazenar notabilidades múltiplas, condizentes com a capacidade de trânsito entre e em sítios nacionais e transnacionais, com uma profusão de certificações advindas do pertencimento a lugares que aferem excelência social (de acessos raros, extraordinários) e com ligações possíveis a causas vistas como desinteressadas ("nobres", "universais", "transcendentais", até mesmo "sagradas").

No que pese a exigência crescente de determinados tipos e usos de saberes e qualificações, é possível identificar a personificação desses atributos em personagens híbridos, uma vez que são hábeis: em acumular sinais de distinção devido à proximidade com a esfera científica que demonstram; em entabular teias de relações no domínio político que garantem acessos, aliados, meios de luta e superfície de influência; em monopolizar a mediação de "grupos", "segmentos", "interesses" específicos que auxiliaram a constituir. Quer dizer,

à *autonomia* se complexifica, pois se está diante de múltiplas relações heterônomas (acadêmicas, políticas, econômicas...) que cortam esse universo, se cruzam e geram formas complexas.

trata-se de agentes que se notabilizam na ocupação de posições de porta-vozes de temas legítimos por meio da inscrição simultânea ou sucessiva em vários e interseccionados domínios.

Os dois casos aqui analisados, Afonso Arinos e Delfim Netto, retratam as faces dos criadores e das criaturas desses processos. O primeiro é contemporâneo da geração que se dedicou a pensar os "rumos da nação", letrados pertencentes a famílias estabelecidas, próximos dos núcleos centrais do espaço do poder, dotados de competências políticas (herdadas e adquiridas) e envolvidos em projetos de instituições de formação de quadros dirigentes. O segundo é um exemplar de rotas ascendentes e alicerçadas no pertencimento a um segmento específico das elites dirigentes no Brasil, aquele associado à competência técnico-científica. Condição essa reforçada pelo lugar ocupado no regime autoritário que proporcionou o acesso aos organismos governamentais e vantagens em relação aos seus concorrentes externos (políticos tradicionais ou homens de partido).

Enfim, foram enfocados aqui agentes que se distinguem em termos geracionais, não somente devido às datas de nascimento, mas também por suas *entradas na política*, *eventos marcantes* e seus interlocutores/concorrentes na arena pública. Nas dinâmicas e estratégias de afirmação, acionaram, de modo contrastante, os saberes detidos com vistas à intervenção nas agendas de "problemas sociais" que os interpelaram, sobretudo no que diz respeito ao uso dos títulos escolares e aprendizados em geral explicitados na ênfase de registros mais generalistas ou mais técnicos na produção de suas tomadas de posição (indissociavelmente políticas e intelectuais). Conjugam-se a isso as divergentes identificações político-ideológicas relativamente ao espectro de forças políticas dominantes em momentos conjunturais contínuos.

Entretanto, de modo geral, as trajetórias demonstram em comum a forte multiposicionalidade que garante as multinotabilidades acumuladas. Aproximam-se igualmente no fato de que, mesmo em diferentes momentos, posicionaram-se na linha de frente das batalhas em torno de concepções ou modelos de "Estado" e "sociedade", de "cultura" e "economia", que geraram polêmicas (defesa do parlamentarismo, do mercado econômico etc.), bem como refletiram e contribuíram para a adoção de parâmetros de conduta e de pensamento ainda em voga. Assim, constituíram-se como intérpretes da "realidade nacional" (prescrevendo o que seriam os "melhores" caminhos possíveis ou necessários para o Brasil) e se pretenderam seus operadores, apresentando-se como aptos a ocupar a posição de condutores a partir do exercício de cargos políticos.

CAPÍTULO III

Universidade e política: carreira profissional, notabilização intelectual e afirmação política*

A manifestação de certas disposições culturais e a possibilidade de conquistar notabilidade como "intelectual" se constituem em atributos valorizados e valorizantes da biografia de certos políticos profissionais. Do mesmo modo, a acumulação de atribuições políticas associada a um repertório de missões orientando diferentes modalidades de intervenção no espaço público compõem trunfos imprescindíveis para incensar a produção de bens simbólicos e as inscrições no mundo cultural. Nossa proposta é explorar essa via dupla de intercruzamentos de lógicas e domínios políticos e culturais em pesquisas dedicadas à análise de agentes que concentram recursos e habilidades propícias à manipulação da "arte da representação" (política e cultural).

Neste capítulo tais intersecções são analisadas a partir de um recorte específico e igualmente fecundo heuristicamente. Pavimentada a análise dos 299 casos previamente situados, o foco agora recai sobre agentes que conseguiram monopolizar oportunidades de poder político e cultural graças às suas inscrições no espaço por excelência de reprodução da cultura legítima e das competências intelectuais: a universidade.

Privilegia-se, pois, um segmento da elite que, além da política e da escrita, atuou de forma profissionalizada em instituições de ensino

---

* Uma versão deste texto foi originalmente publicada por Grill e Reis na *Revista Pós Ciências Sociais*, v. 12, n. 23, 2015.

superior, investindo em carreiras como docentes e como administradores em universidades, e, por esse intermédio, participou de empreendimentos de criação e gestão de espaços institucionais de ensino e pesquisa (institutos, departamentos, laboratórios, cursos de graduação e pós-graduação).[46] Ocupamo-nos, então, de "atores" que podem ser investigados como produto e produtores de processos de institucionalização do sistema universitário brasileiro e da formulação da problemática política legítima progressivamente gestada nesse espaço.

Cabe ressaltar nosso esforço em romper com as abordagens teleológicas, instrumentalistas e a-históricas das instituições, procurando priorizar o caráter dinâmico, a um só golpe, de (re)invenção nas práticas e nas representações dos seus arquitetos e do peso objetivo que operam sobre a consagração dos seus condutores, detentores dos "títulos de nobreza" compatíveis com os papéis que lhes são prescritos (Dulong, 2012; Lagroye, 1997; Bourdieu, 1989c, 1989d). Entre eles, o título escolar.

No que pese a importância analítica de rejeitar a face "evidente" de recursos ou atributos como indispensáveis ao exercício de funções políticas — uma vez que se relacionam às origens sociais e aos usos feitos em determinadas condições de concorrência —, há processos que efetivamente levam à legitimação de saberes e práticas como os mais prováveis e mais facilmente conversíveis em vantagens no universo político.

As potencialidades políticas de certas competências são forjadas em circunstâncias históricas, culturais, sociais e políticas específicas, nas quais são apropriadas como instrumentos de luta e de afirmação. Com efeito, por conta dos predicados que fornecem, determinados domínios sociais e segmentos profissionais adquirem primazia no recrutamento político, resultando na convergência entre configurações dos mercados políticos e o prestígio de diplomas e profissões ao longo do tempo.

---

[46] Isso implicou desconsiderar dezenas de deputados e senadores que ostentam o título profissional de professor universitário como atividade secundária, paralela, honorífica etc.

Dessa forma, partilha-se o entendimento de que algumas formações, inserções e profissões são recorrentemente privilegiadas, em detrimento de outras, por aqueles com pretensões políticas.[47] Fixam-se, assim, como "viveiros de políticos". Quer dizer, atraem agentes que naturalizaram precocemente um sentido de vocação para a política; que reúnem as destrezas percebidas como mais rentáveis e legítimas em distintos domínios; e que atuam profissionalmente em setores da vida social que guardariam "afinidades" com a profissão política e cujas lógicas de trocas são marcadas por efeitos de *osmoses*.[48]

A ponderação acerca dessas dimensões possibilita evitar outro risco derivado da essencialização de aptidões ligadas à aquisição de títulos profissionais e escolares como garantias de sucesso político, qual seja, a tendência a homogeneizar grupos profissionais (que são heterogêneos) e a universalizar competências tidas como excepcionais (que são raras e monopolizadas por minorias de determinada categoria social).[49]

De forma geral, entre os "letrados e votados" estudados (conforme demonstrado no primeiro capítulo), os principais títulos escolares detectados foram em direito, economia, medicina, engenharia, ciências humanas e outros. Porém, para 40 entre eles, a esses diplomas acrescenta-se o exercício de outras atividades, mormente como professor no ensino superior, e a posse de outras certificações escolares (como a pós-graduação). Ocorre que o reconhecimento profissional e a reputação como "intelectual" parecem não se realizar somente mediante o acesso à cultura erudita e às chaves de expli-

---

[47] Conforme indica Michel Offerlé (1999:23), as competências profissionais são, simultaneamente, meios eficazes de atuação e de distinção em espaços concorrenciais, bem como são critérios eficientes de legitimação para agentes predispostos a intervir politicamente em virtude de outras socializações.

[48] Mattei Dogan (1999:191) afirmou que a "noção de viveiro adquire todo seu sentido sociológico" quando uma categoria social amplamente minoritária entre a população de um país ocupa um conjunto numericamente significativo de cargos políticos (eletivos e administrativos).

[49] Como observado por Willemez (1999) para a criação de uma *illusion bien fondée* em torno dos políticos formados em direito e o acesso ao domínio da palavra (escrita e falada) que a formação escolar e profissional garantiria aos advogados. Para um exercício de problematização dessas questões, ver também Grill (2007) e a comparação efetuada entre políticos que ao mesmo tempo descendem de "dinastias políticas" e possuem formação em direito, revelando usos e combinações díspares.

cação do mundo, mas devem ser imprescindivelmente asseverados por capacidades (ou ao menos "intenções") de prescrição e de intervenção.[50] Para contornar os obstáculos problematizados, o tratamento dispensado aos casos selecionados visou situá-los à luz de transformações mais gerais ocorridas nos domínios culturais e políticos, que temos tentado sistematizar. Ademais, levando em conta que a "categoria ocupacional dos professores de ensino superior [...] é formalmente delimitável, até porque tem como base relações de emprego e títulos escolares, [mas em termos objetivos é] extremamente amorfa e segmentada" (Coradini, 2013:248), não se pretende extrapolar os resultados ora apresentados como achados relativos às condições de reconversão da carreira universitária em carreira política. Deseja-se, isto sim, sublinhar as interdependências entre princípios de hierarquização e de legitimação vigentes no polo dominante das universidades (esfera da produção e autenticação da cultura legítima) e sua vinculação (ou subordinação) à política. Sem deixar de considerar os efeitos da condição de "intelectual" para a retenção de um *capital simbólico personificado*, traduzido no potencial de trânsito e de ascensão política. Isto é, enquanto recursos vinculados ao seu portador e à sua capacidade de demonstrá-los na forma incorporada e pessoalizada. A notoriedade e a reputação advêm de "realizações" condizentes com códigos pessoalizados como honra, sabedoria e heroísmo, em detrimento daqueles mais institucionalizados (Bourdieu, 2002; Coradini, 1998b; Grill, 2013).

A partir da coleção de 40 casos exemplares aqui examinados, é possível refletir tanto sobre os amálgamas entre a dimensão política e os critérios de hierarquização da vida social num sentido mais amplo quanto sobre as condições e os condicionantes dos usos sociais e

---

[50] O recente trabalho de Unzué (2012) trata dos usos do diploma e da passagem pela universidade (como estudantes e professores) em discursos variados de autocelebração e de estigmatização proferidos no Congresso brasileiro por parlamentares. As passagens com trechos que acionam a condição de professor universitário revelam importantes estratégias tanto de acúmulo de capital simbólico personificado como de identificação categorial. Entretanto, ainda há carência de investigações que se detenham especificamente sobre tal vinculação, usos, justaposições, contrabandos, mediações, trânsitos etc. entre esses domínios.

políticos de credibilidades, expressos em formas de agir e de pensar de alguns "representantes" e relacionados com inscrições no meio universitário num sentido mais restrito.

No que tange mais diretamente a esse último, pensa-se na possibilidade de pontuar algumas pistas trabalhadas por Coradini (2013) sobre como a definição das posições de elite dos professores universitários é condicionada pela ocupação de cargos associados à gestão no próprio âmbito universitário. Esses postos, em termos abrangentes, não deixam de ser "políticos" e, em vista disso, de ser consoantes às libidos e às habilidades "políticas", em termos mais específicos, quer dizer, ajustados à ocupação de cargos no aparelho governamental e parlamentar, decorrentes de vitórias eleitorais, de postos de confiança, em comissões, de assessorias etc.[51]

No cerne da reflexão, a tentativa de compreender fatores que debilitam a autonomia do espaço escolar e científico, ou seja, que interferem na subordinação desse domínio à lógica e à legitimidade da política. Tal como a interferência das relações sociais nos trajetos ascendentes e, por conseguinte, na combinação de princípios e recursos. A partir disso, parece instigante investir no exame de agentes que concentram autoridades em carreiras universitárias bem-sucedidas (no duplo sentido de reconhecimento como pesquisadores e passagens por altos cargos de gestão universitária) e que perfazem trajetos extremamente exitosos na conversibilidade desses trunfos em postos políticos no Estado e no Parlamento.

Em síntese, afora a oportunidade de investigar a porosidade desses domínios e os intercruzamentos de lógicas de ação e princípios

---

[51] Coradini (2013) identificou o alto grau de vinculação dos professores universitários ao chamado *spoil system* e, consequentemente, à política. No universo que ele estudou (explorado com análises de correspondências múltiplas), verificou a constituição de um polo dominante caracterizado justamente pelo acúmulo de títulos, homenagens e, principalmente, funções de gestão, tidos como os mais distintivos ou transcendentes; e um polo dominado pautado pela dimensão mais propriamente "técnica" ou "escolar". As atividades de pesquisa, por exemplo, tendem a ter peso apenas como recurso de entrada na carreira universitária ou quando vinculadas ao *carisma de função* (uso da ocupação de um cargo público como critério de excelência social). E, entre os critérios de seleção e hierarquização, destaca-se a valorização de atributos que remetem às capacidades de "liderança", de "formação de recursos humanos", de atendimento à "concepção gestionária" de "inovação" e, enfim, de "gestão".

de legitimação, é preciso percebê-los de forma aprofundada por meio do exame de inscrições políticas tanto em termos de ocupação de cargos universitários, assessorias, consultorias, conselhos, comitês etc. como no sentido mais diretamente relacionado com o exercício de postos eletivos e administrativos na esfera governamental e parlamentar. Verificam-se, assim, as chances e lucros das estratégias de conversão de recursos conquistados no âmbito universitário (reconhecimentos, redes de relações sociais, títulos, saberes, competências e repertórios) em critérios de distinção entre políticos profissionais.[52]

Entre a cátedra e o parlamento: caracterização do universo

Como já foi dito, o ponto de partida desta discussão foram os dados disponíveis para os 299 agentes (tratados no capítulo I), que permitiram a localização dos 40 casos pertinentes ao tratamento da problemática de investigação. Anexam-se aos elementos que os aproximam e que permitem aglutiná-los no mesmo universo de análise, aspectos distintivos mais gerais referentes, basicamente, aos períodos de nascimento, de obtenção do título superior e do exercício do magistério em universidades. A partir dessas informações, foi possível posicioná-los num *continuum* histórico e associá-los em três tipos amplos de perfis que viabilizam um tratamento mais sociográfico e comparativo.

No primeiro, encontram-se 15 parlamentares nascidos entre o final do século XIX e início dos anos 1920, que obtiveram seus diplomas de título superior entre meados dos anos 1920 e 1940, e que exerceram o magistério principalmente nas décadas de 1930, 1940 e início de 1950. No segundo, situam-se 10 agentes que nasceram en-

---

[52] Há uma série de pesquisas dedicadas aos condicionantes do recrutamento de elites políticas que sublinham a presença das chamadas "profissões intelectuais", notadamente de professores universitários, em postos de poder político, bem como esses estudos focalizam as afinidades entre determinadas "competências" com papéis políticos prescritos e posições ideológicas assumidas (Reis, 2014; Unzué, 2012; Coradini, 2013; Rodrigues, 2002; Best e Costa, 2000; Dogan, 1999; Grezés-Rueff, 1994; Gaxie, 1980).

tre 1928 e 1940, diplomados em universidades entre 1950 e 1964, e que atuaram como docentes nas décadas de 1950, 1960 e 1970. E, no terceiro, estão os 15 restantes, com data de nascimento mais recente (a partir de 1940), titulados durante o regime militar (1964-79), e professores universitários nas últimas décadas (sobretudo nos anos 1980 e 1990).[53]

Em conjunto, eles corroboram tendências já identificadas em outros estudos sobre elites políticas e intelectuais, em especial no tocante à diversidade quanto: à posição social de origem (profissões dos pais); à origem geográfica (estado da federação de atuação, principalmente acadêmica, que geralmente coincide com o estado de atuação política); ao pertencimento institucional (instituições de ensino superior em que conseguem os títulos e onde atuaram como professores); e às áreas de formação (títulos obtidos).

Tomando-se como indicador de posição a profissão do pai, pode-se averiguar um aumento na diversidade de segmentos sociais de origem dos agentes examinados.

QUADRO 1
Profissão do pai

	PERFIL 1 (14/15)	PERFIL 2 (04/10)	PERFIL 3 (10/15)
Advogado e político	-	-	01
Comerciante	03	01	01
Contabilista e jornalista	-	-	01
Dono de uma pequena tipografia	01	-	-
Empresário e administrador de empresas	-	-	01
Engenheiro e funcionário público	-	-	01

continua

---

[53] Grifa-se que, desses 40, somente três são mulheres e estão localizadas: uma no segundo perfil e duas no terceiro. Uma discussão direcionada a esses casos é feita no quinto capítulo.

	PERFIL 1 (14/15)	PERFIL 2 (04/10)	PERFIL 3 (10/15)
Farmacêutico	-	-	01
Fazendeiro	03	01	-
Funcionário de tecelagem e caixeiro viajante	-	-	01
Militar ou alto funcionário público	03	02	01
Político	03	-	-
Professor de história (sem formação superior)	-	-	01
Profissional liberal	03	-	-
Promotor, professor e funcionário público	-	-	01
Sapateiro	01	-	-

Fontes: DHBB-FGV (2011) e Grill e Reis (2012a).

Mesmo com certo desfalque de informações para o segundo perfil, aquelas disponíveis para os dois polares confirmam a diversificação social e de modalidades de ocupações desempenhadas pelos progenitores dos agentes (com destaque à presença constante de comerciantes e altos funcionários). O que se repete para as origens geográficas.

QUADRO 2
Origem geográfica

	PERFIL 1	PERFIL 2	PERFIL 3
Alagoas	-	-	01
Amazonas	-	-	01
Bahia	04	-	-
Ceará	-	01	-

continua

	PERFIL 1	PERFIL 2	PERFIL 3
Distrito Federal	-	-	01
Minas Gerais	02	-	-
Pará	-	03	-
Paraíba	-	01	-
Pernambuco	02	-	-
Piauí	-	-	01
Rio de Janeiro	03	01	01
Rio Grande do Sul	01	02	03
Santa Catarina	-	-	01
São Paulo	03	02	06
Total	15	10	15

Fontes: DHBB-FGV (2011) e Grill e Reis (2012a).

O quadro 2 revela alterações na distribuição dos estados da federação nos quais os agentes exerceram suas atividades. Não por acaso, há uma maior frequência de casos na Bahia e no Rio de Janeiro para os primeiros, cujo período de atuação corresponde àquele em que esses estados eram os principais centros políticos, culturais e de formação superior do país. Enquanto para os últimos, com atuação mais recente, há tanto uma distribuição um pouco mais dispersa entre diferentes estados quanto uma maior concentração em São Paulo, que atualmente tem o maior número de Instituições de Ensino Superior (IES), e das mais reputadas do país. Sublinha-se ainda a posição do Rio Grande do Sul em segundo lugar entre os mais frequentes.

Observando as IES em que os agentes se formaram e em que lecionaram, ficam ainda mais nítidas, por um lado, as dinâmicas de diversificação regional e institucional e, por outro lado, a força das instituições paulistas.

QUADRO 3
IES de formação e de atuação

IES	FORMAÇÃO/NÚMEROS POR PERFIL				DOCÊNCIA/NÚMEROS POR PERFIL			
	1	2	3	TOTAL	1	2	3	TOTAL
UFRJ	05	01	-	06	07	-	-	07
UFBA	02	-	-	02	02	-	-	02
UFF	01	-	-	01	01	-	01	02
UFPE	03	-	01	04	01	01	-	02
UFRN	-	-	-	-	01	-	-	01
USP	04	02	04	10	01	02	01	04
Exterior	-	-	-	-	01	01	-	02
Unicamp	-	-	-	-	01	-	02	03
UFPA	-	03	-	03	-	02	-	02
FGV/RJ	-	-	-	-	-	01	01	02
PUC-RJ	-	01	-	01	-	01	-	01
UnB	-	-	01	01	-	-	01	01
FGV/SP	-	-	-	-	-	-	02	02
PUC-SP	-	-	01	01	-	-	02	02
UFRGS	-	-	02	02	-	-	02	02
PUC-RS	-	01	01	02	-	-	01	01
Unisinos	-	-	-	-	-	-	01	01
UFMG	-	-	02	02	-	-	-	-
Ufam	-	-	01	01	-	-	01	01
UFPB	-	01	-	01	-	-	-	-
UFCE	-	01	01	02	-	-	-	-
UFRRJ	-	-	01	01	-	-	-	-
NI	-	-	-	-	-	02	-	02
Total	15	10	15	40	15	10	15	40

Fontes: DHBB-FGV (2011) e Grill e Reis (2012a).

Neste ponto, salienta-se a alta endogenia na população em pauta, quer dizer, quase metade dos casos (19 contra 21) lecionou na mesma universidade em que obteve seus diplomas. Mas acentua-se que essa é uma recorrência que diminui para o terceiro perfil, comparativamente aos anteriores. À maior diversificação de lugares acadêmicos de formação de elites e ao deslocamento do principal centro universitário do Rio de Janeiro (capital do Brasil até o início da década de 1960) para São Paulo conjugam-se a perda paulatina da prevalência na formação em direito e a ascensão da economia e das engenharias como titulações privilegiadas pelos agentes, como se pode conferir no quadro 4.

QUADRO 4
Primeira formação superior

TÍTULO SUPERIOR	PERFIL 1	PERFIL 2	PERFIL 3	TOTAL
Direito	09	04	03	16
Medicina	02	-	-	02
Engenharia	-	01	03	04
Economia	01	02	08	11
Psicologia	01	-	-	01
Pedagogia	-	01	-	01
Ciências Humanas	01	01	01	03
Teologia	01	-	-	01
Matemática	-	01	-	01
Total	15	10	15	40

Fonte: DHBB-FGV (2011) e Grill e Reis (2012a).

Outras informações referentes aos investimentos escolares dos agentes são pertinentes para indicar aspectos da (re)configuração dos perfis em questão. Destaca-se a diminuição no empenho em realizar mais de um curso superior: somente 3/15 entre os casos do último perfil (20%), contra 6/15 e 4/10 entre os dois anteriores (40% cada) acumularam diplomas. Proporcionalmente, há o aumento das apostas em títulos de pós-graduação: no segundo perfil são 7/10 e no terceiro são 12/15 (respectivamente 70% e 80%) que fizeram esse tipo de investimento, a maior parte deles em doutoramentos; enquanto no primeiro perfil a frequência é de apenas 5/15 (33%), e a maioria em livre-docência e especialização. O mesmo se aplica para o trânsito internacional como critério de distinção em áreas em processo de institucionalização: enquanto 5/10 do segundo perfil e 8/15 do terceiro (respectivamente 50% e 54%) contaram com estadas de estudos no exterior, no primeiro perfil estão somente 2/15 (13%) que passaram, no seu trajeto escolar de formação, por instituições estrangeiras.

Os agentes, por meio das suas estratégias escolares (incluindo o investimento em capital internacional), participaram de processos de institucionalização de cursos de graduação e pós-graduação em importantes centros de pesquisa e ensino. Basta ver que, *pari passu* à obtenção de título de pós-graduação no Brasil e no exterior, há o incremento da presença dos mesmos em cargos administrativos no âmbito universitário. Mais precisamente, 7/10 e 11/15 para os dois últimos (70% cada), contra 7/15 do primeiro perfil (46%) ocuparam cargos de direção em universidades (departamentos, institutos, pró--reitorias e reitorias).

Todavia, as posições e notabilidades são fundadas na imbricação entre o trabalho intelectual e intervenção política tanto a partir das inscrições nos meios universitários como no parlamento. E os dados sinalizam justamente para a complementaridade entre atribuições assumidas no âmbito universitário e os papéis políticos assumidos. Quer dizer, os mesmos agentes que intensificaram suas aplicações direcionadas a legitimar conhecimentos e habilidades por intermédio de estratégias escolares e de ocupação de cargos de direção nas universidades seguiram carreiras políticas prósperas apostando no uso dos seus currículos (acadêmicos e administrativos) para a conquista de posições políticas.

Cotejando-os diacronicamente, são percebidas variações quanto aos padrões tanto de carreira acadêmica (crescente valorização da pós-graduação, da internacionalização e da ocupação de cargos administrativos nas instituições de ensino superior) quanto de carreira política (como a importância da passagem por cargos administrativos). Adiciona-se a isso a interferência de deslocamentos dos lugares de consagração intelectual (das academias de letras e institutos históricos e geográficos para associações profissionais e institutos/ fundações partidárias), bem como dos gêneros de escrita privilegiados (de literários e históricos para, cada vez mais, técnicos ou setorializados e generalistas).

Com efeito, mais de 2/3 dos casos, independentemente do período no qual atuaram de forma mais significativa, tiveram carreiras políticas com longos períodos de ocupação de postos administrativos. Mais precisamente, 77,5% dos 40 parlamentares examinados exerceram cargos em ministérios e/ou secretarias de Estado (de primeiro escalão no governo federal e nos governos estaduais). Soma-se a isso o aumento gradativo entre os professores universitários, ao longo do tempo, do investimento em carreiras políticas predominantemente administrativas ou equilibradas entre ocupação de cargos eletivos e administrativos, identificadas em termos de anos de dedicação. Na divisão considerada, tem-se: 9/15, 8/10 e 13/15, respectivamente, e tomando as porcentagens em cada perfil, temos o gráfico 1.

GRÁFICO 1
Padrões de carreiras políticas por perfis

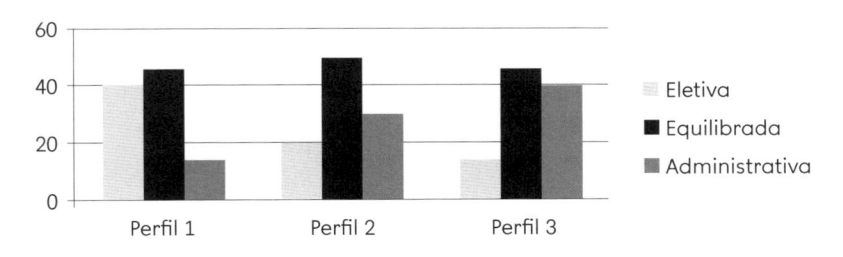

Fontes: DHBB-FGV (2011) e Grill e Reis (2012a).

O duplo investimento em carreiras políticas e universitárias, com trânsitos por atribuições eletivas e administrativas em universidades e governos, ratifica a configuração de retroalimentação entre prestígio acadêmico, vinculação com espaço político-partidário e ocupação de cargos administrativos de relevo que, ademais, não parece arrefecer ao longo do tempo.

Outros aspectos correlacionados que podem ser agregados à análise dizem respeito aos gêneros de escrita privilegiados por esses agentes e às instâncias de consagração que os notabilizaram.

Em primeiro lugar, frisa-se o incremento da produção de textos (contabilizando-se prioritariamente livros) cujas temáticas são ligadas à posse de "competências técnicas" e vinculadas a setores específicos, e a atenuação proporcional daquelas mais generalistas, de biografias sobre eventos e personagens históricos, de memórias e autobiografias, bem como de literatura e poesia. Mais diretamente, enquanto no primeiro perfil apenas 2/15 escreveram prioritariamente sobre questões que envolviam suas especializações profissionais; no segundo há a ampliação significativa para 6/10; culminando com a ocorrência de 11/15 de agentes dedicados à escrita de livros em suas especialidades acadêmicas no terceiro. Em termos percentuais, pode-se recorrer ao gráfico 2.

GRÁFICO 2
Gênero de escrita por perfis

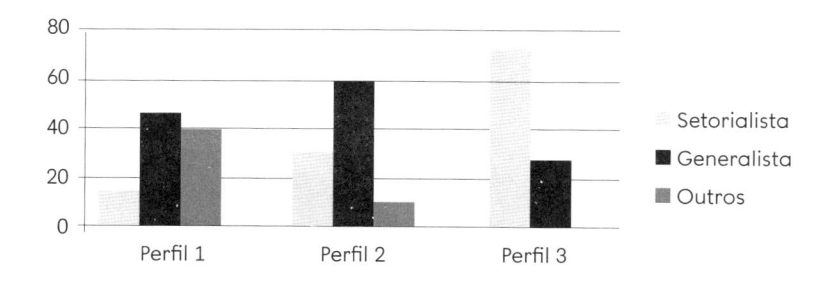

Fontes: DHBB-FGV (2011) e Grill e Reis (2012a).

E, em segundo lugar, sobressai-se o deslocamento dos lugares de celebração dos saberes e conhecimentos desses docentes-escritores--gestores-parlamentares das academias de letras e dos institutos históricos e geográficos (ambos com instituição nacional e nos estados) para as associações profissionais e institutos ou fundações em partidos, como é possível perceber no quadro 5.

QUADRO 5
Participação em instâncias de consagração cultural

MODALIDADES	PERFIL 1	PERFIL 2	PERFIL 3
Academias de Letras e Institutos Histórico-Geográficos	11	04	-
Associações Profissionais	07	06	10
Institutos/Fundações em partidos	04	04	10

Fontes: DHBB-FFV (2011) e Grill e Reis (2012a).

Parece precipitado considerar essa constatação como indício do descolamento e da autonomização das esferas política e intelectual. Vale isto sim vislumbrá-la como a cristalização de novos amálgamas entre os registros advindos do mundo político e do domínio intelectual, encetados por modificações nas linguagens do poder (gestadas em escala transnacional) e nas apropriações da gramática democrática, operadas no interior de empresas partidárias.[54]

Reconfigurações históricas e condicionantes da afirmação universitária e política de agentes com trajetórias *multinotáveis*

Entre os três perfis discutidos no item anterior, foram escolhidos dois casos considerados exemplares, pois ao mesmo tempo são contrastantes entre si e permitem investigar o *continuum* de inscrições no mundo universitário e governamental pertinentes e os recursos

---

[54] Esse argumento foi desenvolvido em estudo que trata especificamente das fundações de pesquisas e estudos que funcionam a partir dos partidos políticos no Brasil desde a década de 1970, mostrando as transformações das linguagens, das estruturas organizacionais dessas instâncias e dos perfis dos dirigentes que encarnariam modelos de excelência simultaneamente intelectual e política (Reis e Grill, 2014a).

valorizados/mobilizados em diferentes estágios do processo de afirmação política e intelectual analisado. Evidentemente, eles não são uma amostra representativa nem do conjunto dos docentes de ensino superior, tampouco dos professores universitários que ingressaram na atividade política. Porém, certamente retratam a composição das posições dirigentes de um segmento da "elite letrada e votada" no Brasil, que vem sendo estudada a partir de várias nuances e recortes.

Para melhor qualificar as intersecções em questão, propõe-se o exame das propriedades e dos investimentos operados por seus protagonistas em circunstâncias mais ou menos favoráveis às suas inscrições. Assim, retomamos a seguir alguns eventos significativos do delineamento das universidades brasileiras e interdependentes dos processos mais amplos de reconfiguração em distintos planos para situar dois trajetos de parlamentares que ocuparam duas posições no vértice administrativo das pirâmides universitária e política: reitoria e Ministério da Educação.

Pedro Calmon e Cristovam Buarque são considerados representativos de conexões entre lógicas e práticas que animam domínios políticos e culturais, bem como de critérios de excelência e de problemáticas legítimas que, em diferentes contextos, pautaram a seleção de grupos dirigentes. Tendo chegado ao cume da hierarquia universitária e parlamentar, eles não somente protagonizaram experiências e conflitos que os levaram ao topo dos postos de gestão, como são personagens dos processos de construção das instituições universitárias e da progressiva especialização da atividade política. Conjuga-se a isso o fato de terem sido reitores de universidades localizadas na capital federal (Universidade do Brasil/RJ e Universidade de Brasília/DF), que singularizaram modelos de instituições de ensino superior nas respectivas configurações históricas em que foram fundadas.

Se ambos se assemelham nas posições homólogas que conquistaram em distintos contextos, vale desde já acentuar que destoam nas suas origens sociais (e isso guarda relação com as modificações mencionadas). Enquanto a de Pedro Calmon Moniz de Bittencourt (1902-85) é alta (ainda que não seja oriundo de uma capital), a de

Cristovam Ricardo Cavalcanti Buarque (1944-) é mais modesta. O primeiro nasceu numa "tradicional" família baiana, constituída de componentes politicamente bem alocados (governadores, ministros, deputados federais, senadores, desembargadores, entre outros) desde o Império. Seu pai foi um grande comerciante e empresário no interior da Bahia, cujo estabelecimento (chamado de "A Casa Paris na América") emitia "vales" que circulavam como "moeda local". Em um determinado momento, "ele teria sido o empresário que mais pagou impostos em todo o interior do estado" (Marques, 2010:36). O segundo, proveniente de uma família numerosa, é natural de Recife (PE), filho da segunda esposa de um pequeno comerciante (caixeiro-viajante) sem a escola primária completa. Os pais teriam tido uma tecelagem e Cristovam começou a trabalhar aos 14 anos de idade ajudando "a vender panos e a fazer a contabilidade comercial dos negócios",[55] o que teria influenciado suas escolhas universitárias posteriores (Rocha, 2005).

No entanto, em decorrência e em consonância com o espaço de possíveis históricos e biográficos, cada um dos personagens examinados transitou entre domínios culturais e políticos acumulando multinotabilidades e interseccionando lógicas e registros variados nos seus repertórios de afirmação.

Grandes famílias, centralização política e inovações institucionais (1920-50)

Nas discussões da literatura especializada sobre a constituição do ensino superior no Brasil, não raro é ponderado sobre o caráter tardio da criação e da institucionalização de universidades no país.[56] Originalmente teria havido "resistências" de Portugal e das elites local-

---

[55] Disponível em: <www.cristovam.org.br/vida>. Acesso em: 20 jan. 2013.
[56] A instituição medieval havia sido exportada da Europa para alguns países da América Latina no século XVI como fundações coloniais e missionárias com acento religioso (dominicanos, jesuítas) e com vistas ao ensino de teologia e direito canônico (Charle e Verger, 1996:42). No Brasil, a Coroa portuguesa impediu a criação de uma instituição desse tipo pelos jesuítas que recorriam à "Universidade de Coimbra ou para outras universidades europeias, a fim de completar seus estudos" (Fávero, 2006:20).

mente estabelecidas à criação de instituições desse tipo na Colônia, até porque elas poderiam ser buscadas na Europa (Carvalho, 1996).

A gênese das "profissões imperiais" (Coelho, 1999) é situada a partir da instalação da Corte portuguesa no Rio de Janeiro e esteve vinculada aos empreendimentos visando formar agentes tecnicamente aptos às funções de "defesa militar da colônia". Somente com a República a primeira universidade foi oficializada pelo governo federal. Em 1915, a reforma Carlos Maximiliano dispôs sobre a criação de um aglomerado que reunia a escola Politécnica e a de Medicina (do Rio de Janeiro) com uma das Faculdades Livres de Direito. E apenas em 1920 a Universidade do Rio de Janeiro foi institucionalizada (Fávero, 2006; Mendonça, 2000).

No plano cultural, nas primeiras décadas do século XX ocorreram redefinições sobre os seus produtos e porta-vozes específicos, em especial no que tange à atribuição de decifrar a identidade nacional. No plano político, foram tempos de decadência do poder oligárquico, pela radicalização de grupos contestatórios (principalmente de direita) e pelo fortalecimento do governo central e de uma elite burocrática. Foi no processo de criação de instituições políticas consideradas "modernas" e de afirmação da nacionalidade — vistas pelos intelectuais como missões inseparáveis — que se inseriu o debate central sobre os tipos de universidade desejados, o lugar que ocupariam e sua autonomia ante os poderes temporais.[57]

A partir dos anos 1930, inaugurou-se "um longo período de *state building*", cuja centralização política permitiu que, durante os 15 anos do primeiro governo Vargas (1930-45), três novas gramáticas fossem mobilizadas: do corporativismo; do insulamento burocrático (com a criação de empresas e agências estatais); e das tentativas de instauração de um universalismo de procedimentos (via reformas do serviço público). Tais gramáticas amoldaram-se àquela já preva-

---

[57] Baeta Neves (2002:354), ao situar a discussão sobre a sociologia da educação nos anos 1930, destaca que: "As transformações da sociedade brasileira a partir dos anos 1930 trouxeram à tona o problema da educação. Esta passou a ser vista como recurso privilegiado no processo de construção do novo perfil de cidadão adequado ao Brasil em mudança. A reforma da educação ajudaria a construir a base para a transformação do país".

lecente, a do clientelismo, facilitando o abrigo de membros pertencentes a núcleos estaduais remanescentes da chamada "República Velha" no "aparelho do Estado" (Nunes, 2003:47).

O processo de construção do Estado brasileiro, de centralização política e de edificação de instituições tidas como "modernas" no período pós-30 fora obra de elites agrárias originárias de estados de peso secundário na federação, contrapondo-se ao núcleo paulista hegemônico. Por conseguinte, deve-se evitar a adoção de um esquema dualizado que coloca o "universo tradicional" (famílias, clientelismo e particularismos) em oposição à construção do Estado, da burocracia e dos mecanismos de representação, pois isso acaba obscurecendo a compreensão dos agentes que estão na origem das inovações institucionais (Garcia Jr., 1993b).

Nessas circunstâncias, a ampliação do acesso às instituições de ensino superior ainda não abalava a raridade do título em direito, que estava associada a recursos de origem que permitiam certos trânsitos (mesmo que não necessariamente para a Europa, mas para o centro do país) e respaldava a ocupação das mais altas posições de elite. No entanto, como Miceli (1979) demonstrou, a expansão do espaço de concorrência ecoou na necessidade de diversificação das estratégias de afirmação dessas elites, mormente no concernente às condições do trabalho de produção de bens simbólicos. Com efeito, persistiam as interconexões entre domínios e princípios políticos e culturais.

Pedro Calmon cursou direito entre 1920 e 1924, e os dois últimos anos foram concluídos no Rio de Janeiro, para onde se deslocou a fim de trabalhar com um tio, ministro da Agricultura, como secretário da Comissão Promotora dos Congressos do Centenário da Independência. Ele pode ser localizado na geração de intelectuais dos anos 1920-40, para a qual "politização" significava a "conversão à ação política" e a confirmação da "vocação para elite dirigente", graças à detenção de um "saber sobre o social, reconhecido e valorizado por amplos setores da sociedade" (Pécaut, 1990:21-22). Trunfo esse passível de ser mobilizado na definição, prescrição e ação sobre o "social" e o "cultural".

Logo no início da sua carreira, Calmon foi redator em jornais do então Distrito Federal (*O Imparcial* e *Gazeta de Notícias*) e na Bahia (*A Tarde*), bem como publicou os livros *Pedras d'armas* (de contos, 1923); *Direito de propriedade à margem dos seus problemas jurídicos, sociológicos, históricos e políticos* (1925); e *História da Bahia (das origens à atualidade)*. Tinha somente por volta de 23 anos de idade e já conquistara relativo destaque nacional como "intelectual", sendo ainda nomeado conservador do Museu Histórico Nacional e debutado como orador na tribuna do Instituto Histórico e Geográfico Brasileiro (Abreu, 2011).

Com tais origens e inserções, a estreia na política foi igualmente precoce. Elegeu-se deputado estadual em 1927, pelo Partido Republicano da Bahia (recentemente formado), ocupando o cargo até 1930, período do governo de outro tio naquele estado. Os investimentos na produção de textos seguiram intensos ao longo do seu itinerário. Sobressaindo a variedade também em termos de gêneros de escrita de caráter literário, técnico/genérico e histórico.[58]

Ainda antes dos 30 anos de idade, Calmon publicou: *Compêndio para os colégios* (1927), *O tesouro de Belchior* (novela, 1928), *Reforma constitucional da Bahia* (1929), *História da independência do Brasil* (1929) e *José de Anchieta, o santo do Brasil* (1930). O romance histórico *O tesouro de Belchior* chegou a ser premiado, em 1929, pela ABL.

A década de 1930 foi para ele ainda de abundante produção e de rentabilização tanto dos empreendimentos culturais como das posições e posicionamentos políticos. Foi eleito, em 1931, sócio efetivo do Instituto Histórico e Geográfico Brasileiro (IHGB), sendo depois

---

[58] Tal perfil assemelha-se a outros notabilizados entre os anos 1920 e 1950. É o caso de Afonso Arinos, analisado no capítulo anterior e cujas "memórias" são objeto de reflexão do capítulo seis deste livro. Esses perfis situam-se nos empreendimentos culturais de uma geração "vocacionada" para a ocupação da função de "elite dirigente", cuja missão seria instaurar o Estado e suas instituições, e interpretar a nação e explicitar sua "essência" (Pécaut, 1990). Para tanto, esses agentes encarnaram o duplo papel de intelectuais e políticos, facilitado pelo reconhecimento desfrutado por suas "famílias", pela legitimidade do título de bacharel em direito que possuíam, pela expansão do mercado editorial e do sistema de ensino e pela proliferação de postos políticos no Estado e/ou nas instituições de representação política.

seu orador oficial, de 1938 a 1968, e presidente desde 1968, sagrando-se sócio grande-benemérito do Instituto; participou do Congresso Nacional de História; representou o Equador na Conferência Pan-Americana de Geografia e História realizada no Rio de Janeiro; foi o orador oficial do Instituto dos Advogados do Brasil; e representante do Equador na Conferência Pan-Americana de Geografia e História (no Rio de Janeiro). Chegou ainda à livre-docência de direito público constitucional da Faculdade de Direito do Rio de Janeiro, em 1934.[59]

Uma série de livros publicados nos primeiros anos da década de 1930 ampliou o prestígio de Pedro Calmon para o credenciamento à Academia Brasileira de Letras. E, em 1935, passou a ser o responsável pela cadeira de História da Civilização Brasileira na Universidade do Distrito Federal e professor da Pontifícia Universidade Católica e da Faculdade de Filosofia Santa Úrsula do Rio de Janeiro.

Foram publicados: *O crime de Antônio Vieira* (1931), *Gomes Carneiro, o general da República* (1933), *A federação e o Brasil* (1933), *História da civilização brasileira* (primeiro tomo, 1933 ou 1935), *Malês, a insurreição das senzalas* (1933), *O marquês de Abrantes* (1933), *O rei cavaleiro. Vida de Pedro I* (1933), *O rei do Brasil (vida de d. João VI)* (1935) e *Espírito da sociedade colonial* (1935).

Ele ainda obteve, em 1934, um novo mandato eletivo, agora como deputado federal pela Bahia, na legenda da Concentração Autonomista. Como parlamentar, teria criticado o ministro da Guerra, general João Gomes Ribeiro Filho, por afastar do Exército os militares que participaram de um comício da Aliança Nacional Libertadora (ANL), em 1935. Nesse mesmo ano, discursou "na escadaria da Câmara em favor dos estudantes" que reivindicavam a "redução de 50% nos preços das passagens dos coletivos", e também teria apoiado a primeira lei protetora do patrimônio cultural na Bahia (Abreu, 2011).

Calmon estava inserido no contexto de emergência de um sistema de educação de massa e também de "diferentes projetos de educação das elites que deveriam dirigir o processo global de transformação da sociedade brasileira, via reorganização da escola secundária e do ensino superior" (Mendonça, 2000:137).

---
[59] Abreu (2011). Disponível em: <www.fgv.br/cpdoc>, <www.academia.org.br>.

Em 1932, os chamados "pioneiros da educação nova" — articulados a partir da insatisfação em relação ao Estatuto das Universidades Brasileiras, oriundo da Reforma Campos de 1931 — produziram o "manifesto do povo e ao governo". Encabeçados por Fernando Azevedo (suas etiquetas geralmente destacadas: advogado, educador, sociólogo, ensaísta),[60] defenderam no documento a educação superior ou universitária para além tanto da formação profissional e técnica como das escolas "tradicionais" de engenharia, de medicina e de direito. E argumentaram em benefício da criação de faculdades de ciências sociais, economia, filosofia, letras, entre outras. Mobilizando a sociologia, a democracia e um sentido de missão geracional, no manifesto (atualizado em 1959, aos "educadores") os "pioneiros" estabeleceram as funções "modernas" da universidade: "criadora de ciências (investigação), docente ou transmissora de conhecimentos (ciência feita) e de vulgarizadora ou popularizadora, pelas instituições de extensão universitária, das ciências e das artes" (Manifesto dos pioneiros..., 2010:56).

No bojo desse processo, houve a criação das universidades de São Paulo (USP) e do Distrito Federal (UDF), respectivamente, em 1934 e 1935. No entanto, em 1937, o então ministro da Educação, Gustavo Capanema (1934 a 1945), encaminhou a formulação da Universidade do Brasil (UB) que refletiria os empreendimentos do governo federal no sentido da padronização, centralização e tutela do ensino superior pelo Estado. O objetivo seria "formar *trabalha-*

---

[60] Um resumo da biografia de Fernando de Azevedo: "nasceu em São Gonçalo de Sapucaí (MG), em 1894. Graduado pela Faculdade de Direito de São Paulo, foi um dos expoentes do movimento da Escola Nova, tendo também participado intensamente do processo de formação da universidade brasileira. Ao longo dos anos 1920, dedicou-se ao magistério. Exerceu os cargos de diretor-geral da Instrução Pública do Distrito Federal de 1926 a 1930, e de São Paulo em 1933. Além desses cargos, exerceu atividades acadêmicas, tendo lecionado sociologia educacional no Instituto de Educação e na Faculdade de Filosofia de São Paulo entre 1938 e 1941. No ano seguinte, voltou à vida pública, respondendo pela Secretaria de Educação do Estado de São Paulo. Ainda em 1942, dirigiu o Centro Regional de Pesquisas Educacionais, também em São Paulo. Fundou em 1951, e dirigiu por mais de 15 anos, na Companhia Editora Nacional, a Biblioteca Pedagógica Brasileira. No conjunto de suas obras destacam-se 'Da educação física' (1920), 'Novos caminhos e novos fins' (1934), 'Sociologia educacional' (1940) e 'A cultura brasileira' (1943). Faleceu em São Paulo, em 1974". Disponível em: <https://cpdoc.fgv.br/producao/dossies/AEraVargas1/biografias/fernando_de_azevedo>. Acesso em: 21 jan. 2016.

dores intelectuais para os quadros técnicos da burocracia estatal, nas áreas de educação e cultura, e, particularmente, professores para o ensino secundário" (Mendonça, 2000:141). Não só a "pesquisa aparecia claramente como um objetivo secundário, subordinado", como a indicação do reitor e dos diretores de instituições de ensino seria feita pelo presidente da República. Ficava igualmente estabelecido que os professores e os alunos da UB não poderiam ter atividades ou qualquer tipo de manifestação político-partidária. A UDF, criada por Anísio Teixeira[61] (com quem Pedro Calmon mantinha relação, no

---

[61] Uma biografia resumida de Anísio Teixeira: "Nasceu em Caetité (BA), em 1900. Formou-se em ciências jurídicas e sociais no Rio de Janeiro em 1922. Entre 1924 e 1928, foi diretor-geral de instrução do governo da Bahia e promoveu a reforma do ensino naquele estado. Em seguida foi para os Estados Unidos, onde estudou na Universidade de Colúmbia e travou contato com as ideias pedagógicas de John Dewey, que o influenciariam decisivamente. Em 1931, de volta ao Brasil, trabalhou junto ao recém-criado Ministério da Educação e Saúde, dedicando-se à tarefa de reorganização do ensino secundário. Por essa época, assumiu a presidência da Associação Brasileira de Educação (ABE) e foi — junto com Lourenço Filho, Fernando de Azevedo e outros — um dos mais destacados signatários do Manifesto dos Pioneiros da Escola Nova, documento que defendia uma escola pública gratuita, laica e obrigatória. Em contrapartida, sofreu forte oposição da Igreja Católica, cujo projeto educacional era calcado em pressupostos inteiramente diferentes dos seus. Íntimo colaborador do prefeito do Distrito Federal, Pedro Ernesto Batista (1931-1936), foi seu secretário de Educação e Cultura, promoveu mudanças na estrutura educacional da cidade e estimulou a criação de novos estabelecimentos de ensino. Sua iniciativa mais ousada foi a criação da Universidade do Distrito Federal (UDF), que gerou forte reação do ministro da Educação Gustavo Capanema e de expoentes do pensamento católico conservador, como Alceu Amoroso Lima. Em meados da década de 1930, Pedro Ernesto e diversos de seus colaboradores, entre os quais Anísio, aproximaram-se da Aliança Nacional Libertadora (ANL), ainda que sem aderir a ela formalmente. A ANL era uma frente política que reunia diversos setores de esquerda em torno de uma plataforma de combate ao fascismo e ao imperialismo. Com certa frequência Anísio escrevia artigos em *A Manhã*, jornal oficioso da ANL. Apesar de contrário às ações políticas violentas, acabou sendo acusado de envolvimento no levante comunista promovido por essa organização em novembro de 1935. Dias depois, Pedro Ernesto foi obrigado a afastá-lo de seu governo. Meses mais tarde, o próprio prefeito foi preso e afastado de seu cargo, sob as mesmas acusações de envolvimento com os comunistas. Durante a ditadura do Estado Novo, Anísio Teixeira dedicou-se exclusivamente a seus negócios privados. Em 1946, vivendo na Europa, tornou-se conselheiro da Unesco. No ano seguinte, de volta ao Brasil, assumiu a Secretaria de Educação da Bahia, a convite do governador Otávio Mangabeira. Na década de 1950, foi secretário-geral da Campanha Nacional de Aperfeiçoamento de Pessoal de Nível Superior (Capes) e dirigiu o Instituto Nacional de Estudos Pedagógicos (Inep). Em 1963 foi nomeado reitor da Universidade de Brasília (UnB), mas foi afastado do posto em 1964, em virtude do golpe militar que derrubou o presidente João Goulart. Nos anos seguintes, lecionou em universidades norte-americanas. Morreu no Rio de Janeiro, em 1971". Disponível em: <http://cpdoc.fgv.br/producao/dossies/JK/biografias/>. Acesso em: 21 jan. 2016.

mínimo, desde os anos 1920, o que pode ser constatado em correspondências com vistas à troca de favores localizadas no acervo do CPDOC), fora extinta e incorporada à UB.

Nesse momento Pedro Calmou atuava no Liceu Literário Português como diretor do Instituto de Estudos Portugueses Afrânio Peixoto, e compareceu ao Congresso Jurídico Nacional (Salvador). Como presidente da reunião da Comissão Constitucional, ocorrida no evento, posicionou-se contra a cassação dos mandatos de parlamentares eleitos pelo então Partido Comunista do Brasil (PCB) que teve (o partido) seu registro eleitoral cancelado. Aos 34 anos ele foi eleito para a cadeira nº 16 da ABL, sucedendo Félix Pacheco (Abreu, 2011).

Publicou nesse período: *Intervenção federal (o artigo 12 da Constituição de 1934)* (1936), *História social do Brasil* (3 v., 1937-39), *Curso de direito público (programa universitário)* (1938), *O rei filósofo (vida de d. Pedro II)* (1938), *História da Casa da Torre, uma dinastia de pioneiro* (1939) e *Figuras de azulejo: perfis e cenas da história do Brasil* (1940).

Em 1945 esteve no I Congresso Brasileiro de Escritores, realizado em São Paulo, do qual participaram outros intelectuais com diferentes tendências políticas e que se mobilizaram na elaboração de "uma declaração em favor da democracia e das liberdades públicas", contra o governo varguista. Também nesse ano, Pedro Calmon foi eleito presidente da Academia Brasileira de Letras (ABL) e participou das conferências Interamericana (no México) e Interacadêmica (em Lisboa) para o Acordo Ortográfico. Nessa primeira metade da década de 1940, publicou: *Influências americanas nas letras brasileiras* (1941), *A princesa Isabel, a Redentora* (1941), *Brasil e América, história de uma política* (1943) e *História da Faculdade Nacional de Direito (1891-1920)* (1945).

Com o fim do Estado Novo e a redemocratização do país, apesar de o presidente José Linhares ter sancionado o Decreto-Lei nº 8.393, de 1945, que conferiria "autonomia administrativa, financeira, didática e disciplinar à UB", ela não foi, segundo Fávero (2006), efetivada. Com esse decreto o reitor passava a ser "nomeado pelo Presidente da República, dentre os professores catedráticos efetivos, em exercício ou aposentados, eleitos em lista tríplice e por votação uninominal pelo Conselho Universitário" (art. 17, §1º). O ministro da Educação era Raul Leitão da Cunha, que também foi o primeiro reitor da UB.

Em 1948, Pedro Calmon foi, inicialmente, nomeado vice-reitor, e depois reitor da Universidade do Brasil (UB) — atual Universidade Federal do Rio de Janeiro (UFRJ) — deixando a posição que ocupava desde 1938 como diretor da Faculdade de Direito da mesma universidade.

Nesse período, publicou: *Cursos de direito constitucional brasileiro: Constituição de 1946* (1947), *A bala de ouro, estória de um crime romântico* (1947), *História de Castro Alves* (1947), *Curso de teoria geral do Estado* (1949, 5. ed. 1958), *História da fundação da Bahia* (1949), *História da literatura baiana* (1949) e *História do Brasil na poesia do povo* (1949).

Ele permaneceu como reitor por 18 anos: posição que se coadunava ao longo percurso de ocupação de posições intelectuais, políticas e administrativas ilustradas no rol de etiquetas de consagração como "professor, político, historiador biógrafo, ensaísta e orador", entre outras.[62]

O então ministro da Educação e Saúde, Clemente Mariani, com perfil semelhante ao de Calmon e igualmente oriundo da Bahia,[63] registrou no discurso de posse do conterrâneo na reitoria da UB a "confiança de que, no seu desempenho, encontrará V. Exa. novas oportunidades para pôr em relevo excepcionais qualidades que têm valido merecido destaque, assim na sua carreira universitária como em outras variadas esferas da sua brilhante atividade intelectual". Mariani destacou a sua "árdua missão" que colocaria "à prova toda a sua capacidade de ação", haja vista que:

---

[62] Disponível em: <www.academia.org.br/abl>. Acesso em: 12 nov. 2013
[63] Clemente Mariani Bittencourt (1900-81) nasceu em Salvador (BA), filho de um desembargador. Formou-se em direito em 1920 e atuou como advogado e jornalista (foi redator e redator-chefe do *Diário da Bahia*). Além de jornalista (atuou também como colaborador da *Revista da Ordem dos Advogados da Bahia* de 1927-30) e advogado, foi professor da cadeira de direito comercial na Faculdade de Direito da Bahia. Foi deputado estadual pelo Partido Republicano Democrático (1924-25; 1928-30); deputado constituinte (1934; 1946); deputado federal pelo Partido Social Democrático (1935-37) e pela União Democrática Nacional (1950-51); ministro da Educação e Saúde (1946-50) e da Fazenda (1961); e presidente do Banco do Brasil (1954-55).

Reunindo estabelecimentos esparsos e ainda lutando com as dificuldades decorrentes da inexistência em nosso meio de um tradicional espírito universitário, a Universidade do Brasil, formalmente constituída pelos estatutos legais que a organizaram continua, no entretanto, a necessitar de condições propícias ao pleno desenvolvimento de sua alma coletiva. O seu aparelhamento material já é objeto de maior interesse do governo, que para ele reservou recursos substanciais.

Mas o impulso da vida cultural, a projeta como um centro influente e benemérito da formação nacional e mesmo como um centro cultural universal, somente poderá vir dos seus próprios elementos componentes, dirigentes, professores e estudantes, irmanados em trabalho comum e proveitoso.[64]

Observam-se aqui não somente os obstáculos à consolidação da universidade como instituição autônoma perante o poder político, mas também a vulnerabilidade da afirmação de um campo cultural relativamente autônomo, no qual o reconhecimento e a viabilidade do trabalho intelectual não dependessem de "aptidões" e demandas externas (sociais, políticas e econômicas). Antes disso, ocorre que justamente são esses os critérios que definem o princípio de hierarquização social mais geral e cultural mais especificamente.

Sabe-se que no período em pauta a problemática legítima mais ampla era a urgência em conceber o sentido ou revelar as características da "nação brasileira" e do que seria "propriamente nacional", incluindo a universidade, a política, a literatura, a economia etc.[65] Já na década de 1950, eventos como a campanha pela criação da Petrobras (1953) e a comoção causada pelo suicídio de Vargas (1954) interferiram na definição de um nacionalismo como signo da manifestação

---

[64] Discurso proferido como ministro da Educação e Saúde, na posse de Pedro Calmon na Reitoria da Universidade do Brasil, Rio de Janeiro, 1948. Disponível em: <www.fgv.br/cpdoc/acervo/arquivo-pessoal/CMa/>.

[65] Em 1948 foi criada a Sociedade Brasileira para o Progresso da Ciência (SBPC), como uma articulação política da "comunidade científica brasileira", com traços nacionalistas e que empunhava a bandeira da reforma global da universidade. E foi esse grupo que se articulou junto a Darcy Ribeiro e Anísio Teixeira em torno do projeto da Universidade de Brasília. Em 1951, foram constituídos o CNPq e a Capes, liderada por Anísio Teixeira.

popular, articulando mobilização das massas com resistência ao imperialismo (Pécaut, 1990).

Ainda sob o governo do presidente Eurico Gaspar Dutra, Pedro Calmon atuou como ministro de Educação e Saúde (até 1951); concorreu, em 1954, ao governo da Bahia pelo Partido Social Democrático (PSD) — sem sucesso, apesar de ter contado com o apoio de outros partidos políticos como PR, PL, PDC e PSP, liderados por Clemente Mariani —; e, em 1955, com a tese sobre a documentação inédita das minas de prata, alcançou a cátedra de História do Brasil do Colégio Pedro II. Em caráter interino foi ainda ministro da Educação e Cultura (no governo Juscelino Kubitschek). Os principais trabalhos do período foram *Os segredos das minas de prata* e *História das ideias políticas* (1952), e o sétimo volume de *História do Brasil* (1959, reeditado posteriormente).

Radicalização política e disputas em torno da cultura e da universidade (1960-80)

Gusso, Córdova e Luno (1985:125) destacaram como obstáculo "às mudanças mais profundas nas estruturas do ensino superior" a persistência, nas posições universitárias e governamentais de mando, de pessoas e grupos responsáveis pelas políticas educacionais do Estado Novo. O que teria reflexo na difícil "tramitação do projeto de Lei de Diretrizes e Bases da Educação Nacional, sobretudo na segunda metade dos anos 1950, com a discussão em torno da questão escola pública *versus* escola privada" (Fávero, 2006:29). Assim como repercutiu na dificuldade de encaminhar um "projeto mais abrangente de reforma universitária" até a década de 1960, mesmo com intensas "críticas e pressões provindas de diferentes setores sociais" (Mendonça, 2000:143).

Nos anos 1960 ocorreu um significativo crescimento do número de universidades e de universitários, em consonância com a afirmação das camadas médias e a ampliação do ensino médio público, entre outros aspectos (Martins, 2009). Adiciona-se a isso que "algumas universidades, entre elas a Universidade do Brasil, elaboram planos de reformulação estrutural" (Fávero, 2006:30).

No entanto, em 1961, foi criada a Universidade de Brasília, considerado um acontecimento marcante nesse processo de redefinição do ensino superior brasileiro, entre outros motivos, por sua finalidade primeira de "formar cidadãos empenhados na busca de soluções democráticas para os problemas com que se defronta o povo brasileiro na luta por seu desenvolvimento econômico e social" (Cunha, 1983:171, apud Mendonça, 2000:144).[66]

Nesse período, Pedro Calmon estreava na seção "Segredos e revelações da história do Brasil" da revista *O Cruzeiro* (substituindo o então falecido Gustavo Barroso)[67] e voltou sua atuação particularmente para a administração universitária, num momento que coincidia com o recrudescimento do regime militar. Como presidente do Conselho Universitário, chegou a extinguir a diretoria do Centro Acadêmico Cândido de Oliveira (Caco) da Faculdade Nacional de Direito.

Em 1966, ele foi substituído na reitoria por Raimundo Muniz de Aragão, e, em 1967, assumiu a vice-presidência do Conselho Federal de Cultura, compondo assim o seleto grupo de intelectuais intitulado por Gilberto Freyre como "os cardeais da cultura nacional", do qual Afonso Arinos também fez parte, conforme referido no capítulo anterior. Calmon permaneceu nesse posto somente até 1968, quando saiu para encarregar-se da presidência do IHGB, sendo o responsável pela criação da nova sede desse instituto.[68]

A reforma universitária esteve no centro dos engajamentos — principalmente a partir das intervenções do movimento estu-

---

[66] Sobre a organização pedagógico-administrativa, estrutura, política de contratação de professores, tipos de matrículas e vagas, a autonomia buscada com a instituição de uma fundação mantenedora e a administração por órgãos colegiados nos seus diversos níveis, entre outros aspectos, ver Mendonça (2000).

[67] Segundo consta, "a revista semanal O Cruzeiro começou a ser publicada em 10 de novembro de 1928 pelos Diários Associados de Assis Chateaubriand no Rio de Janeiro. Sua importância na introdução de novos meios gráficos e visuais na imprensa brasileira, tais como o fotojornalismo e a inauguração das duplas repórter-fotógrafo, faz com que seja considerada uma das principais revistas ilustradas brasileiras do século XX". Disponível em <www.ieb.usp.br/guia-ieb/detalhe/167>. Acesso em: 16 mar. 2013.

[68] O pertencimento simultâneo de alguns agentes durante os anos 1970 e 1980, entre eles Calmon, ao CFC, ao IHGB e à ABL é destacado por Quintella (1984). Segundo a autora, os vínculos e as afinidades encetados nesse núcleo restrito revelam formas de altocultuação de uma "elite cultural" no Brasil.

dantil, notadamente liderada pela União Nacional dos Estudantes — e associada às manifestações pelas *reformas de base* (sociais e políticas), que vislumbravam retomar o "desenvolvimento nacional". Nessa direção, a UNE promovia seminários com vistas a discutir: a autonomia universitária; a participação dos corpos docente e discente na administração universitária, através de critério de proporcionalidade representativa; a adoção do regime de trabalho em tempo integral para docentes; a ampliação da oferta de vagas nas escolas públicas; e a flexibilidade na organização de currículos (Martins, 2009; Fávero, 2006).

Contudo, de abril de 1964 a 1967, as discussões no movimento estudantil passaram a centrar-se, sobretudo, em dois pontos: a) revogação dos Acordos MEC/Usaid e b) revogação da Lei Suplicy (Lei nº 4.464, de 9.11.1964), pela qual a UNE foi substituída pelo Diretório Nacional de Estudantes.

Foi nesse cenário que Cristovam Buarque realizou sua formação superior. Apesar da origem modesta, cursou a Escola de Engenharia da Universidade Federal de Pernambuco, entre 1962 e 1966. Segundo consta, "foi a primeira pessoa de sua família a ingressar em uma universidade".[69] Em vista disso, é possível localizá-lo num núcleo familiar cujas estratégias educativas viabilizaram sua "ascensão social pela via escolar" (Rocha, 2005:94).

Contrastando com Calmon, Buarque teve um percurso mais estendido antes de conquistar alguma notabilidade como "intelectual" e "político", haja vista a complexificação e a matização dos atributos certificadores do reconhecimento dessas posições, decorrentes, por um lado, da diversificação dos perfis, das causas e dos domínios de concorrência e, por outro lado, da exigência de maior focalização e especialização nos investimentos.

Com efeito, ele atuou em movimentos de ação coletiva e teve circulação internacional antes dos encaminhamentos mais sistemáticos para sua carreira intelectual e política.

Durante o curso de engenharia, estreou sua intervenção na Ação Popular (AP), organização política de "jovens católicos" — muitos

---

[69] Disponível em: <www.cristovam.org.br/vida>. Acesso em: 20 jan. 2013

deles participantes da Juventude Universitária Católica (JUC) — que fora constituída a partir dos investimentos de dirigentes da Ação Católica (AC) no sentido de recrutar novos adeptos. Com atuação nos meios universitários (assim como nos secundaristas, operários etc.), a partir da AC eram articuladas modalidades híbridas de mobilização militante.[70]

Logo no início da faculdade, Cristovam Buarque integrou a diretoria e depois foi presidente do diretório de estudantes da Escola de Engenharia, o que lhe possibilitou participar do seminário para líderes universitários latino-americanos na Harvard University (Summer School), nos EUA, em 1964. Nesse período, e juntamente com o arcebispo dom Hélder Câmara, teria desenvolvido ações comunitárias voltadas à educação na periferia de Recife.

Por suas inserções, ele estava imerso nas questões consideradas legítimas e que orientavam a ação política e cultural dos intelectuais e militantes "de esquerda". Como forma de identificação e de sociabilidade, mobilizavam diferentes versões de marxismo que operava para alguns como uma "cultura política", ou tomavam a "dependência" como "mito unificador" ou princípio de uma *doxa*, assim como fora o desenvolvimentismo (Pécaut, 1990:255).

Em 1966, formou-se engenheiro mecânico e realizou o curso de preparação e análise de projetos na Organização dos Estados Americanos (OEA), credenciando-se para trabalhar como instrutor em cursos para técnicos de nível superior na Superintendência do Desenvolvimento do Nordeste (Sudene) e como diretor encarregado de projetos industriais da Consultoria e Planejamento (Consplan).

Direcionadas às universidades, o governo havia adotado, nesse contexto, três medidas oficiais que foram modelares. A primeira foi referente ao acordo MEC/Usaid que oficializou a cooperação técnica, financeira e militar dos EUA ao Brasil. A segunda foi concernente

---

[70] Há uma gama infinita de casos de conversões ideológicas de "jovens católicos" da "direita" para a "esquerda". Particularmente para algumas recorrências no Rio Grande do Sul durante os anos 1960 e 1970, acompanhadas de uma breve revisão das influências de diversos intelectuais católicos franceses nesse processo, em consonância com as condições conjunturais e as versões de marxismo em voga na América Latina, ver Reis (2015).

à consultoria dada, em 1965, pelo norte-americano Rudolph Atcon, membro da Agency International Development, ao MEC. O relatório de Atcon subsidiou a elaboração do documento "Rumo à reformulação estrutural da universidade brasileira", centrado na concepção de "defesa dos princípios de autonomia e autoridade, dimensão técnica e administrativa do processo de reestruturação do ensino superior, ênfase nos princípios de reformulação do regime de trabalho docente, criação do centro de estudos básicos... [e] de um conselho de reitores", o Conselho de Reitores das Universidades Brasileiras (Crub), do qual Atcon foi o secretário-geral de 1966 a 1968 (Fávero, 2006:15). E a terceira medida foi relacionada com a formação de uma comissão especial presidida pelo general Meira Mattos e encarregada de reprimir/dirimir as mobilizações a partir do âmbito universitário (Fávero, 2006; Martins, 2009). Tais mobilizações — especialmente cerceadas com a promulgação do Ato Institucional nº 5 (AI-5), de 1968, e com o Decreto-lei nº 477, de 1969, que impunha infrações disciplinares aos "subversivos" do meio escolar — contavam, além de alunos, com o engajamento de professores e pesquisadores, muitos deles contestando o regime militar instaurado em 1964 e reivindicando a expansão do ensino superior, tendo em vista a multiplicidade de alunos (162 mil, em 1969) aprovados nos vestibulares, mas que não conseguiram vagas nas universidades (Martins, 2009; Fávero, 2006).

No final dos anos 1960, com a aprovação do relatório do Grupo de Trabalho que havia sido constituído para estudar a reforma da universidade brasileira, foi promulgada a Lei nº 5.540, que estabeleceu a universidade como "forma ideal de organização do ensino superior, na sua tríplice função de ensino, pesquisa e extensão, enfatizando-se a indissolubilidade entre essas funções, particularmente entre ensino e pesquisa, sendo esta última o próprio distintivo da universidade" (Mendonça, 2000:148).

No que pese o fomento à criação dos cursos de pós-graduação (entre outros mecanismos que teriam contribuído para a consolidação da universidade brasileira), as condições históricas e políticas de restrição às expressões civis, por um lado, e o comprometimento dos intelectuais com as demandas externas (do Estado ou das organizações militantes), por outro, pesaram sobre a baixa robustez das fronteiras que assegurariam tanto a autonomia institucional das universidades como a autonomia na produção de conhecimento dos seus profissionais (mormente no âmbito das ciências humanas e sociais). De qualquer modo, nos anos 1970, o ensino superior brasileiro passou por transformações contundentes, com um pesado processo de massificação das instituições de ensino superior por conta da proliferação de instituições privadas (Martins, 2009; Mendonça, 2000; Gusso, Córdova e Luna, 1985).

Cristovam Buarque foi para Paris no início da década de 1970, no que teria sido um "exílio voluntário", onde realizou o doutorado em economia do desenvolvimento (1973) na École Pratique des Hautes Études. Teve como orientador de tese o economista Ignacy Sachs, considerado por ele um dos seus "mentores intelectuais" (Bursztyn, 1998:27, apud Rocha, 2005:96).

A presença de economistas entre políticos-escritores, sua vinculação com a esfera administrativa de governos e a associação com saberes e gêneros legitimados como técnicos já foram analisados em outro momento. Como já foi dito, Maria Rita Loureiro (1992) situou a ascensão de agentes que investiram nessa formação e analisou as condições de afirmação simultânea nos domínios acadêmicos e governamentais da ciência econômica no país, decorrentes dos empreendimentos bem-sucedidos efetuados por grupos e instituições diversificados nos anos 1940 e 1950. E que redundou no processo de substituição do direito pela economia como linguagem dolarizada do poder, portanto, na consubstancialização da linguagem econômica como o meio de expressão e legitimação privilegiado no espaço político.

De certo modo, Cristovam Buarque é um caso ilustrativo desses percursos de protagonistas da luta contra a ditadura que vieram a ocupar cargos administrativos e eletivos, bem como a elaborar novos "projetos de sociedade". Repertório esse que está presente para outros agentes com perfis ideologicamente discrepantes e que, entretanto, encontram-se no consenso acerca da linguagem do poder,[71] ou,

---

[71] Entre os 40 casos analisados na seção anterior, destacam-se: Delfim Netto, graduado na década de 1950 pela USP; José Serra e Yedda Crusius, graduados na década de

em outros termos, revelam um acordo sobre a gramática mobilizada para expressar o desacordo (Bourdieu, 1996b).

Em 1973, Cristovam Buarque, após o término do doutorado, começou a trabalhar como diretor e professor de cursos de preparação e análise de projetos no Banco Interamericano de Desenvolvimento (BID) em Tegucigalpa, La Paz e Caracas. Entre 1973 e 1979, proferiu conferências em universidades da República Dominicana e de Honduras; foi professor da cadeira de avaliação social de projetos no Banco Mundial (Bird) em Santa Fé; atuou na Organização das Nações Unidas para o Desenvolvimento Industrial (Onudi) em Buenos Aires; e foi professor adjunto da American University em Washington, em cursos promovidos pelo BID, Bird, Onudi e OEA. Deste período, destacam-se as seguintes publicações: *Le financement public des investissements privés et choix technologique* (1973), *Le rôle de l'université* (1973) e *Elementos para la preparación y la evaluación de proyectos* (1979).

Ele retornou ao Brasil em 1979, firmou residência em Brasília, tornando-se professor-colaborador do Departamento de Economia da Universidade de Brasília (UnB), e depois assumindo a titularidade de disciplinas de graduação (formação econômica do Brasil, história do pensamento econômico, economia brasileira e introdução à economia) e de mestrado (análise de projetos, desenvolvimento e economia brasileira). A militância política foi retomada mediante a participação na Associação dos Docentes da UnB, no Centro Brasil Democrático e nos movimentos contra o AI-5 e a favor da "anistia ampla, geral e irrestrita".

Investiu concomitantemente no magistério superior e na política.

Pedro Calmon chegou a receber o título de professor emérito da UFRJ; doutor *honoris causa* das Universidades de Coimbra, Quito, Nova York, de San Marcos e da Universidade Nacional do México; e professor honorário da Universidade da Bahia.[72]

1960 pela USP; Paulo Renato de Sousa, formado na década de 1960 pela UFRGS; e Aloísio Mercadante, formado na década de 1970 pela USP. Além da atuação no magistério superior, o acúmulo de títulos de pós-graduação (majoritariamente no exterior), a dedicação ao gênero de escrita setorialista e a passagem por ministérios nas últimas décadas são características comuns desses agentes. Além dos casos trabalhados neste livro, ver Almeida e Bittencourt (2013) sobre Paulo Renato de Sousa.
[72] Disponível em: <www.academia.org.br/>. Acesso em: 13 nov. 2013.

Na década de 1970, Calmon publicou os textos sobre a *História do Brasil* (7 v., 1959, 3. ed. 1971), *Brasília, catedral do Brasil — história da Igreja no Brasil* (1970), *História do Ministério da Justiça (1822-1922)* (1972), *Castro Alves, o homem e a obra* (1973), *Castro Alves* (1974) e *História de d. Pedro II* (5 v., 1975).

Antes de falecer (em 1985), Calmon obteve o Prêmio Moinho Santista como forma de exaltação da sua obra. Era membro da Sociedade de Geografia do Rio de Janeiro e dos Institutos Históricos de vários estados brasileiros; membro correspondente da Academia das Ciências de Lisboa e da Academia Portuguesa da História; sócio honorário da Sociedade de Geografia de Lisboa, da Real Academia Espanhola e da Real Academia de História da Espanha, e sócio correspondente de sociedades culturais e históricas de vários países da América Latina; e também membro do Conselho Federal da Cultura, do Conselho Editorial da Biblioteca do Exército e diretor do Instituto de Estudos Portugueses Afrânio Peixoto, no Liceu Literário Português, desde 1947.

Já Cristovam Buarque, durante os anos de 1980, foi professor da cadeira de Avaliação Econômica de Projetos na Organização Internacional do Trabalho (OIT), em Lisboa, e no Centro de Treinamento em Desenvolvimento Econômico (Cendec); fez parte do corpo docente do curso de formação de diplomatas no Instituto Rio Branco, do Ministério das Relações Exteriores; colaborou com a assessoria do gabinete do ministro da Indústria e Comércio, João Camilo Pena; e publicou vários textos com temáticas relacionadas com suas inscrições acadêmicas.

Na década de 1980, Cristovam Buarque publicou "Methodology for the evaluation of industrial multinational cooperation projects" (traduzido e publicado na Universities Quartely, Londres, v. 27, n. 3, Summer); *Avaliação de projetos e distribuição de rendas entre classes e entre gerações* (mimeografado na Universidade de Brasília); *Seleção de tecnologia nos projetos industriais financiados pela Sudene--Npq* (1981); *A redescoberta da nação* (1981); *Introdução à economia* (1981); *Petróleo, dívidas e duas ideias atrevidas* (1981); *O fetichismo da energia* (1982); *Cooperação sul-sul* (1982); *Hacia una política tecnológica para los bancos de desarrollo de América Latina* (1982);

Tecnología apropiada: una política para la banca de desarrollo (coautoria, 1982); *Antes que naufraguemos* (1988); *A universidade transgressora* (1988); e *A orquestra repartida* (1988).

Em 1985, ele foi nomeado chefe de gabinete do Ministério da Justiça, porém abandonou o cargo em agosto para assumir a reitoria da UnB. Consagrou-se como o primeiro reitor eleito pelo voto direto e conseguiu renovar seu mandato. Nesse momento de redemocratização, conforme Baeta Neves (2002:397), a agenda dos estudiosos debruçados sobre o rumo das universidades públicas estava voltada para temas de cunho político como "legitimação [das universidades] no contexto das relações democráticas", "financiamento público", "lutas e bandeiras de organizações sindicais", "estrutura e gestão", "autonomia". A chegada de Buarque à posição de reitor da UnB, situada na capital do país, seu perfil político-ideológico e suas inserções prévias o inscreviam de forma privilegiada no ambiente de "abertura política", permitindo-lhe a capitalização desse êxito como trunfo de afirmação política na universidade e na arena de cargos eletivos e administrativos.

No mesmo período, é importante lembrar, constituiu-se a Comissão Presidencial Provisória de Estudos Constitucionais incumbida de debater a nova constituição para o país — chamada de Comissão Afonso Arinos. A Constituição de 1988 e as "conquistas sociais" a ela associadas são elementos de cristalização do novo "momento político" e da renovação dos repertórios de atuação e dos protagonistas do espaço político.

Cristovam Buarque, em 1989, filiou-se ao PT. No ano seguinte foi coordenador da área de educação do governo paralelo do presidente nacional do partido (Luiz Inácio Lula da Silva) e, em 1994, candidatou-se com sucesso ao governo do Distrito Federal (deixando o posto que ocupava como membro do Conselho Nacional de Segurança Alimentar, presidido pelo sociólogo Herbert de Sousa, o Betinho).

Fez parte, também, do Instituto de Educação da Unesco. Nesse período publicou ainda vários livros. Inclusive, como remate da gestão à frente da reitoria, lançou um descrevendo sua experiência como reitor, intitulado *Na fronteira do futuro* (1989, Editora da UnB, posteriormente traduzido para o espanhol como *La universidad en la frontera del futuro*, publicado por Editorial Flacso, em 1991). Experiência que teria orientado sua atuação, principalmente na promoção de debates dos problemas nacionais. Depois desse livro, publicou ainda *O destino da universidade* (pela Associação de docentes da UFPR) e *O pequeno dicionário da crise universitária* (pela UFSC). Esses três textos foram reunidos e retrabalhados no livro *A aventura da universidade* (1994) que, de modo resumido, questionou a qualidade das instituições de ensino superior, detectou a existência de uma "crise" e propôs sua reforma com vistas à maior integração com a "sociedade" e a "modernidade".

Cristovam Buarque publicou, pela editora Paz e Terra: *O colapso da modernidade brasileira* (1991); *A revolução na esquerda e a invenção do Brasil* (1992); *A desordem do progresso: o fim da era dos economistas e a construção do futuro* (1992); *O que é apartação: o apartheid social brasileiro* (1993). Ainda na década de 1990, publicou: *A revolução nas prioridades* (1994); *Os deuses subterrâneos* (1994); *Um tesouro na rua: uma aventura pela história econômica do Brasil* (1995); *Cortina de ouro: os sustos do final do século e um sonho para o próximo* (1995); *Medir a utopia além dos indicadores econômicos* (1995); *A atualidade da Ação Popular* (1995); e *Reage Brasil* (1995), entre outras.

Em 1995, ele ganhou o Prêmio Jabuti de Literatura na categoria Ciências Humanas e, em 1998, fundou a Organização Não Governamental "Missão Criança". Essa ONG — atualmente presidida por Gladys Pessoa de Vasconcelos Buarque, funcionária da Câmara dos Deputados (desde 1983) e esposa de Cristovam — apresenta-se com o objetivo de combater o trabalho infantil, a pobreza e a exclusão social, mediante o estímulo à educação com a concessão da "Bolsa-Escola Cidadã". Implantado em outros países (como São Tomé e Príncipe, Moçambique, Tanzânia, Equador e Guatemala), o projeto teria sido laureado pelo presidente da Organização das Nações Unidas (ONU) "como o melhor programa para a erradicação da pobreza".[73]

---

[73] Disponível em: <www.responsabilidadesocial.com/articleview.php?id=203>. Acesso em: 24 mar. 2013.

No mesmo ano de criação da ONG, Cristovam tentou, sem êxito, a reeleição ao governo de Brasília, Distrito Federal. Em 2002 conseguiu ser eleito senador e, em 2003, foi nomeado ministro da Educação pelo então presidente Luiz Inácio Lula da Silva, ainda na legenda do PT. Contudo, por conflitos relativos à liberação de verbas para sua pasta, Cristovam foi destituído do cargo em 2004 e retomou seu mandato de senador. As divergências com o governo e o PT resultaram na saída da agremiação em 2005 e na filiação ao Partido Democrático Trabalhista (PDT), partido pelo qual concorreu sem sucesso à presidência da República, em 2006. Ele presidiu ainda as seguintes comissões do Senado: de Relações Exteriores e Defesa Nacional, Mista de Controle das Atividades de Inteligência, de Direitos Humanos e Legislação Participativa e de Educação, Cultura e Esportes.

Vários aspectos interdependentes da trajetória de Cristovam Buarque constituem os condicionantes da afirmação do agente não somente na arena política eleitoral como também nos domínios culturais e em instâncias de engajamentos. Assinalam-se as inserções militantes vinculadas à Igreja; os estudos de economia e contatos (indissociavelmente políticos e intelectuais) estabelecidos na França; a ida aos Estados Unidos para trabalhar no Banco Interamericano de Desenvolvimento, permitindo a ampliação do circuito internacional; a conjuntura contestatória e de reconfiguração dos perfis e repertórios de mobilização/intervenção no Brasil. Tais inscrições se refletiram na sua produção escrita, marcada ora por registros técnicos ora generalistas nas tomadas de posição, mormente, sobre economia, política, esquerda, educação e universidade.

Apontamentos finais

A partir de diferentes perfis de professores universitários atuantes em distintos períodos e de dois protagonistas das disputas que envolvem universidade, parlamento e governos no Brasil, igualmente separados por conjunturas específicas, foi possível perceber tanto as transformações nas gramáticas intervenientes na seleção de porta-vozes como a persistência da interdependência entre os reconhecimentos advindos do meio universitário e político. A substituição de um padrão de elite "letrada e votada" que se aproxima do modelo dos "políticos-bacharéis" por agentes que se assemelham a "técnicos-políticos" (Dezalay e Garth, 2000) guarda continuidades no que tange à justaposição de lógicas, recursos e princípios de mundo manejados nos domínios culturais e políticos.

Nesse sentido, os 40 casos examinados no primeiro momento, assim como as duas trajetórias exploradas na sequência, revelam em detalhe o lugar central ocupado pelas universidades no país. As IES servem ao longo do século XX, ao mesmo tempo, como veículo de condensação de múltiplas competências e apetências relacionadas com o trabalho de representação (no duplo sentido), como espaço de canalização de disposições políticas prévias via ocupação de cargos administrativos, e como lugar de conversibilidades variadas de reconhecimentos acadêmicos em posições políticas e vice-versa. Os casos de Pedro Calmon e Cristovam Buarque ilustram as permeabilidades possíveis entre as lógicas de domínios ainda precariamente institucionalizados e autonomizados. Porém retratam, igualmente, o padrão vigente no primeiro momento, em que o trânsito da universidade para a política e da política para a universidade parece mais fluido e sem fronteiras bem guardadas, e o padrão prevalecente no segundo momento, em que há exigências mais consistentes de títulos e inserções diversificadas para possibilitar as conversibilidades.

CAPÍTULO IV

Ars obligatoria, ars inveniendi: imposições e subversões na afirmação política e intelectual de mulheres parlamentares*

Inscrita no campo de estudos sobre elites políticas e culturais, a discussão que segue é centrada na análise de um universo constituído por parlamentares brasileiras que se notabilizaram tanto na ocupação de posições políticas (administrativas e eletivas) como na atuação em meios culturais (universidades, institutos, meios midiáticos, entre outros). Trata-se, especificamente, de oito mulheres identificadas no conjunto mais amplo de agentes (deputados e senadores) situados no topo da hierarquia política e que combinam carreiras eletivas longevas com significativa produção escrita. A raridade de parlamentares do sexo feminino nesse quadro suscita indagar sobre quais são os perfis e os investimentos sociais, políticos e culturais dessas empreendedoras políticas.

Mais precisamente, elas fazem parte de um universo constituído de 299 agentes, representando aproximadamente 2% contra uma maioria de 98% de homens que se enquadram no mesmo perfil. Na discussão sociográfica inicial, apresentada no capítulo 1, o recorte de gênero apareceu como um dado residual e a baixa frequência de mulheres poderia levar a simplesmente negligenciar essa presença ou a questionar sua relevância. No entanto, a questão que se coloca é justamente a de procurar saber: quem são elas, quais os recursos mobilizam e em que condições conseguem se alocar num espaço no qual

---

* Uma versão deste texto foi publicada por Eliana Tavares dos Reis em *Cadernos Pagu*, n. 43, 2014.

são tão raras?[74] Triplamente raras, porque se distinguem da maioria das mulheres ao entrar na competição política; dos outros políticos por serem mulheres; e da maioria dos políticos (homens e mulheres) por chegarem ao cume da pirâmide política e se destacarem, entre os profissionais da política, como produtoras de bens culturais.

Assim, visando melhor qualificar a investigação dos condicionantes de processos amalgamados de representação política e de produção de representações sobre o mundo social, o primeiro e mais geral eixo desta reflexão refere-se às lógicas de reprodução e de subversão da dominação masculina, traduzidas em posições ocupadas e posicionamentos assumidos no jogo político. O segundo eixo diz respeito às características concentradas por profissionais da política que participam também de lutas simbólicas pela definição e elucidação de problemas sociais que ajudam a edificar.

Para tanto, são examinados dados de propriedades sociais, investimentos e inserções políticas e culturais ao longo das biografias específicas das parlamentares, sendo alguns deles cotejados com regularidades verificadas para o universo dos 299 agentes, objetivando identificar possíveis particularidades ou invariâncias dos trunfos acumulados e sua reconversão em posições políticas conquistadas. E, por esse intermédio, extrair indicadores de funcionamento de um jogo pautado por exigências de ajustes a princípios dominantes e a códigos de sucesso político (um espaço de interdições), bem como por possibilidades de criação e inventividade que podem gerar efeitos sobre critérios sociais e políticos de excelência (um espaço de expressões e reinvenções).

---

[74] É uma justificativa semelhante àquela utilizada por Ana Paula Simioni (2008) no seu estudo sobre pintoras e escultoras acadêmicas brasileiras entre o final do século XIX e início do século XX. Depois de discutir a escassez de registros sobre as mulheres artistas do período e suas produções — lembrando a orientação de Michelle Perrot (1995:25) de que o empenho em realizar uma "história das mulheres" significa questionar as seleções oficiais de eventos, sujeitos e fontes tomados como universais —, Simioni declara que os cinco casos que privilegiou para a análise em função da existência mais significativa de informações são exemplares justamente porque "o simples fato de que elas tenham se feito perpetuar na documentação já é, em si, um sinal de que algo as diferenciava da 'massa' das outras produtoras" (Simioni, 2008:26).

Perfis social, político e intelectual de parlamentares brasileiras

No bojo de uma sociologia política e histórica, vários estudos, no âmbito nacional e internacional, têm refletido sobre processos de reconfiguração das formas de ação/intervenção no mundo social, sublinhando, em uma direção, a crescente diversificação de papéis, espaços, formas de mobilização e exigências de especialização dos agentes sociais (individuais e coletivos). E, em outra direção, a competição existente entre aqueles que, em dadas circunstâncias, afirmam-se como os mais aptos ao exercício de atividades intelectuais e profissionalizadas, incluindo, especialmente, a da representação política (Grill, 2013; Achin, 2001; Gaxie, 1992; Collovald, 1985; entre outros). Há, igualmente, uma riqueza imensurável de estudos que tratam prioritariamente seja de temáticas relacionadas com as conexões entre os intelectuais e a política (Sigal, 2012; Garcia Jr., 1993a; Medvetz, 1990; Pécaut, 1990; Charle, 1990; Velloso, 1987; Miceli, 1979; entre outros), seja de múltiplas formas de relacionar concepções de política e questões de gênero (Pinto, 2010, 2001; Araújo, 2009, 2005; Barreira, 2006, 1998; Dolan, 2004; Grossi e Miguel, 2001; Avelar, 2001; Souza-Lobo, 1991; entre outras).

É certamente inviável inventariar com fôlego razoável a produção acadêmica em todas essas direções, com seus múltiplos objetos específicos, vertentes teóricas e universos empíricos. Para o momento, é possível estabelecer as três diretrizes analíticas derivadas do acúmulo de conhecimentos produzidos e pertinentes à reflexão da tripla intersecção temática proposta neste capítulo (política — intelectuais — mulheres).

A primeira e mais ampla parte da existência de interpenetrações entre domínios políticos e culturais, direcionando o olhar para aquilo que se joga nas fronteiras entre universos sociais, particularmente no que diz respeito ao peso de trunfos tidos como intelectuais na conquista de reconhecimentos e de posições relativamente bem situadas na hierarquia do mundo político. Conjugada a isso, a segunda prioriza os condicionantes que agem na afirmação de agentes como representantes políticos e, de maneira mais ou menos indissociável, como produtores legítimos de representações sobre a política. E a terceira desvela processos interconectados de investidura de agentes como porta-vozes autorizados e como formuladores de bens culturais a partir de um universo constituído por mulheres que singularizaram suas trajetórias por esse duplo investimento (entre outros, evidentemente).

Os dados que seguem, então, foram organizados para contemplar os três eixos de análise, quais sejam, os perfis sociais, culturais e políticos das oito parlamentares investigadas. O exercício aqui consiste em explorar as informações biográficas das agentes e compará-las sistematicamente com a população tratada precedentemente.

Na primeira pesquisa, observou-se, por exemplo, que além de predominantemente homens, os agentes, majoritariamente, nasceram e atuam nos principais estados do país; são oriundos das chamadas "famílias de políticos" bem situadas socialmente; possuem títulos escolares e profissionais historicamente valorizados e consoantes ao exercício de papéis políticos e intelectuais; e adquiriram seus diplomas nas mais reputadas instituições de ensino superior (ver capítulo 1). Assim, no que as propriedades específicas das mulheres se aproximam ou se distanciam dessas características dominantes?

Das características sociais

Tomando como fontes principais o *Dicionário histórico biográfico brasileiro* (CPDOC) e os dicionários biográficos da Câmara dos Deputados e do Senado, as informações sobre ocupação do pai, formação escolar e profissão declarada indicam características gerais da composição social das parlamentares estudadas, relativamente ao perfil do conjunto de parlamentares tratados anteriormente.

QUADRO 1
Perfil social

NOME	FORMAÇÃO	INSTITUIÇÕES	PÓS-GRADUAÇÃO	IES	PROFISSÃO*	OCUPAÇÃO DO PAI
Dulce Braga -1-	Línguas neolatinas, direito e didática	Faculdade de Filosofia, Ciências e Letras; Mackenzie (SP); PUC-SP	Não	NA	Advogada	Comerciante, empresário, político
Eurides Brito -2-	Pedagogia, história, geografia	UFPA	Sim	UFRJ, UFPR, Univ. da Califórnia (EUA)	Professora universitária	NI
Yeda Crusius -3-	Economia	USP	Sim	USP, Univ. do Colorado (EUA), Univ. Vanderbilt (Nashville), UFRGS	Economista e professora	Contabilista e jornalista
Esther Grossi -4-	Matemática	PUC-RS	Sim	Univ. Paris V (FR), EHESS (FR)	Professora e pesquisadora em educação	Pecuarista e tropeiro
Eunice Michiles -5-	Normal/magistério	Colégio Adventista Brasileiro (SP); Primeiros Socorros (SP)	Não	NA	Comerciária, funcionária pública e professora da educação básica	Pastor pioneiro e colportor-evangelista
Benedita da Silva -6-	Serviço social	Uerj	Não	NA	Servidora pública, professora, auxiliar de enfermagem e assistente social	Pedreiro e lavador de carros
Marta Suplicy -7-	Psicologia	USP	Sim	Univ. Michigan e Stanford (EUA)	Psicóloga	Industrial (papel e cartonagens)
Cristina Tavares -8-	Letras	Faculdade de Filosofia de Recife	Não	NA	Jornalista	Médico clínico geral (conhecido especialista em doenças do aparelho digestivo)

Fontes: DHBB (CPDOC) e dicionários biográficos da Câmara dos Deputados e do Senado.
* Conforme constam nos sites do Senado Federal ou da Câmara dos Deputados.

Em primeiro lugar, no que diz respeito à ocupação do pai, atenta-se para a predominância de posições que indicam origens relativamente altas (afora uma parlamentar que é filha de um pedreiro e lavador de carros). Em segundo lugar, a maioria realizou cursos em áreas das ciências humanas e sociais, excetuando-se três agentes que se formaram em economia, matemática e psicologia, e uma delas concluiu também o curso de direito (além da formação em letras). Distinguem-se, pois, do universo mais amplo para o qual a formação em direito é a mais frequente (170/299), seguida por medicina e economia (30 e 28, respectivamente), estando as ciências humanas (21/299) e o curso de engenharia (24/299) em quarta e quinta posições (esse último não se encontra representado entre as mulheres, indicando o persistente monopólio masculino nesse título/profissão).[75]

São essas mesmas, adicionando uma quarta parlamentar (formada em pedagogia, história, geografia), que realizaram pós-graduações em instituições de ensino estrangeiras, sendo três nos EUA e uma na França. Entre as quatro, duas também passaram pela mesma instituição de ensino prestigiada (USP) e uma (das ciências humanas) formou-se por uma universidade federal (UFPE). De modo geral, as Instituições de Ensino Superior (IES) frequentadas são bem alocadas no espaço escolar no Brasil, ainda que nem todas liderem a hierarquia dessas instituições. Confrontando com a distribuição em IES para o universo mais amplo, tendo em vista seus estados de fixação, tem-se que entre as 10 mais recorrentes estão, nas três primeiras posições, em ordem decrescente, a Universidade Federal do Rio de Janeiro (UFRJ), a Universidade Federal de Pernambuco (UFPE) e a Universidade de São Paulo (USP); em sexto e décimo lugares, res-

---

[75] Seria relevante uma reflexão mais sistemática (o que não está entre os propósitos deste texto) sobre como o universo escolar e as escolhas implicadas atualizam gostos e habilidades presumidas. Distinções geradas em longos processos de essencialização que abrangem formas de socialização em diferentes níveis de dicotomização do "feminino" e do "masculino" e daquilo que lhe seria "próprio": exercício de papéis, percepções, relação com os corpos e com os afetos, registros morais, preferências manifestas (esportes, tarefas domésticas, sensibilidades etc.), entre outros que estão na base de disposições para, por exemplo, certas matérias e cursos escolares.

pectivamente, encontram-se a Universidade Federal do Rio Grande do Sul (UFRGS) e Universidade Federal do Pará (UFPA). Quanto ao universo mais específico, tem-se um caso com formação no Rio Janeiro, porém pela Universidade Estadual (Uerj), um na UFPE, duas parlamentares realizaram cursos na USP, outras duas frequentaram instituições em São Paulo, contudo privadas, Mackenzie e Pontifícia Universidade Católica (PUC-SP); a deputada formada no Rio Grande do Sul que se formou também pela Pontifícia Universidade Católica (PUC-RS); e uma pela UFPA.

Sublinha-se o predomínio de áreas "humanas" ou do uso dos títulos para o exercício da docência — a maioria das parlamentares (cinco) declara ser professora e todas exerceram, no decorrer dos seus itinerários, atividades de ensino variadas —, e a correspondência entre as profissões e as formações escolares (com exceção da jornalista que realizou seus estudos universitários em filosofia).

Ainda que não seja possível afirmar uma proeminência escolar dessas agentes em relação aos demais parlamentares que compõem os 299 casos, o exame do perfil de uma delas realça um aspecto que deve ser grifado. Trata-se da agente com origem mais baixa, que se constitui como "mulher", "negra", "favelada", "evangélica", "petista" e que chegou à posição de senadora e ministra de Estado. A escolaridade, juntamente com as adesões políticas e religiosas, certamente se coloca como trunfo importante, no mínimo potencializando as demais inscrições de Benedita da Silva.[76]

Sobressai também, no que tange ao tipo de escolarização, a parlamentar que concluiu o curso de economia e construiu sua carreira fundamentalmente a partir de uma competência técnica, chegando

---

[76] O que leva a pensar nas considerações feitas por Baudelot e Establet (2007) de que não há uma superioridade escolar das mulheres dos estratos sociais mais abastados, enquanto o contrário acontece para as camadas médias e mais modestas nas quais há um maior investimento escolar das meninas em relação a seus homólogos masculinos, constituindo o título em recurso significativo de distinção e ascensão social. Uma explicação para isso seria a de que o maior investimento das meninas provenientes dos meios populares em educação pode estar relacionado com o papel exercido por suas mães que, geralmente, são as responsáveis pelas contas a pagar, documentações, exercício da escrita, entre outros, e, sendo mais próximas das suas filhas, estimulam-nas a superar determinadas barreiras sociais (Lahire, 1995, apud Guionnet e Neveu, 2004).

à deputação federal, ao Ministério do Planejamento e ao governo do estado do Rio Grande do Sul. É possível considerar Yeda Crusius como exemplar do processo, descrito por Maria Rita Loureiro (1992), em que o saber econômico se afirma como nova linguagem do poder, permitindo aos detentores e interessados galgar posições de destaque como dirigentes políticos.

A partir do que foi exposto, pondera-se sobre a transfiguração dos recursos escolares e sociais detidos nas inscrições culturais e políticas privilegiadas por essas mulheres.

Das inscrições culturais

As informações biográficas destacam a significativa inserção das agentes em diversos meios de produção, transmissão e celebração de bens culturais. Todas exerceram, em algum momento das suas biografias, atividades docentes; com exceção de uma, publicaram artigos em revistas e/ou jornais; e três chegaram a atuar como apresentadoras/analistas de rádio e/ou TV. Destas últimas, duas voltadas para as mulheres (uma relacionando "mulher", "religião" e "família", a outra associando "mulher", "sexualidade" e "relações de poder") e uma centrada em questões econômicas. Adiciona-se a isso a ocupação de lugares de destaque em instâncias de consagração intelectual (como academias ou institutos/fundações de estudos partidários) e políticas (como associações e conselhos direcionados a questões e categorias variadas: mulher, igreja, educação, sexualidade, condição social...) que atualizam as diferentes vias de articulação entre as carreiras eletivas, a condição de intelectual e o papel de porta-voz de determinadas causas e problemáticas.

Tais inserções são exemplificadas no quadro 2, no qual não há somente o registro de uma das oito mulheres, filha de um pastor adventista, vinculada a partidos de direita e para a qual, comparativamente às demais, foram detectadas a menor produção e inserções culturais.

QUADRO 2
Inscrições culturais

	INSCRIÇÕES MIDIÁTICAS	ACADEMIAS DE LETRAS, ASSOCIAÇÕES; INSTITUTOS ETC.
-1-	Produção e apresentação de programas de TV: Literatura Brasileira na TV (TV Excelsior, 1960-61); ABC para Você (Rádio Record, 1961-63); O Mundo é das Mulheres (TV Globo). Cronista política do rádio/TV: Crônica da Cidade (Rádio Record, 1963); Política com P Maiúsculo (TV Tupi, 1963-64).	Academia Cristã de Letras; Federação dos Museus; Associação dos Jornalistas e Escritores do Brasil; União Cívica Feminina; Associação Cristã Feminina; Conselho da Mulher Empresária do Associação Comercial de São Paulo; Associação das Mulheres de Negócio e Profissionais de São Paulo.
-2-	Autora de artigos semanais sobre educação publicados no *Jornal de Brasília* (1980-82).	Membro da Academia de Letras e Música do Brasil; Fundadora da Sociedade Interamericana de Administração da Educação (1982); Membro da Associação Nacional dos Professores em Administração Educacional (DF) e da Inter Comparative Educational Society, na Pensilvânia (EUA, 1990).
-3-	Analista para assuntos econômicos da Rede Brasil Sul de Rádio e Televisão (RBS). Porto Alegre/RS (1988-1992); Articulista do jornal *Zero Hora*. Porto Alegre/RS (desde 1988); Articulista do jornal *Folha de S.Paulo*. Porto Alegre/RS e São Paulo/SP (1988-89); Articulista do jornal *Correio do Povo*. Porto Alegre/RS (1986-88); Analista para assuntos econômicos da empresa Caldas Junior — Rádio e TV Guaíba e jornal *Correio do Povo*. Porto Alegre/RS (1981-88).	Diretora de estudos e pesquisas do Instituto Teotônio Vilela (1999).
-4-	Artigos para o jornal *Zero Hora* de Porto Alegre.	Fundadora, professora e coordenadora do Grupo de Estudos sobre Educação, Metodologia de Pesquisa e Ação (déc. 1970)
-5-	Publica artigos variados em diferentes jornais de circulação nacional e periódicos.	Fundadora do departamento feminino da Federação das Associações de Favelas do Estado do Rio de Janeiro (Faferj) e do Centro de Mulheres de Favelas e Periferia (Cemuf).
-6-	Programa diário de televisão TV Mulher (Rede Globo, década de 1980). Participante diária, Programa Comportamento Sexual, TV Manchete. Artigos em revistas e jornais como: *O Globo, Jornal do Brasil* e *Folha de S.Paulo*, sobre políticas públicas de saúde, educação e trabalho, dentro da perspectiva de gênero.	Fundadora e presidente de honra da organização Grupo de Trabalho e Pesquisa em Orientação Sexual. Membro da Sociedade Brasileira de Psicanálise; da International Psychoanalytical Association; fundadora e ex-presidente do Instituto de Políticas Públicas Florestan Fernandes (1999-2000); fundadora e presidente do Grupo TVer (1970).
-7-	*Jornal do Comércio; Diário de Pernambuco; Visão Editorial* (1973-75); J. Câmara Irmãos (1975-76).	Fundadora do Centro de Estudos Políticos e Sociais Teotônio Vilela (1983). Presidente da seção regional do Instituto Alberto Pasqualini em Pernambuco, organismo de estudos políticos ligado ao PDT (1991).

Fontes: Abreu (2001); sites do Senado Federal e da Câmara dos Deputados.

Aos aspectos referentes às inscrições culturais das parlamentares se adicionam aqueles concernentes ao tipo privilegiado de produção escrita. Sem considerar a infinidade de artigos em jornais e revistas de grande circulação (que é a mais frequente das produções), de um modo geral foi localizado um montante de 107 títulos, com uma média de 13 textos (preponderantemente livros) publicados por agente.

QUADRO 3
Produção escrita

	GÊNEROS DE ESCRITA	TEMÁTICAS	PRINCIPAIS EDITORAS OU LOCAIS DE PUBLICAÇÃO	DÉCADA NA QUAL SE CONCENTRA O MAIOR NÚMERO DE PUBLICAÇÕES LOCALIZADAS	QUANTIDADE LOCALIZADA DE PUBLICAÇÕES
-1-	Especializada, literatura e biografia histórica	Gramática, poesia, Paulo Setúbal.	Edição do autor, Editora Giordano, Pax & Spes Livros	1990	10 (principalmente livros)
-2-	Especializada (educação)	Ensino no 1º e 2º graus.	Inep-MEC, MEC-CFE, DEF-MEC, Informativo Anpae, Edições Bloch, Ed. Pioneira.	1970	14 (sobressaem os *papers*, informativos e livros em coautoria)
-3-	Especializada (economia) e memórias	Introdução à economia, dívida externa, inflação, gestão [...].	Ed. Perspectiva Eco, Ed. McGraw-Hill, Indicadores FEE, Ed. da Universidade, Ed. Konrad Adenauer-Stifung, Ed. São Lourenço, Instituto Teotônio Vilela.	1990	28 (sobretudo, livros, coautorias, coletâneas e discursos em Plenário da Câmara)
-4-	Especializada (educação) e generalista	Matemática: alfabetização, didática, construtivismo [...].	Editora Paz e Terra, Editora Vozes, Editora Kuarup, Editora Sulina, L&PM Editores, Artes & Ofícios Ed.	1990	16 (principalmente livros)

continua

	GÊNEROS DE ESCRITA	TEMÁTICAS	PRINCIPAIS EDITORAS OU LOCAIS DE PUBLICAÇÃO	DÉCADA NA QUAL SE CONCENTRA O MAIOR NÚMERO DE PUBLICAÇÕES LOCALIZADAS	QUANTIDADE LOCALIZADA DE PUBLICAÇÕES
-5-	Generalista e especializada (educação) e memórias	Mulher e família, economia, problemas sociais [...].	-	-	Foram localizados quatro textos com títulos, porém não especificados
-6-	Generalista e memórias	Mulher, violência, questão racial, crianças e adolescentes [...].	Ed. CBCISS, Câmara dos Deputados, Senado Federal, Mauad Editora Ltda	1990	17 (com ênfase na divulgação da Câmara e Senado)
-7-	Especializada, generalista e memórias (sexologia)	Educação sexual, gênero, gestão.	Própria autora, Brasiliense, Ed. Vozes, Espaço e Tempo, Ed. FDT, Ed. Agir, Casa do Psicólogo, Ed. Olho D'água	1980-90	11 (principalmente livros)
-8-	Generalista e memórias	Informática, política e memórias.	Ed. Veja, Ed. Paz e Terra, Ed. Hucitec	1980	07 (livros e coautorias)

Fontes: Abreu (2001); sites do Senado Federal e da Câmara dos Deputados; Reis, 2014.

Considerando amplamente a classificação dos tipos de escrita e temática, bem como as correlações realizadas na pesquisa abrangendo 299 parlamentares, há nítida aproximação com as regularidades evidenciadas para o universo mais restrito. Nomeadamente, obteve-se naquele momento a seguinte distribuição das frequências: as mais recorrentes foram aquelas que exigem conhecimentos especializados, 124 (41,5%), e as de caráter generalista, 98 (32%); seguidas das chamadas biografias históricas (centradas na consagração, particularmente, de contextos, eventos ou personagens), 52 (17,5%); a dedicação à literatura (romances, poemas...) foi constatada para 23 (7,5%) casos; e somente 2 (0,7%) dos agentes dedicaram-se à produção de memórias ou algum tipo de relato autobiográfico.[77] É possível identificar entre as mulheres parlamentares a consagração de registros de escrita em proporções próximas àquelas encontradas para a população mais geral. Prevalecem as publicações de caráter mais especializado e generalista, que aumentam em importância nas últimas décadas. Também há a associação, aparentemente elementar, entre escritos generalistas e a formação em áreas de humanidades (letras, magistério, serviço social), e entre escritos especializados com títulos em áreas mais técnicas (como economia, direito e até psicologia).

Das posições políticas

A inserção das mulheres na esfera política institucionalizada é problematizada em numerosos trabalhos que visam entender divisões de gênero e seus condicionantes na arena política, partidária e eleitoral (Araújo, 2009, 2005; Pinto, 2001; Barreira, 2006; Grossi e Miguel, 2001; Souza-Lobo, 1991; Avelar, 2001; entre outros/as).

Cabe assinalar desde já que não está entre os propósitos da análise discutir a necessidade de participação mais significativa, do ponto de vista quantitativo, das mulheres na política institucional e eletiva ou mesmo ceder a uma "síndrome positiva da exclusão", que leva a considerar aquilo que é "numericamente inferior no campo da política, em qualitativamente superior" (Barreira, 2006:4). Nem tampouco se pretende exaltar características e conteúdos como propriamente "femininos" ou naturalmente necessários ao espaço do poder (para "humanizá-lo", por exemplo), ou pressupor a existência de uma categoria como provida de unidade social, homogênea, reificada, logo, desconsiderando a heterogeneidade dos seus usos possíveis em dinâmicas de luta. Seria arbitrário reivindicar uma espécie de "feminização" do jogo político, o que implicaria comprovar, como

---

[77] A classificação utilizada foi inspirada no trabalho de Le Bart (1998).

indicaram Lévêque e Dulong (2002), a existência de práticas políticas especificamente (ou "naturalmente") femininas e que sejam mais ou menos "hegemônicas".

Aparentemente positivadoras da atuação política das mulheres, tais posturas, quando atribuídas "de fora" (por pesquisadores ou pares que não se constituem "como parte"), podem assumir ares de solicitações condescendentes de uma presença essencializada e essencializadora de interesses, consoantes à autoevidência da "desigualdade" de uma "minoria".[78] No entanto, quando solicitadas "por dentro", podem trazer à tona como determinadas características, concebidas como signos de exclusão, são passíveis de serem acionadas na competição política. Ou seja, aquilo que constitui o "ser mulher" aparecer como um *handicap* justamente para obtenção de proveitos retirados da composição de certas propriedades de gênero. É preciso, pois, ponderar sobre as possibilidades de investimentos no sentido de transformar elementos de exclusão socialmente instituídos em atributos positivamente acionados nas relações de poder (Guionnet e Neveu, 2004; Bourdieu, 1999).

A pretensão aqui é apenas sistematizar alguns indicadores de atuação e ocupação de cargos que possibilitam obter elementos do perfil político das parlamentares, que se distinguem de outros/as parlamentares por suas inscrições em domínios culturais.

Os estados da federação nos quais as agentes atuaram encontram-se entre os seis primeiros mais frequentes para os 299 parlamentares (somam 222 casos e 75% do total): São Paulo, Rio Grande do Sul e Pernambuco (estão, respectivamente, na primeira, quinta e sexta posições no quadro geral, e com duas representantes em cada um deles no quadro específico). Há um caso no Rio de Janeiro (o segundo mais recorrente para o conjunto dos parlamentares) e um no Pará (que está entre os 25% dos demais estados na classificação mais ampla).

---

[78] Lógica aplicada a categorias como "gênero", "raça" e "classe", não raro, como apontou Scott (1995:73), sugerindo equivocadamente a existência de uma paridade entre elas.

QUADRO 4
Perfil político

	ESTADO (ATUAÇÃO POLÍTICA)	IDADE QUANDO ASSUMIU 1º CARGO	PERÍODO DE ATUAÇÃO POLÍTICA (DÉCADAS)	PARTIDOS	CARGO ELETIVO MAIS ALTO	CARGO ADMINISTRATIVO MAIS ALTO	TIPO DE CARGO INAUGURAL	CARREIRA QUE PREPONDERA
1	SP	+/- 26 anos	1950-90	UDN, Arena, PDS, PL, PFL	Senadora	Secretária Estadual de Cultura	Eletivo	Eletiva
2	PA	+/- 28 anos	1960-2010	Arena, PDS, PFL, PTR, PPB, PP	Deputada federal	Secretária Estadual de Educação	Administrativo	Administrativa
3	RS	+/- 49 anos	1990-2010	PSDB	Governadora	Ministra do Planejamento, Orçamento e Coordenação	Administrativo	Equilibrada
4	RS	+/- 53 anos	1980-2010	PT	Deputada federal	Secretária Municipal de Educação	Administrativo	Equilibrada
5	PE	+/- 29 anos	1950-90	Arena, PDS, PFL, PDC	Senadora	Secretária Estadual de Educação	Administrativo	Equilibrada
6	RJ	+/- 40 anos	1980-2010	PT	Senadora	Ministra da Igualdade Racial	Eletivo	Eletiva
7	SP	+/- 50 anos	1990-2010	PT	Senadora	Ministra do Turismo e Ministra da Cultura	Eletivo	Eletiva
8	PE	+/- 39 anos	1970-90	MDB, PMDB, PSDB, PDT	Deputada federal	NSA	Assessora parlamentar	Eletiva

Fontes: Abreu (2001); sites do Senado Federal e da Câmara dos Deputados; Reis (2014).

A idade de ingresso formal na política é, em geral, com mais de 39 anos e ocorre principalmente entre as décadas de 1970 e 1990. Destaca-se a convergência entre três casos cujas entradas são anteriores em termos de idade e de décadas de estreia em cargos públicos (principalmente nos 1960), e cujos percursos de filiação a partidos são passíveis de serem classificados como à direita, em diferentes períodos (UDN, Arena, PDS, PL, PFL, PTR, PPB, PDC e PP), ao passo que as demais podem ser localizadas como mais ao centro (direita e esquerda) ou esquerda no espectro de forças político-partidárias (MDB, PMDB, PSDB, PDT e PT).

Quatro passaram a ocupar cargos políticos (administrativos e eletivos) a partir da década de 1980 e se encontram em atividade — por isso o tempo de carreira é de três décadas. Sublinha-se que duas não possuem perspectiva de carreira, pois já faleceram; uma perdeu o mandato de deputada em 2010 e, posteriormente, a Justiça do Distrito Federal manteve sua condenação por improbidade administrativa, o que significa que não poderá concorrer a cargos públicos até 2020; e outra, exaltada por ser a primeira mulher senadora do país, em 1979, pela Arena (foi a segunda deputada estadual mais votada do Amazonas de 1974 a 1978), aposentou-se por idade em 1999, no cargo de vice-presidente do colegiado do Tribunal de Contas do Amazonas.

Considerando as sequências de cargos políticos ocupados, é possível perceber que quatro mulheres ingressaram na carreira por cargos administrativos, três por cargos eletivos e uma como assessora parlamentar; enquanto quatro chegaram, como cargo mais alto, a senadoras, três a deputadas federais e uma a governadora. No que tange aos cargos administrativos, sete alcançaram a direção de ministérios ou secretarias, sendo três na área da educação, duas da cultura, uma da igualdade racial (ministra) e uma do planejamento (ministra pertencente ao PSDB, formada em economia com pós-graduação, e com uma carreira em que prepondera o perfil administrativo). A única que não ocupou tais postos no Executivo foi a jornalista, que ingressou como assessora e faleceu precocemente em 1992.

Acentua-se que os trajetos não parecem diretamente ligados aos dados de ingresso (década ou idade) ou ao perfil ideológico/partidário. Ao contrário, a ascensão a cargos elevados e a superação dos bloqueios parecem decorrentes de atributos pessoais e identificações pessoalmente construídas nos percursos em instâncias variadas como a mídia, a religião, o magistério, os movimentos sociais etc. Não deixando de mencionar a primazia de mulheres em cargos situados no polo dominado (a chamada mão esquerda do Estado) das lutas palacianas (Bourdieu, 1989d), já bastante ressaltado na bibliografia sobre mulheres na política.

Três das agentes, com perfis sociais e políticos bastante heterogêneos, atuaram como constituintes vinculadas aos seguintes partidos: PFL, PT e PSDB/PDT. De 590 parlamentares, 26 mulheres participaram como deputadas (nenhuma senadora) da Assembleia Nacional Constituinte (Sow, 2010).[79] Para o momento, destacam-se somente as áreas (disponíveis) de atuação das três parlamentares em pauta: menor, creche, planejamento familiar, licença maternidade e família; planejamento familiar, menor, educação, trabalho doméstico, igualdade de sexo, licença gestante; planejamento familiar, educação, menor, aborto e família. No entanto, puderam se distinguir nas subcomissões às quais se vincularam — compatíveis com os perfis e temáticas/causas por elas mais diretamente priorizadas —, por exemplo: Subcomissão da Família, do Menor e do Idoso; Subcomissão dos Negros, Populações Indígenas, Deficientes e Minorias; Subcomissão da Ciência e Tecnologia e da Comunicação (Sow, 2010).

---

[79] Além da produção da "Carta das Mulheres Brasileiras aos Constituintes", tiveram uma comissão para discutir os seus direitos: a Comissão da Soberania e dos Direitos e Garantias do Homem e da Mulher.

QUADRO 5
Conselhos, comissões e outras inserções

	COMISSÕES; PROJETOS, EMENDAS, DELEGAÇÕES...
-1-	Emenda: eleições diretas para governador e vice-governador de SP (Origem do Condephaat); presidente da Comissão de Educação (1972-74).
-2-	Conselho técnico da Fundação Educacional do Estado do Pará (1967); Grupo estadual para elaboração do projeto MEC/Banco Internacional de Reconstrução e Desenvolvimento (Bird, 1969); Organização dos Estados Americanos (Chile, 1970); Delegação do Brasil à III Reunião do Ciecc da OEA (Panamá, 1972); Delegação brasileira à Conferência Especializada sobre Educação Integral da Mulher da OEA (Buenos Aires, 1972); Conselho Federal de Educação (1974); suplente da Comissão de Moral e Civismo do Distrito Federal (1978/79); Comissão de Relações Exteriores (1992); entre outras.
-3-	Conselho fiscal do Banco Meridional (Porto Alegre, 1986); Conselhos administrativos do Banco Meridional e do Banco Nacional do Desenvolvimento Econômico e Social (BNDES, 1993); relatora da Subcomissão de Educação e do Desporto, Cultura, Ciência e Tecnologia, da Comissão do Orçamento do Congresso Nacional.
-4-	Comissões permanentes: Ciência e Tecnologia, Comunicação e Informática: suplente; Educação, Cultura e Desporto: presidente, segundo vice-presidente, e titular; Implementação das Decisões da IV Conferência Mundial da Mulher; Admissão de Professores Estrangeiros e Concessão de Autonomia às Instituições de Pesquisa; Plano Nacional de Cultura; Autonomia das Universidades; Política Nacional de Drogas.
-5-	Comissão de Educação e Saúde; Assistência Social; Educação e Cultura; Legislação Social; Saúde; Minas e Energia; CPI sobre Controle de Desenvolvimento Populacional; CPI sobre Pobreza Absoluta do Nordeste; Subcomissão da Família, do Menor e do Idoso da Comissão da Família, da Educação, Cultura e Esportes, da Ciência e Tecnologia e da Comunicação; Subcomissão do Sistema Eleitoral e Partidos Políticos, da Comissão da Organização Eleitoral, Partidária e Garantia das Instituições; Comissão de Ciência e Tecnologia, Comunicação e Informática; Seguridade Social e Família; Defesa do Consumidor, Meio Ambiente e Minorias; chefe da Delegação de Mulheres Brasileiras em viagem à China, 1984; entre outras.
-6-	Defesa do Consumidor, Meio Ambiente e Minorias; Relações Exteriores; Saúde, Previdência e Assistência Social; Titular da Subcomissão de Negros, Populações Indígenas e Minorias, Seguridade Social e Família; Normas Gerais de Proteção à Infância e à Juventude e Estatuto da Criança e do Adolescente; CPIs: Exploração e Prostituição Infanto-Juvenil; Extermínio de Crianças e Adolescentes; na Assembleia Nacional Constituinte: Comissão da Soberania e dos Direitos e Garantias Homem e Mulher; entre outras.
-7-	Líder da campanha pela reestruturação do Conselho Nacional dos Direitos da Mulher; elaborou o projeto para permitir o aborto quando se constatasse a anomalia do feto; autora do projeto para a instituição da união civil entre pessoas do mesmo sexo, e garantia de direitos de herança aos parceiros homossexuais; autora do projeto que garantia a reserva, para as mulheres, de 20% das vagas de candidatos de cada partido ou coligação; Comissão de Seguridade Social e Família; Direitos Humanos e da Comissão sobre Violência contra a Mulher; suplente das comissões de Defesa do Consumidor, Meio Ambiente e Minorias; projeto de orientação sexual na rede municipal de ensino; implantação dos programas: programa Renda Mínima, Orçamento Participativo, Regionalização do Turismo Roteiros do Brasil e Viaja Mais, Melhor Idade; lançou o Plano Nacional de Turismo.
-8-	Vice-presidente da Comissão de Comunicação; titular das comissões parlamentares de inquérito (CPIs) sobre as cheias do rio São Francisco, sobre a comercialização do café brasileiro e sobre fome, desnutrição e falta de saúde na população de baixa renda no Brasil; integrante da delegação de parlamentares que visitou Cuba e a delegação que visitou as festividades do quarto aniversário da revolução sandinista, na Nicarágua; relatora da Subcomissão de Ciência e Tecnologia e da Comunicação, da Comissão da Família, da Educação, Cultura e Esportes, da Ciência e Tecnologia e da Comunicação; titular da Comissão de Sistematização; suplente da Subcomissão da Nacionalidade, da Soberania e das Relações Internacionais, da Comissão da Soberania e dos Direitos e Garantias do Homem e da Mulher.

Fontes: Abreu (2001); sites do Senado Federal e da Câmara dos Deputados; Reis (2014).

Conjugam-se aos cargos políticos anteriores (foram vereadoras, deputadas estaduais e deputadas federais) as vice-lideranças e vice-presidências. Foram: vice-líder do governo, vice-líder do partido, vice-líder do bloco partidário pertencente; vice-presidente do diretório regional do partido; vice-presidente do senado federal; entre outros. Assim, ainda que exerçam mandatos nacionais, raramente acumulam posições de primeira liderança, mesmo que detenham recursos social e politicamente valorizados (proveniência de meios sociais privilegiados, escolarização, inserções e redes políticas etc.).

Irlys Barreira (2006:16-17) ponderou que a participação de deputadas e senadoras, comumente em comissões de educação e cultura e seguridade social e família, não necessariamente significa o reflexo de uma "divisão hierárquica do trabalho político", mas, provavelmente, a busca das mesmas em coadunar suas formações, profissões, militâncias, inserções prévias às temáticas privilegiadas. É na ocupação de certos postos como de direção da mesa ou funções de liderança que se pode evidenciar a desigual distribuição de posições dominantes. A pesquisadora se apoia no raciocínio de Marenco dos Santos (2000) quando associou o peso das instituições em regimes democráticos com a prevalência de ocupantes estabelecidos politicamente (com carreiras partidárias e legislativas longevas).

Explorando a pista sugerida por Barreira e revisitando a tese desse pesquisador à luz da população de mulheres examinada (com percursos políticos significativamente exitosos e relativamente fiéis às suas siglas), corrobora-se a constatação de que é na seleção aos lugares de liderança que se localiza a dinâmica mais evidente de estratégias de defesa do protagonismo institucional pelos homens e, então, de reprodução dos representantes do sexo masculino nessas posições. Haja vista que mesmo as parlamentares do sexo feminino as mais bem situadas na hierarquia política e as mais bem providas de recursos políticos e culturais dificilmente ultrapassam o "teto" da condição de "vices" ou alcançam os lugares de liderança e presidências.

Biografias e construções de equivalências

A conquista de posições políticas por mulheres bem como os sentidos e impactos que encerram estão relacionados a *espaços de possíveis* delineados em sucessivas configurações históricas e sociais (Bourdieu, 1996b; Lagrave, 1990). São comumente ressaltadas as transformações no âmbito político (a atuação de grupos feministas articulados sob condições restritivas impostas pelo regime militar nos anos 1970, ou as lutas em torno do sistema de cotas, inscritas no debate mais abrangente sobre a eficácia de ações afirmativas nos anos 1990, são exemplares); no econômico (reordenações da divisão social do trabalho, realocação de tarefas e redefinições de competências); e no cultural (investimentos em escolarização, diversificação das universidades, dos cursos universitários, do mercado editorial, dos princípios de produção de bens culturais variados, e a própria produção de conhecimento científico).

As agentes aqui tratadas estão localizadas em diferentes estágios de processos de emergência, afirmação e disputas em torno das "causas" e das próprias porta-vozes das mulheres. Examinando-se as biografias, têm-se pistas da inserção das parlamentares no trabalho de consagração social e institucional de uma série de direitos considerados ganhos para o reconhecimento/politização de questões relativas às mulheres. Como está sendo sustentado, é imprescindível verificar as propriedades e os trunfos detidos que autorizam tomadas de posição que, não raro, se objetivam em garantias legítimas.[80]

As anotações que seguem visam, ao mesmo tempo, retomar aspectos dos perfis sociais, culturais e políticos das agentes e relacioná-los, ainda que de modo preliminar, a equivalências que sintetizam suas principais inscrições e posicionamentos (extraídos de fontes variadas, como repertórios biográficos, entrevistas localizadas em diferentes sítios de internet, escritos das próprias parlamentares, entre outros). Mais especificamente, foram buscadas referências ati-

---

[80] Um exemplo é a afirmação do sistema de cotas para as mulheres nos partidos políticos. Para a discussão sobre os efeitos e outros aspectos condicionantes da inscrição de mulheres na esfera política e no recrutamento dos partidos políticos, ver Araújo (2005), Grossi e Miguel (2001), entre outros.

nentes à participação no mundo político, especialmente relativas à ativação das categorias "mulher", "gênero" e "feminino". Dois apontamentos devem ser feitos. O primeiro, de que a ativação dessas categorias pode expressar princípios de reprodução, formas de identificação ou dispositivos estratégicos de luta (que podem aparecer de forma dissociada e/ou imbricada, conforme o perfil). E o segundo, de que não há uma relação imediata entre referências à condição feminina, de mulher ou de gênero e a persistência ou o combate a formas de reprodução de relações e lógicas de dominação; do mesmo modo a ausência desses termos nas tomadas de posição não significa, diretamente, submissão e entrave à busca de equilíbrio da balança de poder.

Para a descrição subsequente, propõe-se uma sequência mais ou menos lógica dos perfis pesando os desdobramentos das biografias das agentes em termos cronológicos e de localizações no espectro político-ideológico, haja vista serem esses os condicionantes que parecem oferecer indícios distintivos das condições de entrada e de intervenção no jogo social e político.

Os três primeiros casos dizem respeito a parlamentares com formação em línguas, pedagogia e magistério, respectivamente (duas delas não investiram em pós-graduação), que estrearam sua participação no cenário público nas décadas de 1950 e 1960, em partidos considerados de direita no espectro político ideológico (as três passaram pela Arena, PDS e PFL), e, comparativamente às demais, são aquelas com o ingresso mais precoce na política, tendo assumido o primeiro cargo antes dos 30 anos de idade (26, 28 e 29, respectivamente).

A primeira é Dulce Salles Cunha Braga, formada em direito (assim como seu marido, que também é médico e empresário), além de ser cantora e escritora. Participou de concertos de música de câmera e folclórica internacional e de cursos de história da música para a Secretaria de Educação e Cultura da Prefeitura de São Paulo, bem como atuou em rádio e televisão, onde produziu e apresentou diversos programas e foi cronista política de programas diários. O pai foi empresário e político, do qual teria herdado a carreira política. O primeiro cargo eletivo foi como vereadora na legenda da União

Democrática Nacional (UDN) e foi uma das articuladoras do movimento Marcha da Família com Deus pela Liberdade. Foi deputada estadual por São Paulo (1966-1974) e senadora (1982). Entre outras pertenças, foi membro da Academia Cristã de Letras, da Associação dos Jornalistas e Escritores do Brasil, da União Cívica Feminina, da Associação Cristã Feminina, do Conselho da Mulher Empresária da Associação Comercial de São Paulo e da Associação das Mulheres de Negócio e Profissionais de São Paulo. A maior parte da sua produção escrita foi publicada na década de 1990 e priorizou trabalhos especializados (gramática), literatura e biografia histórica. Ela acionou nos seus posicionamentos as condições/causas de mulher, cultura, religião, de direita e empresária. Faleceu aos 83 anos, em 2008, por insuficiência cardíaca e é "considerada uma das celebridades intelectuais e políticas com berço em Rio Preto".[81]

Eurides Brito também realizou os cursos de história e geografia, bem como fez pós-graduação no Rio de Janeiro e nos Estados Unidos. O primeiro cargo ocupado foi em 1965, como secretária de Educação e Cultura do governo arenista de Jarbas Passarinho, no Pará. Em 1969, assumiu o cargo de diretora do departamento de Ensino Fundamental do Ministério de Educação e Cultura (MEC), em Brasília (DF), e compôs o grupo estadual para elaboração do projeto MEC/Banco Internacional de Reconstrução e Desenvolvimento (BIRD) e a comissão encarregada de estruturar a Faculdade de Educação da UFPA. Entre outras atribuições, na década de 1970: chefiou a delegação brasileira à Conferência Especializada sobre Educação Integral da Mulher da OEA, em Buenos Aires; ingressou no Conselho Federal de Educação; viajou aos Estados Unidos, a convite da United States Agency for International Development (Usaid — Agência Norte-Americana para o Desenvolvimento Internacional); foi membro suplente da Comissão de Moral e Civismo do Distrito Federal e secretária de Educação e Cultura do Distrito Federal (1979-1985). O primeiro mandato, como deputada federal, veio somente no início da década de 1990 (pelo extinto Partido Trabalhista Reformador/PTR). Foi filiada ainda ao:

---

[81] Principais fontes: DHBB e <www.diarioweb.com.br/editorial/corpo_noticia>. Acesso em: dez. 2012.

Partido Progressista (PP), ao Partido Progressista Brasileiro (PPB) e ao Partido do Movimento Democrático Brasileiro (PMDB). Em 1999, assumiu pela quarta vez a pasta da Educação do Distrito Federal. Foi deputada distrital (2002-2006). Teve seu mandato cassado em 2010. Sua dedicação à produção escrita foi mais intensa somente durante a década de 1970, e contemplou, basicamente, temáticas educacionais, de um ponto de vista mais preponderantemente especializada. Faleceu em 2012.[82]

A terceira tem uma origem adventista (o pai é pastor e colportor-evangelista) e o primeiro cargo público foi no Serviço Municipal de Educação (1958-1962). Vinculada à Arena, Eunice Michiles foi eleita deputada estadual, em 1974, ocupou a Secretaria do Trabalho e Ação Social do governo e chegou ao Senado em 1979 (seu principal trunfo é ter sido a primeira mulher a ocupar um lugar no Senado Federal). Com o pluripartidarismo, filiou-se ao PDS. Participou da criação do Movimento da Mulher Democrática Social (MMDS) e foi eleita deputada federal pelo PFL, em 1986. Integrou a Assembleia Nacional Constituinte (que elaborou a Constituição de 1988) nas áreas "do menor, creche, planejamento familiar, licença maternidade e família". Disputou a reeleição pelo PDC, em 1990, mas não obteve êxito. Foi conselheira do Tribunal de Contas do Amazonas e vice-presidente do colegiado até aposentar-se por idade em 1999. Nas suas tomadas de posição, ela articula ideias de política, família e religião, apresenta-se como defensora de direitos para mulheres e condena os preconceitos de gênero com base em "ensinamentos bíblicos". A agente reúne o menor número de publicações e de inserções culturais (em comparação com as demais). Seus escritos são basicamente de caráter generalista (mulher e família) e especializada (educação).[83]

O próximo caso se singulariza pelo engajamento militante, com a ocupação do seu primeiro mandato aos 39 anos, num partido oposicionista, mas ela morreu em 1992, vítima de um câncer de mama. Observa-se no seu perfil uma maior politização da categoria "mu-

---

[82] Principais fontes: DHBB, <www2.camara.leg.br/deputados> e <www.emdefesadasaude.com.br/2012/10/>. Acessos em: nov. 2012.
[83] Principais fontes: DHBB, <www2.camara.leg.br> e <http://dialogue.adventist.org/articles/>. Acessos em: nov./dez. 2012.

lher" em detrimento da associação direta com determinados papéis ou universos da vida social (como educação, família e religião). Delineando, pois, um perfil que será mais recorrente nas próximas parlamentares a serem apresentadas.

Formada em línguas, sem pós-graduação, Maria Cristina de Lima Tavares Correia atuou como jornalista e exerceu por duas vezes o mandato como deputada federal: eleita em 1978, pelo MDB; e, em 1982, pelo PMDB, partido ao qual filiou-se com o pluripartidarismo e do qual tornou-se vice-líder. Durante a primeira legislatura, integrou a delegação de parlamentares que visitou Cuba e a delegação que participou das festividades do quarto aniversário da revolução sandinista, na Nicarágua. E, na segunda, fundou o Centro de Estudos Políticos e Sociais Teotônio Vilela. Assim como a anteriormente descrita, foi deputada federal constituinte, eleita em 1986. Pelo que consta, ao longo de sua atuação na Constituinte, entre outras coisas, defendeu as principais bandeiras do movimento feminista, como a legalização do aborto, a instalação obrigatória de creches nas empresas e a ampliação dos direitos da mulher trabalhadora. Pertencente à facção considerada mais "à esquerda" do PMDB, deixou o partido em junho de 1988, para ser uma das fundadoras do Partido da Social Democracia Brasileira (PSDB). Logo em seguida, no entanto, filiou-se ao PDT e, sem sucesso, tentou a reeleição em 1990. Deixou a Câmara dos Deputados em janeiro de 1991, ao final da legislatura. Passou a presidir a seção regional do Instituto Alberto Pasqualini em Pernambuco, instância de estudos políticos ligado ao PDT. Seus escritos, concentrados na década de 1980, articularam questões clássicas da esquerda constituída nos processos de luta contra a ditadura e redemocratização do país, bem como se enquadram num registro mais generalista e memorialístico. Em homenagem póstuma, foi definida como uma mulher "aguerrida", "ousada", "forte", "coerente", "passional", "corajosa", "inteligente", "racional". Seu nome foi dado a um instituto de combate a um câncer.[84]

---

[84] Principais fontes: DHBB, <www.onordeste.com/> e <www.vecgaranhuns.com/>. Acessos em: fev. 2013.

Em comum com as duas anteriores, a parlamentar agora em questão foi Constituinte e, a exemplo da última, aciona entre as principais clivagens sociais que marcam a sua militância o discurso "classista". Mais especificamente relacionado à distinção fundada em uma origem social baixa (nas favelas do Rio de Janeiro), juntamente com o fato de ser negra.

Benedita Sousa da Silva Sampaio é filha de um pedreiro/lavador de carros, ela começou a trabalhar na infância e, entre outras atividades, foi empregada doméstica, professora de uma escola comunitária e funcionária do Departamento Estadual de Trânsito (Detran), no Rio de Janeiro. Em 1972 converteu-se à religião evangélica, em 1976 foi presidente da Associação de Moradores do Morro do Chapéu Mangueira. Foi fundadora do departamento feminino da Federação das Associações de Favelas do Estado do Rio de Janeiro (Faferj) e do Centro de Mulheres de Favelas e Periferia (Cemuf). Trabalhou com políticos do Movimento Democrático Brasileiro (MDB) e, na década de 1980: participou da fundação do PT, elegeu-se vereadora, formou-se pela Faculdade de Serviço Social do Rio de Janeiro e elegeu-se deputada federal na legenda do PT (enquanto seu então marido, liderança comunitária, concorria, sem êxito, a vice-governador do estado do Rio de Janeiro na chapa encabeçada pelo escritor e jornalista Fernando Gabeira). Reelegeu-se em 1990. Nessa década, concorreu, sem sucesso, à prefeitura do Rio de Janeiro; foi titular da Comissão de Relações Exteriores e defendeu a aproximação comercial e cultural do Brasil com os países africanos; foi empossada senadora, participou da IV Conferência Mundial da Mulher (Pequim); conseguiu a aprovação do Senado à sua emenda constitucional regulamentando o trabalho dos empregados domésticos e estendendo à categoria benefícios trabalhistas. Chegou a ocupar o cargo de vice-governadora, em 1999, e de prefeita do Rio de Janeiro, em 2002 (graças à renúncia do titular para concorrer à presidência da República). Em 2003 foi secretária especial da assistência e promoção social, com *status* ministerial. Não raro, essa agente apresenta-se mediante as equivalências: mulher, negra e pobre, sublinhando suas inscrições militantes em questões derivadas desse trinômio, sua identificação religiosa (evangélica) e política (ao PT). Atualmente é casada com um ator e sua produção tem um caráter mais frequentemente generalista e publicado no âmbito da Câmara dos Deputados ou do Senado Federal.[85]

Há ainda casos que, assim como a antecedente, ilustram perfis de militantes de esquerda, no entanto com origens econômicas mais abastadas. Para essas agentes, a intervenção política e cultural é diretamente relacionada, respectivamente, a questões de educação e gênero, a partir das suas especialidades de formação e atuação profissional.

A primeira é Esther Pillar Grossi, filha de um pecuarista e tropeiro, casada com um pediatra. Ela cursou matemática e investiu fortemente na formação em pós-graduação na França. Professora e pesquisadora, em 1970, ela foi uma das fundadoras do Grupo de Estudos Sobre Educação, Metodologia de Pesquisa e Ação (Geempa), voltando-se para o ensino em escolas públicas e potencialização do rendimento escolar de alunos com origens mais humildes. Foi candidata, no início dos anos 1980, à vice-presidência do sindicato de professores do Rio Grande do Sul (CPERS). A carreira política institucional foi inaugurada em 1989, como secretária municipal de Educação de Porto Alegre, na primeira gestão do PT na prefeitura da capital (de uma sequência de quatro mandatos petistas). Pelo mesmo partido foi deputada federal de 1995 a 2002, falando basicamente em nome da educação. A partir das ONGs Geempa e Themis (fundada em 1993 e dedicada à assessoria jurídica e estudos de gênero) a agente é responsável pelo projeto, bancado por Unesco e Unicef, desenvolvido desde 2002, visando à alfabetização de mulheres das classes populares em três meses. Sua produção combina as discussões especializadas e generalistas, principalmente na década de 1990, bem como prioriza a articulação entre formulações acerca das categorias de "educação" e "gênero" com a prática política voltada para a politização das mesmas.[86]

---

[85] Principais fontes: DHBB, <www2.camara.leg.br> e <www.senado.leg.br>. Acessos em: fev. 2013.
[86] Principais fontes: DHBB, <www2.camara.leg.br/> e <www.geempa.org.br/>.

A segunda é Marta Suplicy, filha de uma família da elite paulistana (pai fora um grande industrial), que foi casada com um senador com a mesma origem social. Da sua biografia, em livro por ela própria publicado, destaca o fato de ser "formada em psicologia pela PUC-SP e com pós-graduação pela Universidade de Stanford, na Califórnia", e de ter ficado "conhecida na década de 1980 como apresentadora de um quadro sobre sexualidade do programa *TV mulher*, na Globo. Em 1995, entrou para o mundo da política ao se eleger deputada federal pelo PT. Em 2000, foi eleita prefeita de São Paulo e, em 2007, assumiu o Ministério do Turismo, durante o governo Lula" (Suplicy, 2008, segunda orelha do livro). Acrescenta-se ainda que ela foi também ministra da cultura no mesmo governo petista e desde 2011 é senadora pelo estado de São Paulo. Saiu do Partido dos Trabalhadores em 2015 para filiar-se ao Partido do Movimento Democrático Brasileiro (PMDB). Como no caso anterior, sua grande produção de livros intercala temáticas de caráter mais técnicos e generalistas, principalmente entre as décadas de 1980 e 1990, notadamente direcionados a questões de sexualidade e gênero, que também preponderam como causas defendidas na prática política.

Todavia, entre as ingressantes na arena política nas últimas décadas há um caso cuja base de legitimação apoia-se prioritariamente na formação acadêmica e na especialização profissional em um domínio de saber que, como já temos discutido em capítulos anteriores, tornara-se hegemônico nas "lutas palacianas", a economia.

Filha de um maçom com destaque político e intelectual, diretor de um grande laboratório farmacêutico (ele aparece como representante comercial de uma multinacional e também como contabilista e jornalista), Yeda Rorato Crusius nasceu na cidade de São Paulo e começou a trabalhar ainda na adolescência. Cursou economia na USP e foi professora da Faculdade de Economia da Universidade Federal do Rio Grande do Sul. Em livro de memórias, na biografia sumária, apresenta-se como

Política, mãe e avó, economista, estudante, professora, dirigente universitária, comunicadora, leitora e escritora. Ministra do Planejamento no governo Itamar Franco (1993), deputada federal (1995-

2006). Como governadora do Estado do Rio Grande do Sul (2007-2010), conquistei o déficit zero (2008), com crescimento econômico e melhoria dos indicadores sociais. Presidente de honra do PSDB-Mulher, presidi o Instituto Teotônio Vilela nacional. [Crusius, 2014, segunda orelha do livro]

Para finalizar, dois aspectos interessantes dos casos analisados podem ser realçados. O primeiro já fora mencionado por Barreira (2006) e diz respeito à ênfase na dimensão do pioneirismo que essas agentes acionam como trunfo de luta, provavelmente decorrente justamente do fato de ser o resultado de um processo gradativo de afirmação de representantes mulheres e da sua persistente raridade. As justificativas suscitadas (por intelectuais e militantes) para o limitado (e geralmente lamentado) número de mulheres na política institucional e partidária formam o repositório de trunfos acionados por lideranças que conseguiram transpor tais obstáculos, por exemplo, compatibilizar "vida pessoal" com a "vida pública", enfrentar preconceitos de gênero, ter capacidade (em vários sentidos) de interpelação, guiar-se por sentidos de missão, abnegação, entre outros. O que garante o peso de distinção nas biografias do vanguardismo: "única representante da bancada", "primeira senadora paulista", "primeira a governar o Rio Grande do Sul", "primeira a dirigir a faculdade de Ciências Econômicas da UFRGS", "primeira a ocupar uma vaga no Senado Federal", "primeira mulher negra a ocupar uma vaga no Senado", "primeira mulher pernambucana a ocupar uma cadeira do plenário da Câmara Federal", entre outros.

O segundo refere-se ao fato de que a maioria delas possui "memórias" ou biografias publicadas (pelo menos cinco). Esse dado chama atenção considerando que esse é um tipo de publicação feita por somente 27% dos agentes analisados no quadro mais geral no qual constam apenas oito mulheres contra 291 parlamentares homens. Portanto, elas são raras e investem num tipo de publicação relativamente raro. No entanto, isso é totalmente compatível com estratégias de consagração de perfis considerados "extraordinários" e que, por esse motivo, autorizam-se a produzir esse tipo de relato ou são reconhecidos como dignos de serem aclamados (objeto de discussão nos dois próximos capítulos).

Apontamentos finais

Há inúmeras diferenças instauradas nas relações de qualificação e detração entre os sexos, determinando como "homens" e "mulheres" devem ser identificados e se identificam enquanto tal, prescrevendo suas respectivas disposições e papéis. Na transposição da barreira que separa "profanos" e "profissionais" (no sentido weberiano), as mulheres são "mulheres na política" e, apesar de raras, acumulam e redefinem identificações que comportam o duplo papel político. Como nas dimensões sistematizadas por Alessandro Pizzorno (1988, 1986), autorizam-se a produzir identidades coletivas (a partir de associações, movimentos, partidos, escritos etc.) criando símbolos de reconhecimento, de solidariedade e de mobilização (dimensão simbólica); e conquistam a autoridade tanto para tomar decisões que envolvem a utilização de determinadas estruturas (aparelho estatal, instituições etc.) como para agilizar estratégias que produzem adesões (leis, direitos etc.).

A raridade dos perfis aqui analisados está fundada em notoriedades advindas da capacidade de mobilizar trunfos acumulados em domínios diversos (inscrições em esferas da produção cultural, da exposição midiática, do magistério etc.). Concentrando multinotabilidades desde o momento das suas entradas na política, elas passam a desfrutar de bases institucionais propiciadas por partidos políticos (vagas em nominatas, estruturas de campanha e aportes financeiros). Com a proeminência que adquirem em instâncias de poder institucionalizadas, como no Legislativo e no Executivo, podem capitalizar mais fortemente tal reputação como trunfo de luta política na concorrência com seus pares (homens e mulheres). Somando-se à paulatina modificação na balança de poder entre os sexos e suas repercussões em âmbitos políticos, econômicos e culturais e talvez em especial a adoção da regra de cotas para mulheres nas listas dos partidos brasileiros desde a década de 1990, já explorada na literatura, galgaram posições ainda mais dominantes.

Cabe salientar que a escalada de cargos (secretarias, ministérios, comissões etc.) e as atribuições que detiveram (porta-vozes de bandeiras de lutas em universos privilegiados) parecem solidamente associadas à demonstração de saberes que se cristalizaram em exposições personalizadas de competências (via magistério, fundações, mídias e produções escritas), autorizando-as às investiduras em postos de comando político. Contudo, os meios mobilizados para transpor as barreiras que se antepõem à participação das mulheres no âmbito do espaço do poder são simultaneamente fatores, para a maior parte dos casos, de restrição do leque de lugares, causas e linguagens a que estão aptas a ocupar, defender ou pronunciar. Como num jogo de ganhos e perdas, produzem efeitos de subversão — interferências que provocam redefinições de formas de agir e de pensar o mundo social e o mundo político — sem, paradoxalmente, conseguir fugir aos constrangimentos do jogo político e do jogo dos gêneros.

Como pista, aponta-se que o conjunto de posições e posicionamentos assumidos pelas parlamentares permite que alinhem uma base triádica de notabilidades: formulação, transmissão e delegação. Quer dizer, a intervenção no espaço público é tributária da acumulação, combinação e mobilização de trunfos advindos da capacidade de formação, de interpelação e de transmissão fundadas nas atuações como professoras, comunicadoras, militantes e escritoras. Isso não está separado da "arte de representar", do *fetichismo da delegação política* (Bourdieu, 1984b), que vai além da aptidão para realizar obras ou para falar em nome de determinadas causas ou categorias, mas está fundada no reconhecimento da capacidade em produzir seus fundamentos teóricos e reflexivos, e ainda sustentá-los e transmiti-los como problemas legítimos em espaços de consagração cultural e políticos.

CAPÍTULO V

"Memórias" de políticos brasileiros: produção escrita, gestão de imagens e "teorizações" nativas sobre o jogo político

Certos perfis de políticos profissionais se dedicam à produção de livros de "memórias" e esse tipo de empreendimento de escrita compõe um universo de análise particularmente privilegiado à apreensão de estratégias e de princípios de afirmação e hierarquização do mundo político em diferentes condições históricas e regionais. Adiciona-se às potencialidades específicas de exploração dessa fonte-objeto a possibilidade de dar sequência a reflexões sobre processos de especialização política, notadamente a partir do estudo de duas configurações regionais específicas: Maranhão e Rio Grande do Sul. Essas pesquisas aportam sobre as origens sociais, as carreiras e as concepções sobre o *métier* político, por meio do exame de entrevistas em profundidade, biografias e autobiografias ou "memórias" relativas a parlamentares eleitos no período 1945-2010 nos dois estados (Grill, 2008b).

A discussão neste momento se centra nas "memórias" produzidas por ocupantes de cargos eletivos que atuaram politicamente no período e estados supracitados. O material de pesquisa acumulado, que serviu como fonte de informação fértil, é agora objeto de um exame muito mais detalhado e minucioso, visando desvelar lógicas de produção e estratégias de comunicação inscritas nas próprias fontes. Para demonstrá-las são examinadas quatro "memórias" exemplares

* Uma versão deste texto foi publicada por Igor Grill na *Revista Política & Sociedade*, n. 22, 2012.

de políticos que protagonizaram disputas eleitorais em dois períodos distintos (1945-70 e 1965-2010) no MA e RS.

Inicialmente, é importante ressaltar a pertinência de se tomar esse *corpus* como "lugares privilegiados de observação das estratégias simbólicas [...] de gestão da identidade estratégica" (Neveu, 1992:8). Ou seja, esse tipo de "obra" revela a mobilização de instrumentos de administração de etiquetas, marcas, enfim, modos de existência pública múltiplos, contraditórios, amalgamados que formam a(s) identidade(s) incessantemente construída(s), redefinida(s), associada(s) aos políticos, e reivindicada(s) por esses "empreendedores em representação" (Collovald, 1988:29). Além disso, é um gênero em que "falar de si" envolve "lapidar a imagem", mediante o qual a leitura retrospectiva das ações não está governada pela tática prospectiva da luta eleitoral ou das batalhas políticas mais imediatas, mas pelo zelo com a própria "imagem" a ser transmitida (Le Bart, 1998). E ainda com a especificidade de ser uma forma de autoapresentação espontânea ou negociada com um jornalista-editor que desfruta da confiança e cumplicidade com o narrador (mais ou menos conduzida por um ou por outro). De qualquer modo, não provocada pelo pesquisador. Trata-se de relatos que estão diretamente ligados à vontade do autor em tomar a palavra publicamente, o que indica que ele se sente autorizado social e politicamente para tal e que possui (ou acredita possuir) competência linguística e intelectual necessária. O que estaria diretamente ligado à capacidade de tomar um mínimo de distância do que é relatado, de encontrar uma demanda (escuta) por sua fala, de estar em uma "fase da vida" na qual isso é legítimo, e imerso em uma conjuntura que propicia a emergência do discurso (Pollak, 2000).

A autoridade conferida aos autores desse tipo de produção quando "demandados" a "contar a sua vida" e a posição por eles assumida quando se lançam na tarefa de produzir suas memórias indicam a riqueza ímpar desse material. Isso porque revelam percursos representativos (além de muito bem-sucedidos) próprios a diferentes estados do espaço político e a distintas configurações regionais, bem como evidenciam repertórios, gramáticas e códigos de luta política. Fonte que oferece, ademais, relatos de agentes que se situam na condição de descrever um "tempo" do qual foram protagonistas e elaborar uma gama de "leis", "regras", "normas" etc. que regeriam o "mundo da política". Logo, o alcance heurístico desse expediente ultrapassa os casos particulares e avança na compreensão do funcionamento dessa dimensão da vida social no Brasil, em momentos e cenários díspares.

Sustenta-se, com efeito, que o tratamento das "memórias" produzidas por políticos brasileiros que ocuparam cargos a partir de 1945 traz à tona tais questões, com ganhos analíticos. Entre eles, a verificação da relevância que o gênero de escrita autobiográfica tem para o exame do *métier* político, dos seus condicionantes, dos recursos mobilizáveis, dos movimentos exigidos/permitidos e do conjunto de regras, sentidos e domínios práticos associados à atuação no espaço político especializado, que são valorizados (Bourdieu, 1989a; Offerlé, 1999).

Quando situado em relação a outras modalidades de escrita, identificadas no estudo mais amplo, as chamadas *confissões políticas*, da qual fazem parte os relatos autobiográficos ora analisados, são assinadas por em torno de ¼ (27%) dos casos analisados (ver capítulo I), quase nunca como primeiro gênero de escrita. Observa-se, ainda, que estão interligadas com perfis políticos e desdobramentos peculiares de carreiras que autorizam o investimento nesse bem raro.

Para o trabalho de interpretação do *corpus discursivo*, são seguidas, então, duas trilhas complementares. A primeira centra o olhar nas estratégias de autoapresentação de vários personagens da vida política brasileira que se lançaram em empreendimentos de reconstituição dos seus itinerários biográficos, considerando cada um deles como "ideólogos da sua própria vida" e produtores de uma "apresentação oficial de si" (Bourdieu, 1996c:75-80). A segunda busca encontrar nesses textos "uma expressão estimulante da relação vivida com o *métier* político, a intuição frequentemente penetrante das suas lógicas" (Neveu, 2003:104). Com efeito, dois níveis interdependentes de investigação são abertos à elucidação das modalidades de construções autobiográficas, quais sejam: a gestão da memória, consequentemente, da identidade social (Pollak, 2000); e a "teorização" nativa sobre as regras do jogo, logo a evocação das técnicas e do *savoir faire* necessários para atuar no espaço da política (Neveu, 2003).

Quanto aos eixos de análise privilegiados, aponta-se: 1) a relação entre as características sociais e políticas dos biografados e os tipos de relatos produzidos; 2) as modalidades de estruturas narrativas em pauta (mais próxima da "história de vida" ou do "testemunho histórico"); e 3) as formas de qualificação das obras operadas pelo próprio político (autor) e/ou por seu editor, sem deixar de captar o conjunto de etiquetagens (classificações) presentes nos prefácios, nas capas, nas contracapas, nas orelhas e nos títulos das coleções (Le Bart, 1998, 2012). Além disso, duas ênfases de análise assumiram centralidade. A primeira é do exame do trabalho de enquadramento da memória (Pollak, 2000) presente nos depoimentos em pauta e nos seus efeitos em termos de seleção/hierarquização de eventos, personagens, etapas de vida, atributos e trunfos pessoais/familiares mobilizados na estratégia de autoconsagração, assim como de celebração dos grupos familiares. E a segunda é da atenção aos esforços de "teorização" (prática e para a prática, retrospectiva e prescritiva) do próprio jogo político ou, em outros termos, às formulações oferecidas sobre as engrenagens, as divisões, as transformações do espaço político, assim como das suas exigências no que tange às habilidades, aos conhecimentos, às condutas e assim por diante.

Reconversões da elite política pós-Estado Novo e as "confissões políticas" de dois protagonistas

As "memórias" analisadas a seguir, de forma relativamente sintética, são consideradas exemplares da conjunção de fatores interdependentes atuantes no período pós-30. Victorino Freire é oriundo de "famílias de políticos" de Pernambuco, teve como marcos de sua afirmação a participação em lutas militares nos anos 1930, assumiu a liderança nacional no PSD e percorreu uma carreira exitosa no Maranhão devido aos vínculos que possuía com a cúpula do poder central, mormente militares de relevo nas décadas de 1930 e 1940. Daniel Krieger nasceu no Rio Grande do Sul, é descendente de alemães, herdou laços com as "famílias" de Osvaldo Aranha e Flores da Cunha (protagonistas na Revolução de 1930, que posteriormente se afastaram de Getúlio Vargas e foram lideranças nacionais da UDN), e chegou a ocupar um papel de direção (nacionalmente) na própria União Democrática Nacional e, depois, na Aliança Renovadora Nacional (Arena). Ambos são "índices e atores das transformações do espaço político" (Garcia Jr., 1993b:104), pois eles estiveram inseridos em dinâmicas de reconfiguração das atribuições exigidas à intervenção política, relacionada com os processos em andamento de consolidação de instituições públicas, porém em circunstâncias em que ainda persistia a valorização de códigos tidos como tradicionais. Esses fatores informam princípios de seleção e de celebração detectados nas "memórias" que os agentes produziram e que se procurou demonstrar na descrição que segue.

A Laje da Raposa, de Victorino Freire

Victorino Freire nasceu no município de Pedra do Buíque (Pernambuco), mais especificamente na fazenda Laje da Raposa, que era propriedade do seu pai. Ele é descendente de duas "famílias de políticos" que outrora nutriram forte rivalidade entre si, "os Brito" e "os Freire" (Victorino de Brito Freire é filho de Anna Britto e de Victorino José Freire). E seus ascendentes dominaram a política local em diversos municípios e localidades muito próximas no interior daquele estado.

Fazendeiro e comerciante, seu pai atuou principalmente no município de Arcoverde (PE). Contudo, a carreira política de Victorino Freire se desenrolou principalmente a partir da liderança conquistada no estado do Maranhão, onde foi secretário de governo do capitão Martins de Almeida, no período 1933-35, deputado federal, entre 1946 e 1947, e senador, de 1947 a 1971. Além de ter sido também diretor dos jornais *Diário de São Luís* e *A Tarde*.

Aspectos como a rede de proteção de importantes figuras da política nacional (Juarez Távora, José Américo de Almeida, Gustavo Capanema, Eurico Dutra, entre outros) e de amizades conquistadas no mundo da política — que lhe renderam dividendos políticos e projeção estadual e nacional como ocupante de cargos eletivos e como dirigente do Partido Social Democrático — foram destacados por Sergio Miceli (1981:578) para caracterizá-lo como "preposto civil do poder central". A centralidade que Victorino Freire adquiriu na política maranhense é facilmente detectada tanto nas reconstituições históricas como nos repertórios contemporâneos de luta nos quais aparece como marco para caracterizar uma fase do estado, o "vitorinismo", que se estenderia de 1946 a 1965 e que teria sido sucedida, no ciclo de "oligarquias" no poder, pelo "sarneísmo" ou "sarneysismo".[87]

Seu livro de "memórias" foi publicado em 1978 (ano em que o político já não ocupava mais cargos eletivos) pela Guavira Editores (editora periférica no país).

Em nota do editor à publicação, alguns componentes grifados posteriormente no prefácio do próprio autor ganham relevo. Victorino é qualificado como "um homem simples e apenas um soldado de causas que abraçou ao longo de 40 anos de vida pública". São adicionados aos "dois aspectos fundamentais do seu caráter: altivez e energia", qualidades como "generosidade" e "prestígio pessoal". Traços esses que são ativados para situá-lo de forma distintiva no estado em que atuou, o Maranhão, caracterizado como "berço de grandes poetas e de homens públicos" (Freire, 1978:5). O editor propagandeia que a "dimensão de grandeza" do livro reside no seu "conteúdo histórico", na capacidade de alinhar "fatos e personalidades [...] com seus dramas e angústias no depoimento de grande significação, tratado com seriedade, elevação de sentimento e apego à verdade, traços marcantes no homem e na obra" (Freire, 1978:6).

Na apresentação intitulada "O guerreiro de Arcoverde", o jornalista Sebastião Nery[88] declara uma dívida de gratidão com o personagem que teria, na sua percepção, dedicado sua vida a "duas tarefas: a amizade e a política". A ideia de "civismo" condensaria os atributos de "lealdade e honestidade" detidos por Victorino que, acima de

---

[87] Para o uso desses "ismos" como categorias de luta simultaneamente política e intelectual, ver Grill (2012b).
[88] Jornalista que desde a década de 1950 trabalhou na editoria de política dos principais jornais do país. Foi vereador, deputado estadual e deputado federal pelo Rio de Janeiro.

tudo, representaria um tempo em que prevalecia a imagem do "guerreiro". Nesse caso, um "guerreiro de Arcoverde", fazendo referência à origem geográfica, mas principalmente aos códigos que predominavam nas lutas que envolviam seus familiares e que teriam marcado sua biografia.

O livro foi dedicado à esposa, ao filho (deputado federal e senador, responsável pelo registro do depoimento do pai transformado nas "memórias" em pauta) e aos netos. E na sequência da dedicatória há a "homenagem aos amigos e protetores", na qual elenca personagens notabilizados na história política do período de 1930-76:

> Minha agradecida homenagem aos meus amigos e protetores, a quem devo o meu encaminhamento na vida pública: Dr. João Lopes de Siqueira Santos; Ministro Juarez Távora; Ministro José Américo de Almeida; Ministro Gustavo Capanema; Ministro João de Mendonça Lima; Capitão Martins de Almeida. [Freire, 1978:3]

Com maior destaque, Victorino dedica uma página inteira de elogios ao marechal Eurico Gaspar Dutra, identificado com foto, nome e a frase: "Ao chefe e amigo, minha especial homenagem e saudosa lembrança" (Freire, 1978:7).

A Laje da Raposa apresenta uma estrutura narrativa centrada nas experiências individuais do agente como personagem. Mesmo alguns eventos históricos polêmicos e reiteradamente acionados na produção historiográfica do estado não receberam novas versões ou justificações, como: a "batalha jurídica" pela posse do governador eleito em 1951, Eugênio de Barros; a eleição do empresário paraibano Assis Chateaubriand, como senador pelo Maranhão; e o processo de cisões que culminou com a eleição de José Sarney, em 1965. Ao invés disso, são valorizados elementos relacionados com as demonstrações de "coragem", de "enfrentamentos", de "relações de amizade" no mundo jurídico, militar e político e de compromissos de lealdade.

Do mesmo modo, antes que citar protagonistas da vida política estadual e nacional para desnudá-los de alguma forma (fazer "revelações" acerca das suas biografias, posições, interesses etc.), a estratégia é situá-los como indivíduos exemplares e depositários de qualidades excepcionais, isto é, como ícones, portadores de atributos aos quais Victorino Freire busca, ao homenageá-los, a eles associar-se.

As origens familiares são descritas a partir do casamento dos pais, que significou, como mencionado, a união de duas "famílias rivais" [Brito e Freire], cuja "luta", segundo ele, "trazia perspectivas trágicas" (Freire, 1978:15). A partir disso, Victorino descreve uma série de episódios que destacam o elemento da "violência" no seu meio de origem. O uso das "armas" e o enfrentamento de "grupos armados" fixam a qualidade da "valentia" como um atributo familiar que em muitas situações é acionado no texto. Ao lado disso, "cantadores", "vaquejadas", "repentistas", o "cardeal" e as "beatas" enquadram o cenário da infância.

As referências ao deslocamento para o Rio de Janeiro (em razão do desejo que teria de estudar no colégio militar), à estada na casa de um tio general e ao contato com o então capitão Eurico Dutra funcionam como ponto de partida para a exposição dos trunfos que ele, Victorino, estava em condições de acumular, notadamente no que diz respeito à posse de relações de amizade e de parentesco para a obtenção de cargos políticos. Assim, sustenta que foi "presenciando, no meio em que vivia, as permanentes discussões sobre a vida nacional, [que] comecei a sentir que se manifestava em mim um enorme interesse pela política" (Freire, 1978:34). No entanto, teria sido "trabalhando no governo" que teria começado "realmente a traçar na política os [seus] rumos", e sintetiza: "Em companhia das famílias de Armando Brito, dos Cabral de Mello, do Deputado Eurico Chaves e João Lopes, meu relacionamento na vida pública estadual foi crescendo e minha vocação política se solidificando" (Freire, 1978:35).

O périplo por cargos públicos em Pernambuco (gabinete do secretário de agricultura), no Maranhão (secretário de governo) e no Rio de Janeiro (secretário do Ministério de Aviação, membro da equipe do Ministério da Agricultura e do Ministério da Educação) aparece como demonstração das amizades conquistadas (aqueles a quem presta homenagens como forma de agradecimento) e como chance de estabelecer novos laços (os aliados valorizados). Os códigos de honra ligados à preocupação com a manutenção de ligações pessoais e à obrigação de reverência própria das relações verticais podem ser comprovados nas legendas das fotos que ilustram o livro: "O meu chefe e inesquecível amigo Capitão Martins de Almeida, o 'Bala na Agulha'" (Freire, 1978:43); ou "Com meu cunhado e extraordinário amigo, Ministro Fanor Cumplido" (Freire, 1978:99); ou "Com Dutra fora do governo, já na Rua Redentor. Em cada aniversário do meu chefe, o meu abraço agradecido" (Freire, 1978:139); ou ainda "Com Amaral Peixoto, Presidente do PSD, ou fazendo minhas queixas, ou recebendo minhas ordens" (Freire, 1978:146).

Victorino apresenta igualmente seus postos como recompensas das batalhas militares e das lutas políticas nas quais havia participado, reivindicando, ao mesmo tempo, atributos de heroísmo e de desprendimento. À "vocação política", ao "interesse pela política" e pela "vida nacional" (Freire, 1978:35), somara-se a "aspiração verdadeira" por uma carreira política, autorizada pelo "conhecimento com destacadas personalidades da República [...] e pela solidificação [...] da ideia de vir a exercer um cargo [...]" (Freire, 1978:41).

Além das amizades, um conjunto de predicados se mostra relevante aos recursos ou instrumentos de autoapresentação utilizados nas recuperações da "memória": "dedicação à luta", "defesa" de pessoas, sentido de "ordem" e de "autoridade", "agressividade", "lealdade", "disciplina partidária", "altivez", "energia", entre outras. Essas características são mobilizadas também para homenagear seus "protetores" e "aliados", para se diferenciar de outros estilos de fazer política, tidos como válidos (a descrição do político mineiro Antônio Carlos de Andrada é exemplar), e para desqualificar "adversários" e "inimigos".

Sua atuação como senador pelo Maranhão, entre 1947 e 1971, é narrada sob o duplo registro constituído a partir desses códigos. Por um lado, situa-se em cadeias de líderes e seguidores destacando sua centralidade como intermediador do estado no plano nacional, decorrente da habilidade de administrar relações. Por outro lado, apresenta disputas políticas (no Congresso Nacional e no PSD) e eleitorais (estaduais e nacionais) nas quais seu protagonismo estaria alicerçado na sua capacidade de enfrentamento.

Competências e recursos coerentemente localizados na descrição da engrenagem do jogo político constantemente apresentado por intermédio das expressões "ataque" e "defesa". Honra, autoridade, cargos, votos, favores, amizades, fidelidades são instrumentos e alvos de "ataques" e "defesas", "golpes" e "contragolpes", "bravatas" e "valentias", reiteradamente "ameaçados" e prontamente "garantidos", o que exigiria um "guerreiro" permanentemente em estado de "prontidão".

Desde as missões, de Daniel Krieger

As "memórias" de Daniel Krieger foram publicadas em livro pela Livraria José Olympio Editora, em uma prestigiada coleção denominada "Estudos Brasileiros", no ano de 1976 (quando o então senador preparava-se para se despedir da "vida pública"), e recebeu o título *Desde as missões... Saudades, lutas, esperanças*.

Nascido em 1909, no município de São Luís Gonzaga, Daniel Krieger é descendente de dois ramos familiares de origem alemã: Krieger e Billerbeck. Seu avô fora militar na guerra do Paraguai e casou-se pela segunda vez neste país. O pai, por sua vez, fora comerciante, além de atuar diretamente nas disputas locais e ser ligado por laços políticos e de amizade a "famílias" de importantes políticos do Rio Grande do Sul na primeira metade do século XX, como as de Getúlio Vargas, Flores da Cunha e Osvaldo Aranha.

Formado em direito em Porto Alegre, Daniel Krieger foi promotor, advogado e consultor jurídico do Instituto de Previdência do Estado, exercendo também a liderança na Ordem dos Advogados do Brasil — seção do Rio Grande do Sul. Foi deputado estadual constituinte pela União Democrática Nacional (UDN), eleito em 1946, senador entre 1955 e 1978, presidente da UDN no estado, presidente da Aliança Renovadora Nacional (Arena) no país, líder de bancadas e do governo militar chefiado por Costa e Silva.

A estrutura da narrativa das suas "memórias" explora prioritariamente a descrição da atuação pessoal do personagem em eventos históricos bastante consagrados. Principalmente, no período em que protagonizou importantes episódios no Congresso Nacional (1955-68). Há uma ênfase especial conferida a tal momento, em detrimento daqueles que o antecedem e um silêncio em relação aos anos posteriores (as "memórias" estendem-se até a posse do presidente Emílio Garrastazu Médici — outubro de 1969). A sua participação é exaltada mediante o acionamento de um saber jurídico e de um conjunto de qualidades pessoais que justificariam uma série de papéis de mediação.

São valorizados em várias passagens: o "recurso da oratória" e o conhecimento ou o domínio de temas de "natureza jurídica" e dos "expedientes regimentais" presentes em determinadas disputas parlamentares, acompanhadas de transcrições (às vezes longas) de sessões plenárias e de matérias de jornais em que "o desconhecido provinciano surgiu na imprensa do Rio de Janeiro" (Krieger, 1976: 99). Quer dizer, um misto de conhecimento profissional e traços atribuídos ao "temperamento", ao "caráter" etc. como "lealdade", "fidelidade", "tolerância", "respeito à consciência", "às regras morais", ao "pensamento", à "formação", ao "próprio juízo", à "vontade coletiva", entre outros. A eficácia da combinação que sintetizaria procura ser demonstrada em variadas situações de "impasses" entre interesses nas quais sua "interpretação", "ponderação", "objeção", "articulação", capacidade de "dirimir as incompreensões", de "antecipação às reações" etc. teriam contribuído decisivamente para o desenlace.

Em sua dedicatória, oferece o livro à "família" em retribuição e reconhecimento à "solidariedade" e "resignação" com "dissabores" e "adversidades". Em especial aos netos[89] para "conservar ou modificar a imagem do avô" (Krieger, 1976:v).

A obra apresenta também nota da editora com dados biográficos do autor em que é exaltado como "um dos grandes do seu tempo" e definido como "gaúcho brasileiro típico". A lista de cargos ocupados serve como justificação do livro, classificado como "autêntico, importante documento não só da fecunda vida de um homem, mas também de uma época" (Krieger, 1976:x-xi).

---

[89] Um dos seus netos veio a disputar cargos eletivos, tendo sido vereador e secretário municipal de Direitos Humanos e Segurança Urbana, além de presidente da Fundação de Assistência Social e Cidadania de Porto Alegre. Um dos filhos de Daniel Krieger foi candidato a deputado federal em 1978, sem obter êxito.

O prefácio de Afonso Arinos de Melo Franco[90] situa a contribuição de Daniel Krieger ao "gênero memorialístico", elencando outros políticos que se dedicaram a ele (inclusive o próprio apresentador). Ele caracteriza o autor destacando a importância que teria tido para a "verdadeira política" exercida como uma das "mais nobres atividades" (sinônimo de "vocação", "missão", "destino" etc.), em oposição ao "desinteresse" e "desencanto" com a mesma que seria dominante (Krieger, 1976:xiv). Daniel Krieger seria, na sua avaliação:

> [...] uma das figuras mais genuinamente representativas daquele meio [suas origens socioculturais nas suas palavras], que conserva muitos traços permanentes, ou, pelo menos, duradouros, apesar da violenta distorção que as enormes mudanças brasileiras, no último meio século, introduziram nos padrões tradicionais. [...]. Tão típico que até parece exemplo colhido para demonstração. [...]. Mescla de sangues germânico, espanhol e guarani, ele não poderia ser mais brasileiro [...] gaúcho rio-grandense. [Krieger, 1976:xv-xvi]

Um conjunto de fotos foi inserido no prefácio, mediante as quais são ressaltadas as referências familiares (foto dos pais), regionais (foto das Ruínas de São Miguel), da principal aliança vertical para cima (foto como ajudante de ordens do general Flores da Cunha), escolar (foto no ginásio de Santa Maria), parlamentares (fotos discursando na Assembleia Constituinte/RS e no Palácio Monroe/RJ) e do trânsito junto aos governos militares (fotos com Ernesto Geisel, discursando no banquete comemorativo do primeiro aniversário do governo Costa e Silva e em "conversa íntima com o presidente Castelo Branco").

No item que recebeu o título "Explicação necessária", Daniel Krieger assume o imperativo que pesaria sobre ele para fornecer o relato. Assim, desculpa-se pela "demora em prestar o depoimento", justificando-se pela "inapetência pelos trabalhos de escrita e pela dificuldade em colocar os fatos na ordem cronológica". Segundo ele,

---

[90] Afonso Arinos é considerado um caso exemplar de "memorialista". Suas memórias são examinadas com detalhe no próximo capítulo.

duas "forças" teriam motivado a redação das "memórias": "o amor, no milagre da saudade, trouxe-me à memória o passado, soterrado pelos anos e o dever impôs-me a indeclinável obrigação de prosseguir, com isenção e serenidade, na descrição e análise dos fatos por mim vivenciados" (Krieger, 1976:xxiii).

A "família", delimitada como "os seres que me deram a vida com seu amor, a instrução com o sacrifício e a coragem moral com o seu exemplo", é localizada no relato a partir do seu cenário de origem, a "região missioneira", do qual derivariam o "caráter" e "os componentes que influenciaram na formação". Manifesta, contudo, ter como objetivo principal "narrar fatos históricos que, em suas minúcias, não se encontram divulgados" (Krieger, 1976:3-4).

O foco inicial do "relato" são os pais e as "tradições do Rio Grande", em especial os traços identificados no pai, caracterizado como um "autêntico gaúcho", "dotado de força física excepcional [...]. Na sua invulgar personalidade, consorciavam-se as virtudes e os defeitos cardeais dos antigos lidadores rio-grandenses". Mais adiante, compara-o aos "personagens de O Tempo e o Vento, concebidos pelo talento criador de Érico Veríssimo, sob a inspiração do áspero e heroico passado rio-grandense" (Krieger, 1976:4). Duas atividades são destacadas na "figura paterna": o comércio, "loja instalada nos moldes típicos do interior e provida de todas as mercadorias", e as lutas políticas por meio do uso das armas. "Lealdade", "intrepidez", "audácia", "coragem física" e "coragem moral" são alguns dos aspectos sublinhados no personagem celebrado e tidos como próprios da liderança política de então. Nota-se a fusão do apelo ao que seria "autêntico", "tradicional" e exemplar com aquilo que é visto como "excepcional" e "invulgar".

As referências pessoais ativam cenários contrastantes: aquele da infância marcado pela "violência física", pelos "bailes" e pela "lida no campo"; e aquele da fase adulta do parlamentar. A passagem entre um e outro é feita pela busca de "instrução", "desejo da mãe" que chegara a "exclamar": "Meu Deus, eu te agradeço por me teres propiciado os meios para arrancar meu filho do galpão" (Krieger, 1976:20). Logo, paulatinamente, aparecem os êxitos escolares e assumem centralidade as professoras, os irmãos maristas do internato de Santa

Maria, os professores e colegas da faculdade de direito de Porto Alegre, bem como as vivências daí decorrentes.

Apesar disso, os eventos ressaltados de afirmação pessoal e política são as revoluções de 1924 e 1930, mediante as quais a sua participação e ligação com "ícones" como Osvaldo Aranha e Flores da Cunha (que vieram a ser seus correligionários na UDN) adquirem relevo. A entrada na política aparece como decorrência dessa atuação e como resultado de um "apelo de Flores da Cunha".

A definição da forma legítima de exercer cargos políticos aciona qualidades "morais" e "cultura jurídica", oscilando entre a valorização de atributos pessoais como "honra", "lealdade", "altivez" e "convicção", e a exaltação de práticas que seriam compatíveis com "espírito público". A descrição do general Castelo Branco que, como ele, combinaria "tenacidade" e "aprimoramento da sua notável cultura" (Krieger, 1976:173), revela o modelo de "político" que busca prescrever e a ligação pessoal que visa eternizar. Fatores que agem, igualmente, na sua autodefinição, recorrendo, além de demonstrações constantes de saber jurídico, a elementos ao mesmo tempo tidos como distintivos e exigidos com modelos de "linhas de conduta" tais como ser "homem de posição", de "caráter", obedecer a "concepção de dever", a "consciência", o "dever da amizade", a "preocupação com os interesses coletivos", e assim por diante.

As qualidades pessoais que contam no jogo político comandariam os movimentos descritos. Esses revelariam um saber prático que implica antecipações constantes aos demais jogadores, mobilização de trunfos personalizados e demonstrações da eficiência das "jogadas individuais". Isto é, levá-las a bom termo, de forma eficaz, combinando regras estratégicas e pragmáticas que preservem regras normativas ou morais elásticas nos seus conteúdos.

A diversificação da elite política: "memórias" de um "herdeiro" e de um protagonista da "esquerda"

Como já foi mostrado em outros capítulos deste livro, houve uma progressiva diversificação da composição social da chamada "elite política brasileira" nas últimas décadas. Assim, as "memórias" examinadas subsequentemente, de Eliezer Moreira Filho e Paulo Renato Paim, demonstram dois caminhos de acesso ao espaço político e duas maneiras de conceber o trabalho político como uma atividade distinta e distintiva que coabitam no atual estado do domínio político.

No primeiro caso, são evidenciadas as estratégias de apresentação de si de um descendente de um grupo familiar cuja genealogia se inscreve na história política do século XX de um dos estados considerados mais "oligárquicos" e "patrimonialistas" do país, o Maranhão. Seus ascendentes ocuparam importantes posições nos âmbitos do Judiciário, da política e da administração pública. Ele exerceu cargos de primeiro escalão e eletivos ao longo de mais de três décadas, pertenceu à facção estadual dominante desde 1965 e, apesar disso, retrata uma relação com a esfera política ambivalente, pautada pela insegurança e pela decepção. No segundo caso, são identificados os investimentos de autoconsagração de um senador com passagem pelo movimento estudantil e destaque na organização do denominado "novo sindicalismo" com a "redemocratização". Filho de metalúrgico, Paim se elegeu quatro vezes deputado federal pelo Partido dos Trabalhadores (PT) e está há 13 anos no Senado da República. O trajeto exitoso e discrepante em relação aos padrões de carreira e de bases sociais que prevalecem no "meio político" baliza o relato da atividade política, entendida como sinônimo de "missões" e "compromissos" com "paixões", "ideais", "causas", "temáticas", "histórias" e "segmentos".

Percebe-se, pois, em comparação com o momento anterior e com os depoimentos analisados anteriormente, o processo de reconfiguração do espaço do poder mais amplo e seus impactos sobre um domínio da vida social, que se constitui simbolicamente como político e que prescreve um conjunto de papéis novos. Para esse cenário, contribuem tanto "tradicionais famílias de políticos", por intermédio de seus sucessores que necessitam inventar novas linguagens de intervenção política, como agentes que buscam distinção em relação às práticas tipificadas como "atrasadas", "arcaicas", "conservadoras", "populistas" etc., reivindicando a condição de "novidade", em termos de posição social ocupada e de itinerários militantes seguidos.

Dinâmica essa que não se resume às rivalidades entre porta-vozes oriundos de segmentos sociais díspares, e que exaltam atributos ou competências opostas, mas que comporta, igualmente, osmoses, alianças e interpenetrações, estabelecendo — por intermédio das interações que promovem — um conjunto de exigências comuns e compartilhadas pelos especialistas do *métier* político. Quer dizer, em que aos estabelecidos de outrora se impõe a urgência de submissão à racionalidade de um jogo cada vez mais competitivo e incerto; e em que aos "novos atores" se imprime progressivamente a necessidade de dominar as habilidades da administração de clientelas e dos mecanismos de monopolização de postos políticos no interior de redes e de "famílias".

Coleção cartas às minhas filhas, de Eliezer Moreira Filho

As "memórias" de Eliezer Moreira Filho, lançadas em 2007 (quando já havia se distanciado da arena política), estão divididas em três volumes que compõem a *Coleção cartas às minhas filhas* (2007). Até o momento foram publicados os dois primeiros volumes, intitulados "Memórias do meu tempo" (v. 1) e "Histórias que os jornais não contaram" (v. 2), pela Gráfica e Editora Belas Artes Ltda. A editora faz parte da Universidade Ceuma, maior instituição de ensino privado do Maranhão, que pertence ao ex-prefeito de São Luís, ex-deputado estadual e federal e ex-senador Mauro de Alencar Fecury, citado por Eliezer como um "contemporâneo de vida" (Moreira Filho, 2007: v. 1, p. 20) — em alusão às vivências comuns que tiveram na adolescência (como aquelas relativas à prática de esportes) e no decorrer de suas carreiras políticas (ambos são vinculados ao mesmo "grupo político" liderado por José Sarney).

A "coleção de livros" foi dedicada à esposa, às filhas e às netas. Os agradecimentos foram dirigidos a "personalidades", que posteriormente foram destacadas como membros dos mencionados "grupos", alguns deles, inclusive, denominados de "companheiro da jornada de vida", "colaboradores" e correspansáveis pela edição da obra (revisão, capa etc.). Do mesmo modo, justificou a realização da coleção como uma "resposta a um desejo" de uma das filhas para que "preenchesse as lacunas do seu conhecimento sobre a vida dos pais, avós, tios, primos".

O primeiro volume, como apresenta o próprio autor, está dividido em duas partes. Na primeira, "A Barra do Corda em que vivi", descreve a infância no interior do Maranhão e enaltece a "terra e tempo de um rio que flui lembranças e nostalgias. É o período de exaltação da natureza e exultação do cotidiano. Simples, seguro e feliz". Desse tempo, recorda o "passado construtivo que naquela cidade tivemos, eu e o meu pai, passamos a integrar a história de uma época, pelo que juntei como apêndices as biografias dos dois que ali viveram e constituíram um veio importante de suas vidas" (Moreira Filho, 2007: v. 1, p. 18). E a segunda, "A minha época", se estende da adolescência em São Luís aos 30 anos de idade, quando, depois de estudar no Rio de Janeiro, retornou ao Maranhão para assumir um cargo de primeiro escalão no governo de José Sarney (eleito governador em 1965). O segundo volume retrata a carreira de cargos políticos: "mais de trinta anos de observação de desempenhos de natureza institucional e de procedimentos pessoais vistos por quem exerceu a titularidade de dez secretarias de Estado e de dois mandatos legislativos no Maranhão" (Moreira Filho, 2007).

Eliezer Moreira Filho é descendente de uma "família" estabelecida social e politicamente. Ele é filho de Eliezer Moreira, agrônomo formado em Piracicaba, que, a convite de Juarez Távora, exerceu importantes cargos públicos na década de 1930, entre eles a Superintendência do Algodão do Estado do Maranhão, tendo sido posteriormente deputado federal pelo Partido Republicano (eleito em 1935) e, durante o Estado Novo, foi funcionário do Ministério da Agricultura. Nessa condição foi designado a instalar a Colônia Agrícola Nacional do Maranhão, entre 1942 e 1956. E é sobrinho de Trayhaú Rodrigues Moreira, deputado constituinte em 1934, e de Jefferson Rodrigues Moreira, deputado estadual em várias legislaturas a partir da década de 1950.

Formado em direito pela Universidade do Brasil (RJ), com passagem pelo Instituto Superior de Estudos Brasileiros (Iseb) e pela Fundação Getulio Vargas, Moreira Filho trilhou um trajeto de cargos políticos de relevo na administração pública estadual e dois mandatos eletivos: como deputado estadual (1971-74) e deputado federal e constituinte (1987-91).

Apesar do destaque do "grupo familiar" e do protagonismo exercido nas disputas políticas e eleitorais desde 1965, os relatos de Eliezer não estão centrados privilegiadamente nas suas experiências pessoais. Apesar de buscar uma construção cronológica e linear, assume uma posição de exterioridade por intermédio de uma narrativa que lança mão constantemente de análises que mesclam a ativação de um senso comum douto com referências "históricas", "sociológicas", das "ciências" "econômicas" e "políticas", por exemplo. As diferentes etapas da vida, como a infância no interior (Barra do Corda), adolescência na capital do estado (São Luís), formação superior no Rio de Janeiro (nos chamados "anos dourados de JK") e o percurso de postos políticos (de 1965 em diante), são emolduradas por reflexões acerca: das "razões que motivaram a instalação da colônia agrícola nacional no Maranhão"; das "precondições e propósitos econômicos" da instalação de uma hidrelétrica na região de Barra do Corda; da "apoteose democrática do Governo Juscelino"; da "evolução sócio-político-econômica do Maranhão" e a "transição" representada pelo "Governo Maranhão Novo" (lema de José Sarney) em relação ao "sistema oligárquico" até então vigente; da "conjuntura" e dos "temas" que comandaram a Assembleia Nacional Constituinte; de avaliações sobre "táticas" e "organizações" mais ou menos racionais utilizadas nas campanhas de diferentes candidatos.

Outra característica dos argumentos reside na mobilização de referências de "grupo", ao invés de referências pessoais, para as quais contribuem ideias como de "geração", de "contemporaneidade", de divisões em "faixas etárias", ciclos de vida etc. Fronteiras que se fixam mediante listagens de personagens e se desenham com a ilustração por meio de fotos (utilizadas em abundância).

Mais detalhadamente, as referências pessoais sublinhadas da infância são os rios Mearim e Corda (passeios, embarcações, pescarias e banhos), índios (guajajaras e canelas), religiosos (frades franciscanos, freiras e protestantes), "famílias" importantes, sociabilidades e demais "diversões" (corridas e desfiles de cavalos, desfiles de motocicletas, festas, bares, serenatas etc.). Da adolescência e início da "vida adulta", por sua vez, assumem centralidade as experiências escolares e suas vivências correlatas (internatos, esportes, clubes, namoros, professores, desfiles, espaços de diversão), tanto em São Luís como no Rio de Janeiro. Nas descrições, a ênfase recai sobre os círculos de relações que se estabeleciam e as origens familiares dos seus contemporâneos (detalhamento de laços de parentesco e apresentação de elencos de personagens), bem como em uma modalidade de escrita que se aproxima de uma tentativa de caracterização da dinâmica social e de explicação do seu funcionamento.

O principal evento de afirmação pessoal é a participação no Grupo de Trabalho de Assessoria e Planejamento (GTAP), depois transformado em Superintendência de Desenvolvimento do Maranhão (Sudema). Na sua leitura retrospectiva, a reunião de um conjunto de "jovens" e "executivos públicos" que exercem uma "assessoria técnica" ao então governador José Sarney traduziria o "objetivo" daquela "geração": "a mudança radical". Seriam, assim, responsáveis pela "criatividade" e pelo "espírito criador" do "Maranhão Novo", cujas "jovens lideranças técnicas" (como se enxergavam) ou os "rapazes" (como eram chamados pelas lideranças mais velhas) encarnariam de forma exemplar. Um período de pouco mais de quatro anos (tempo de gestão de um governador) que ocupa metade de um dos volumes (aproximadamente 250 páginas). Fazendo eco ao que Alfredo Wagner Almeida (2008) denominou de ideologia da decadência[91] e acionando a retórica corrente de dividir a história política do estado em "ciclos",[92] tal momento é apresentado como de "oportunidades" e "mudanças" ou "um ciclo de mudanças [que] teve início e breve fim". No qual, segundo ele: "O Mara-

---

[91] O discurso decadentista enfatiza o "passado de prosperidade [...], alimentando esperanças de presente, e torna o futuro como possibilidade real": a "exaltação do passado" e a imagem de "decadência na contemporaneidade" pelas quais o "presente é ao mesmo tempo [...] o princípio do futuro e a última etapa de um passado que persiste enquanto tradição e mito" (Almeida, 2008:153). Servindo, ao sabor dos intérpretes, como enquadramento do cenário tido como sinônimo de "atraso" e de "obstáculo" para o encontro com o "futuro", o "desenvolvimento", a "justiça", o "progresso", bem como de reencontro com a vocação para a "prosperidade" que várias "gerações" definiram como inelutável.

[92] Para uma análise da utilização da noção de "ciclos" em batalhas políticas e intelectuais em torno do "vitorinismo" e do "sarneysismo", ver Grill (2012b).

nhão perdeu a histórica oportunidade de perpetuar o ciclo de progresso que se iniciara para o seu povo" (Moreira Filho, 2007: v. 2, p. 211). Afirmando ainda: "[...] refletindo sobre os últimos trinta e oito anos de atividade pública, concluo que os episódicos quatro anos e meses de existência do Maranhão Novo corresponderam ao que de melhor o Maranhão produziu no século XX" (Moreira Filho, 2007:211). Indo além: "Depois do Maranhão Novo nada mais aconteceu de apreciável no panorama socioeconômico do estado conduzido pelo intelecto e ação pública" (Moreira Filho, 2007:220). Argumento sustentado com comparações com os governos estaduais que sucederam àquele e dos quais paradoxalmente participou da maior parte como secretário. Sua entrada na arena de concorrência eleitoral, em 1970, como candidato a deputado estadual, é vista como decorrência natural da participação nesse governo.

Consequentemente, emerge no seu texto a tentativa de definir a "política" a partir da combinação da valorização de competências tidas como técnicas (no Executivo, mas também no Legislativo via comissões, por exemplo) e da concepção de luta política cuja racionalização das empresas e das estratégias de conquista de votos aparece sem nenhuma censura. Vitórias e derrotas eleitorais são creditadas às redes de apoiadores e às lealdades conquistadas por meio da utilização do acesso ao governo estadual, bem como às campanhas dotadas de equipes com papéis especializados e capazes de maximizar elevados orçamentos e controle de trunfos estratégicos (rádios, jornais, ministérios, prefeituras etc.).

O que se traduziu na forma de autoapresentação da sua atuação política. A frustração com a experiência em dois mandatos legislativos parece justificar o realce das atribuições do Poder Executivo, em especial pela oportunidade de destacar o "bom administrador" e todas as qualidades técnicas que o acompanham. O "cinismo" que prevaleceria, segundo relata, nos cálculos eleitorais serve para exaltá-lo como coordenador de equipes de campanhas, capaz de rentabilizar os repertórios modernos de mobilização política e eleitoral (marketing, direito eleitoral, pesquisas de opinião, planejamento estratégico etc.). As participações nas coordenações das campanhas vitoriosas de Edison Lobão, em 1990, e de Roseana Sarney, em 1994, para as quais reivindica importante protagonismo, são reveladoras dessa simbiose de celebração de "conhecimentos técnicos" e de um pragmatismo eleitoral assumido.

O rufar dos tambores, de Paulo Paim

Paulo Paim lançou, em 2006 (quando já alcançara o alto posto de senador da República), pela Editora do Senado (responsável por significativa parcela da publicação de políticos brasileiros), suas "memórias" intituladas *O rufar dos tambores*. O livro está estruturado em quatro partes. Parte 1: "Não se espera o sol nascer", em que se refere a "infância, juventude e militâncias estudantil e sindical", além de discorrer "sobre os homens públicos que foram fundamentais na [...] formação pessoal e política"; Parte 2: "É hora de molhar a terra", na qual relata sua "atuação na Assembleia Constituinte de 1988"; Parte 3: "O caminho se faz caminhando", relativa à década de 1990; e Parte 4: "Amassando barro com o povo", tratando dos "Idosos, negros, índios, pessoas com deficiência e conselhos políticos" (Paim, 2006:5-6). Há, ainda, em apêndice, um conjunto de fotografias, cuja ordem das "imagens" reproduz em aproximadamente 40 páginas os principais "fatos" da sua vida.

O atual senador nasceu e viveu até a adolescência em Caxias do Sul (RS). Filho de um metalúrgico e de uma dona de casa, ele foi criado entre outros nove irmãos. Teria trabalhado desde os oito anos de idade e concluiu o curso de torneiro mecânico do Serviço Nacional da Indústria (Senai). Depois de ter atuado em grêmio estudantil (do qual foi o presidente), exerceu liderança no movimento sindical, já na região metropolitana de Porto Alegre, sendo presidente do sindicato de metalúrgicos de Canoas e dirigente da Central Única dos Trabalhadores (CUT). Essa posição de liderança contribuiu para a afirmação política e a conquista do primeiro de quatro mandatos como deputado federal que ostenta na sua biografia. Em 2002, se elegeu senador, alcançando a reeleição em 2010. Seu filho, Jean Paim, chegou a ser vereador de Canoas ainda muito jovem, pelo PT, no lastro da notoriedade desfrutada pelo pai. Paulo Paim é autor de outros livros: coletâneas de discursos; livros sobre questões às quais dedicou seus mandatos (como o "salário mínimo", "quilombolas", "preconceito racial", "cidadania" etc.); e dois livros de poesias intitulados *Vida sonhos e poesias* (2001) e *Cumplicidade: política em poesia* (2004). As publicações mencionadas trazem também elementos autobiográficos e reforçam as principais "bandeiras de lutas" com as quais visa se identificar.

O rufar dos tambores foi, conforme Paim, baseado em "reminiscências, pronunciamentos, depoimentos, artigos, notícias, cartas e entrevistas", seguindo uma "linha do tempo [que] se inicia em 1954 e vai até 2002". A estrutura da narrativa, todavia, não respeita a linearidade. Cada episódio, personagem, instituição ou segmento descrito funciona como desencadeador da exposição de uma série de posições do autor a respeito (reforçadas por iniciativas e posicionamentos adotados ao longo da carreira) e de avaliações sobre a conjuntura em pauta (não sem projetar paralelismos com outras às quais se submeteu no seu percurso de "homem público").

O livro apresenta a biografia política do autor distribuída nas duas "orelhas", enfatizando justamente a atuação no movimento estudantil, sindical e a ocupação de cargos eletivos. Na contracapa, reproduz trecho do último capítulo em que faz alusão à "batida dos tambores", associando essa imagem (fortemente carregada da identificação étnica exaltada nas "memórias") aos "combates" e "causas" que defendeu: "fim da ditadura, as Diretas-já, a cassação de corruptos, a reforma agrária, os direitos de cidadania, mais empregos, um salário mínimo decente, a valorização dos benefícios dos aposentados e pensionistas...".

Na apresentação do próprio autor, frisa tratar-se de um "trabalho coletivo", isto é, o livro é caracterizado como fruto da "ideia e elaboração [...] construído pela equipe de meus gabinetes em Brasília e em Canoas (Centro de Integração Paulo Paim — Cipp). Além de contar com a participação dos conselhos políticos [...] [do] mandato" (Paim, 2006:5). Como nas demais "memórias" examinadas, verifica--se o duplo significado atribuído à obra: apresentar o personagem e cumprir uma missão percebida como própria da atividade política e que, portanto, deve ser dividida com outros protagonistas que igualmente possuiriam "coisas a contar":

Aos meus leitores, desejo uma boa viagem por estas páginas que trazem um pouco de tudo e muito de mim. Um forte abraço de quem ainda não perdeu a condição de sonhar, e que Deus permita que outros livros venham a lume, pois muitas coisas ainda precisam ser contadas... [Paim, 2006:6]

As referências familiares destacadas acionam aspectos que seriam certificadores da sua "origem humilde", mas também, a partir da figura paterna, a inscrição do grupo familiar em uma "tradição trabalhista" na "política gaúcha". O pai, na sua avaliação, seria "um getulista, como nós gaúchos falamos, de quatro costados" (Paim, 2006:11), além de cultuar a figura de Leonel Brizola decorando a casa com um quadro pendurado na parede contendo a sua foto. Essa influência familiar reaparece ao longo do livro em justificativas para a valorização do "legado" do governo Vargas, para uma indecisão quanto ao partido no qual faria a primeira filiação (PDT ou PT) e para a identificação com as "bandeiras do trabalhismo" que teria levado Leonel Brizola a convidá-lo a ingressar no PDT (quando Paulo Paim já ocupava o cargo de senador).[93]

Quanto às referências pessoais, são realçadas as identificações tanto com a "classe trabalhadora" quanto com ícones de movimentos revolucionários, de trabalhadores, de negros etc. Desse modo, sublinha os trabalhos que realizou na infância, a formação técnica obtida, o fato de estudar à noite, os hábitos simples na vida doméstica. Da mesma forma, associa-se com Zumbi dos Palmares, Martin Luther King, Nélson Mandela, Ernesto Che Guevara, Luiz Inácio Lula da Silva etc. Logo, o perfil apresentado oscila entre a ligação com o ordinário e comum e o extraordinário e excepcional, fatores de construção da figura carismática para a qual contribuem depoimentos reproduzidos em relevo na obra.

Já o evento de afirmação é constituído por um ciclo de organização, mobilização e greves, no qual teria sido protagonista. Na lógica da descrição, o detalhamento dessa condição de liderança aparece como autoexplicativa da carreira política alcançada e das posições tomadas

---

[93] Essa relação de continuidade e superação de "lideranças petistas" com a denominada "tradição trabalhista" foi alvo de outros estudos (Grill, 2012b, 2005; Reis, 2015, 2007).

posteriormente. Assim, a entrada na política como deputado federal constituinte, em 1986, decorreria dessa posição obtida e os demais deslocamentos no âmbito político (eleições, cargos no parlamento, protagonismo no partido) obedeceriam aos compromissos assumidos nesse processo. Observa-se o silêncio a respeito de novas orientações políticas e ideológicas, sobre a expansão e diversificação da base eleitoral, novos repertórios e condições de mobilização eleitoral etc.

Por seu turno, os elementos legitimadores do exercício da atividade política aparecem ancorados nas demonstrações de condutas atestadoras de valores como "coerência", de "perseverança" e de "conquistas". A epígrafe que abre o livro do compositor Pablo Milanés (não por acaso um poeta cubano favorável à experiência comunista daquele país) retrata fielmente o sentido de missão que é por ele atribuído à "vida política":

Si alguna vez me siento derrotado
Renuncio a ver el sol cada manãna.

Assim, o livro elabora uma síntese e uma triagem das "conquistas" dos "trabalhadores", "negros", "aposentados", "sindicatos" pelas quais teria sido o grande responsável por intermédio de "projetos de lei", "estatutos", "greves de fome", "discursos na tribuna", "textos em jornais e livros" e assim por diante. Deixando, assim, antever novos condicionantes que passam a agir sobre o exercício de funções eletivas, como a importância da mídia (com a cobertura ou não das realizações e com os esforços feitos para mobilizá-la), dos jornalistas (com suas avaliações), dos intelectuais (com sua participação em campanhas e com a sua intervenção pública em prol de "causas", "candidatos" etc.) e da visibilidade pública das "lutas" travadas em comissões e instâncias legiferantes.

Apontamentos finais

O *corpus discursivo* tratado neste capítulo permitiu evidenciar uma miríade de singularidades que comporta a produção de "memórias" por políticos profissionais. Inicialmente, esse gênero de escrita está associado a uma carreira política longa que autoriza e prescreve (ao final do percurso) a produção de um relato que é concebido como resultante, ao mesmo tempo, de um "dever" ou "obrigação" e de uma "demanda" (de outros políticos, familiares, amigos, companheiros de jornada e eleitores). Evidencia-se o encontro entre uma estratégia de perpetuação política por parte dos personagens e as condições de emergência e de recepção da obra decorrentes da projeção adquirida.

Pode-se sublinhar igualmente como os agentes ativam, com um grau de racionalização e naturalização singulares (quando comparados a outras formas de depoimentos coletados), elementos que permitem ao pesquisador explorar dimensões que fundamentam concepções de política persistentes ou redefinidas, firmadas em amálgamas de lógicas e códigos que se adaptam aos contextos e conjunturas: a personificação do capital simbólico (a raridade de referências ideológicas nas narrativas é o melhor indicador); a prevalência do princípio de legitimação carismática (a forma como todos acionam seu perfil como simultaneamente exemplar de um "tempo", "geração" ou "região" e extraordinário, excepcional e invulgar em face do sucesso alcançado e da distinção que adquiriram em relação aos pares); a estruturação do espaço político por meio de cadeia de reciprocidades e bases de interconexão alicerçadas em vínculos de parentesco, de amizade, de fidelidades administradas ou transmitidas de forma intergeracional; bem como a centralidade de um conjunto de identificações étnicas, regionais, faccionais, geracionais etc. como instrumento de legitimação da condição de mediador entre níveis da hierarquia política (relações "centros" e "periferias"), de trânsito entre domínios sociais e de articulação entre inscrição na história política estadual e justificação de "projetos de sociedades" alternativos, que se sucederam ao longo do tempo.

A análise dos textos, produzidos pelos agentes como "memórias", revelam ainda diferenças significativas entre momentos históricos e mecanismos de objetivação de capitais (escolar, econômico, político) e das estratégias de reconversão possíveis. De modo geral, no primeiro período observado, o exercício e a aceitação da dominação, os processos de heroicização e os atributos valorizados consistem na mescla dos idiomas da "violência", das "regras jurídicas", do "uso das palavras" (escrita e oratória) e das instituições democráticas em construção.[94] Na sequência, outros princípios e critérios de hierarquização social passam a se impor, como a afirmação dos títulos escolares e dos percursos militantes, permitindo a conversão desses novos critérios de aferição de excelência social em recursos de luta política, assim como em novas simbologias e fundamentos de excelência social que alimentam a eternização de "vultos".[95]

O que pode ser verificado por intermédio dos tipos de eventos de afirmação destacados por Victorino Freire e Daniel Krieger (em uma seção), e Eliezer Moreira Filho e Paulo Paim (na seção seguinte). Isso sem deixar de atentar para como interpretaram o ingresso na carreia política como resultantes seja da participação em lutas militares, seja em equipes de técnicos que auxiliaram governos, ou ainda em movimentos sociais como movimento estudantil e sindicalismo.

Outro aspecto a ser grifado refere-se à (auto)localização dos agentes nos tecidos relacionais que dão sentido às identificações, às distinções e às tomadas de posição. No caso do Maranhão, as interpretações oferecidas pelos dois autores de "memórias" à história política estadual e à sua inscrição na mesma trazem à tona a leitura hegemônica concebida em termos de "ciclos" ("vitorinismo" × "sarneysismo"), de idealizações de um passado próspero e projeções de um "futuro promissor". No caso do Rio Grande do Sul, foram exaltadas a polarização de forças partidárias e as fronteiras entre siglas políticas tidas como "herança" de um passado de lutas entre facções militares e políticas, transparecendo nas descrições toda a maleabilidade que comporta devido aos rearranjos de clivagens e de sucessões familiares tão nítidas nos dois casos investigados.

O que não deixa de reforçar alguns resultados apresentados anteriormente no que tange aos processos de seleção social e política nos dois estados: no primeiro caso, mais controlada por segmentos

---

[94] Para uma análise desses recursos reunidos em um mesmo caso e acionados no referido período, ver Grynszpan (1990).
[95] Ver também Coradini (1998b).

estabelecidos que monopolizam posições de poder e executam a cooptação de segmentos ascendentes; e, no segundo caso, relativamente mais diversificada em termos de extração social e de divisão em forças políticas.

Finalmente, ao comparar o material entre si, observam-se correlações entre posição social (principalmente titulação escolar obtida e destaque profissional alcançado) e posição política (relevância do estado de origem na política nacional, centralidade nas organizações partidárias e cargos alcançados na hierarquia política), com as características das "memórias" produzidas. Há uma hierarquização dos autores em termos de: editoras pelas quais publicam as "memórias"; número e notoriedade de prefaciadores e apresentadores; autoridade para interpretar "fatos históricos" e fornecer "versões" sobre eles, assim como para não se submeter meramente à narrativa cronológica. Considerando o primeiro eixo, há franca vantagem para Daniel Krieger e Eliezer Moreira Filho (que produzem as "memórias" com maior número de páginas e com pretensões mais históricas, são mais titulados e profissionalmente mais bem estabelecidos). Tomando o segundo eixo, Daniel Krieger e Paulo Paim se destacam pela combinação mais equilibrada da proximidade com governantes, da importância no interior dos partidos e do peso do seu estado na lógica federativa. Não por acaso, Daniel Krieger, que combina títulos e atividades profissionais valorizadas com reputação nas articulações da política nacional, publica na principal editora e um livro ao qual é atribuído alto peso como "depoimento histórico". Sem deixar de realçar os efeitos da condição periférica em termos de localização regional (Maranhão) e posição social (desapossamento em termos de títulos escolares e profissionais considerados relevantes) patentes no nível de ressonância do escrito de Victorino Freire.

CAPÍTULO VI

Bases da notoriedade, trabalho de eternização e "confissões políticas" ambivalentes: "memórias" de Afonso Arinos

"Como englobar em escassas páginas cada uma das múltiplas faces desse poliedro humano?", indagou Pedro Nava (1983:27), referindo-se a seu contemporâneo de "rodas intelectuais" e conterrâneo de Minas Gerais, Afonso Arinos de Melo Franco, em prefácio intitulado "Afonso", escrito para o livro-entrevista *O intelectual e o político: encontros com Afonso Arinos* (Camargo et al., 1983). O médico e escritor Pedro Nava referia-se aos múltiplos e concomitantes papéis exercidos, ao longo do século XX, por esse personagem da vida política e cultural. Destacou, para o plano da produção literária, a acumulação de títulos como "poeta", "ensaísta", "crítico", "cronista", "historiador", "biógrafo", "memorialista", "tratadista de direito" e "teórico político", bem como, para o plano político, as posições de destaque assumidas por Arinos como "o revolucionário", "o oposicionista", "o secretário estadual", "o deputado federal", "o senador", "o ministro", "o embaixador" etc.

A análise de Afonso Arinos é significativamente adequada para perseguir pistas de estudo formuladas na investigação mais ampla que originou este livro. Por um lado, devido a ele ter adquirido um lugar proeminente no "panteão" de escritores brasileiros e no âmbito da política nacional acionando suas inscrições e reconhecimentos acumulados nesses domínios da vida social. O que permite tomá-lo

---

* Uma versão deste texto foi publicada por Grill (2015) em artigo na *Revista de Sociologia & Política*, v. 23, n. 54.

como caso exemplar à apreensão de padrões recorrentes de vinculação entre política e cultura no Brasil do século XX. Por outro lado, seu perfil revela em escala ampliada essas interdependências, pelo volume de recursos herdados e adquiridos, trazendo ainda elementos ímpares (relacionados com a configuração familiar) que conferem complexidade às justaposições em pauta.

Ademais, Arinos é alvo de um trabalho coletivo de eternização por parte de diversas instâncias de consagração, como o Centro de Pesquisa e Documentação da Fundação Getulio Vargas e a Academia Brasileira de Letras, além de uma infinidade de comentaristas (escritores, juristas, políticos, familiares) e comentários laudatórios. Não raro, tal produção reforça seu reconhecimento como "memorialista". Ele é autor de cinco volumes de livros de "memórias" escritos durante a carreira política: *Alma do tempo* (1961), *A escalada* (1965), *Planalto* (1967), *Alto-mar, maralto* (1975) e *Diário de bolso seguido de Retrato de noiva* (1979). E, não por acaso, esse foi um dos trunfos que o qualificou a controlar a transmissão da própria imagem, intervindo, assim, sobre as demais narrativas biográficas produzidas sobre ele.[96]

Uma leitura apressada do material utilizado poderia, então, induzir à naturalização da sua condição de elite e a projetá-lo a partir da realização de um destino inelutável. No entanto, o exame laborioso das narrativas autobiográficas pode desvelar um personagem permeado por conflitos e ambivalências, derivados dos pertencimentos simultâneos (dinâmica sincrônica) e diversificados, de acordo com o seu trajeto pessoal e do seu grupo familiar (dinâmica diacrônica).

Entre memórias e diários: passado-presente; política-literatura

A apreensão dos escritos de Arinos ganha maior inteligibilidade quando levamos em conta elementos que dizem respeito às suas propriedades sociais e ao padrão de formação da "elite política mi-

---

[96] Ver especificamente a análise feita em Grill (2015).

neira". Logo, o procedimento de análise inicialmente adotado consiste em relacionar as narrativas do "autor" *vis-à-vis* aos condicionantes regionais, sociais e institucionais que pesaram na sua afirmação política e intelectual.

Alguns aspectos definidores do tipo de registro que Afonso Arinos imprime às suas "memórias" e à modalidade de escrita que ele ativa estão intimamente ligados às vinculações entre cultura e política próprias ao estado de Minas Gerais. Arruda (1999) demonstrou que os chamados "memorialistas" contribuíram decisivamente para fundar a figura abstrata dos mineiros. Isto é, para a construção de uma "subcultura regional" (o "mineirismo") e para o endosso de práticas sociais e visões acerca da "realidade" do estado (a chamada "mineirice"). Desse modo, os relatos produzidos neste tipo de escrita constituem-se em vetores de um "pensamento mítico" e de sua persistência. Adiciona-se a isso a produção cultural e a participação política, principalmente no plano nacional, como instrumentos de elaboração ideológica das especificidades regionais. Isso porque, por meio de "confissões escritas" e "discursos" produzidos, reproduz-se o "imaginário tecido sobre Minas" (Arruda, 1999:198-199).

Na esteira das considerações de Arruda, Canêdo (1997) apontou que a difusão da categoria "mineirice" no "folclore político brasileiro" remete a uma forma "especial" de exercício das atribuições políticas, fundadas em atributos como "astúcia", "habilidade de negociar, conciliar, acomodar". O "segredo" da sua singularidade seria a combinação de um "senso prático e espírito conservador", atribuídos e vividos como capacidades naturalmente detidas. A eficácia simbólica se realiza com percepções da existência de um padrão regional singular de atuação política e são internalizadas e acionadas como autopercepções, como princípios de pensamento norteadores das práticas. "Habilidades" conquistadas a partir do pertencimento a grupos familiares e da formação em escolas de elites, "aptidões" e trunfos acumulados sob condicionantes específicos que marcam a reprodução de grupos familiares na política naquele cenário acabam se constituindo em qualidades tidas como "inatas" aos "mineiros", prescrevendo ainda condutas regionais modelares a partir de casos excepcionais.[97] A produção memorialística de Afonso Arinos acompanha algumas das diversas marcas que são comuns aos "memorialistas mineiros", apontadas por Arruda (1999). Grifam-se as referências mobilizadas no sentido de situar as narrativas produzidas na trama do imaginário de Minas Gerais, recriando-o e revitalizando-o, principalmente por intermédio de uma leitura saudosista do passado que, inevitavelmente, aparece acompanhada do descontentamento com o presente (Arruda, 1999:200).

Conjuga-se a isso a explícita primazia de laços atávicos que encastram o agente em sua origem geográfica, com a recuperação de raízes distintas e distintivas, sem excluir, no entanto, uma tendência universalizante. Quer dizer, nas "memórias" produzidas por Arinos há as referências nostálgicas ao passado, sem, contudo, deixarem de ser repletas de caracterizações de arquétipos "universais", mesclando personagens descritos e modelos de condutas a serem valorizados e transmitidos.[98] A articulação entre as particularidades do estado de Minas Gerais com vivências de desenraizamento social (por conta, por exemplo, dos afastamentos constantes em virtude de atribuições políticas) traduz-se em "memórias" carregadas de "saudosismos" e "melancolias" que hiperinflacionam a importância da "família" e das fases biográficas a ela relacionadas, como a "infância" e a "juventude". Enfim, evidenciam-se interseções entre o tempo presente e o tempo passado, por meio de relatos que interpõem experiências idiossincráticas e submissão a valores universais, que prescrevem

---

[97] Estratégias de celebração de "famílias de políticos", seus atributos e trunfos que conferem simultaneamente excepcionalidade e exemplaridade, e investimentos de singularização de contextos políticos regionais (naturalização de formas de atuação política) também foram abordados na análise de "herdeiros" da "política gaúcha" e da "política maranhense", ver Grill (2008b).

[98] Lattman-Weltman (2005:37) ressaltou como Afonso Arinos, ao idealizar e prescrever certas características do homem público, conseguiu "o resgate de uma época e de uma herança, a construção de uma linhagem, a valorização de uma tradição e, por fim, mas não menos importante, a definição de uma identidade tanto individual quanto coletiva".

comportamentos e códigos legítimos, proclamados e vividos como raros e próprios aos mineiros.

Nessa linha, Afonso Arinos descreve o grupo familiar alternando aqueles que seriam os componentes de uma "família mineira" modelar, com a exaltação de elementos que singularizariam os protagonistas da sua linhagem. As passagens a seguir são ilustrativas da localização que ele faz da "tradição política mineira" e da sua família. Ao mesmo tempo que é possível detectar os investimentos efetuados para a inscrição no "legado" da "mineirice", pode-se entrever atributos valorizados e valorizantes de uma tradição intelectual considerada ímpar e rara à própria "elite mineira". Do mesmo modo, vem à tona a ambivalência decorrente da posição política de destaque alcançada pelos membros da família no cenário regional e nacional com a existência de casos de líderes supostamente preteridos, traídos, não reconhecidos, mas que justamente por isso são exemplares para demarcar a "altivez" e a "coerência" no plano ideológico, programático etc. da família.

> Era, autenticamente, uma família senhoril; de senhores mineiros, bem entendido, modestos, sem luxos nem riquezas, mas senhores. Isto é, gente simples mas altiva, incapaz de sofrer qualquer humilhação para subir na vida. O que os diferenciava, talvez, de outros grupos familiares no mesmo gênero, existentes no Estado, era a ininterrupta tradição intelectual que fazia da literatura na nossa casa, uma coisa comum, uma conversa de todo dia. A literatura nos acompanhava desde a colônia. [Arinos, 1961:22]

> Dos mineiros é que eu, deputado novato, me achava ao mesmo tempo mais próximo e mais distante. Mais próximo pelas relações pessoais e de família (alguns datando de meu pai e até de meu avô), pela formação comum e, principalmente, por certa maneira nossa de sentir e ver as coisas nacionais que resiste, no fundo, às divisões partidárias e até às incompatibilidades pessoais; e pelo provincianismo montanhês inextirpável, que acompanhava desde o primeiro Afonso Arinos nos seus anos de vida em Paris e que me segue sempre, a mim mesmo, fielmente, nos meus caminhos pelo mundo. [...]. Mas, se

a formação provinciana comum me fazia mais próximo dos colegas montanheses, a realidade crescente, dos partidos nacionais, deles em grande parte me separava. Os partidos centristas, burgueses, não exprimiam então nenhuma ideologia específica, nenhum interesse econômico ou social conscientemente coordenado em programa. [...]. Os três partidos de centro representados em Minas exprimem interesses predominantemente municipais. [Arinos, 1965:72]

Mais do que cotejar e associar as produções escritas de Afonso Arinos e as de outros "memorialistas mineiros", cabe enfatizar o contraste entre o empreendimento de Afonso Arinos e de outros políticos (atuantes em outras configurações estaduais) que produziram "memórias". Isso porque, comparativamente a um conjunto de escritos autobiográficos de políticos, várias especificidades emergem, especialmente no que diz respeito à fase da vida em que ele se dedicou a escrevê-las, à percepção que apresentou sobre a política e ao significado que atribuiu ao registro pessoal do vivido. Tais características decorrem, por seu turno, da autoridade intelectual herdada e conquistada, da inserção no universo cultural prévia à carreira política e do desenvolvimento de habilidades que permitiram investimentos de interpretação e racionalização *pari passu* às atividades políticas.

Sobre o primeiro item, é importante reter que os cinco volumes das memórias foram escritos e publicados entre 1959 e 1978, sendo os três primeiros entre 1959 e 1968. Logo, os volumes 1, 2 e 3, que compõem o cerne do trabalho memorialístico (abrangem da infância à saída temporária da cena política em 1967), foram redigidos em um período que abarca os oito anos (1959-67) de exercício do primeiro mandato como senador. Isto é, durante a carreira política e não após sair de cena, como é o mais recorrente entre políticos que se dedicam a esse gênero de escrita. Isso explica, ao menos em parte, a forma assumida pelo relato, como descrito a seguir.

O recurso utilizado amalgama registros de diário pessoal com o de autobiografia, transitando entre acontecimentos do passado e do presente, bem como transigindo no respeito à cronologia. Produzindo em pleno exercício de funções políticas, Arinos, invariavelmente, explicita a data em que está escrevendo. As narrativas são permeadas de relatos sobre situações e eventos dos quais vem participando no momento da escrita (em tom de diário), que se encontram entremeados à linearidade da autobiografia (em tom de memória).[99] Abaixo, exemplos de trechos que ilustram o padrão de alternância entre apontamentos de momentos próximos e distantes no tempo, separados por poucas páginas:

> Rio, 15 de maio [1961] — Cheguei ontem de Brasília, onde passei uma semana rica de observações e experiências. Fiz dois discursos no senado relatando as minhas recentes missões nas Nações Unidas e na conferência do Desarmamento. Os últimos acontecimentos no país e no partido tinham me desanimado bastante. Pensei a sério em deixar a política ou sair da U.D.N. [Arinos, 1961:80-81]

> Rio, 17 de maio [1961] — Quando assumi meu mandato de deputado por Minas, em 1947, a U.D.N. era o segundo maior partido [....]. [Arinos, 1961:82]

> Rio, 19 de abril [1964] — A vertigem dos dias. O turbilhão imprevisível. A convulsão político-militar que estourou no fim de março como um temporal nos trópicos [...]. Eu acompanhava a evolução de Magalhães Pinto desde a minha chegada da Europa. E acompanhava não só no sentido de informação, como também no da concordância. O Presidente Goulart, entregue a influências extremistas [...] enveredava para um beco sem saída. [...]. [Arinos, 1965:243]

> 5 de junho [1964] — Voltando ao ano de 1953, observo, nos papéis de meu arquivo, que ele foi quase exclusivamente consumido, para mim, no exercício dos deveres de líder do partido e da oposição. [Arinos, 1965:245]

Cabe destacar ainda que o livro *A alma do tempo: formação e mocidade* (primeiro volume, publicado em 1961, que abarca da infân-

---

[99] Esse fator também é destacado nas análises das "memórias" de Arinos efetuadas por Arruda (1999) e por Lattman-Weltman (2005).

cia à chegada à Câmara dos Deputados) foi redigido em pouco mais de um ano (outubro de 1959 — dezembro de 1960). Nesse período, Afonso Arinos atuara como senador (primeiro ano do seu primeiro mandato). Em 1961, ano em que ocupou por sete meses o Ministério das Relações Exteriores no governo Jânio Quadros, abandonou a rotina de escrever suas "confissões".

Já *A escalada* (segundo volume, que contempla desde a atuação na Câmara dos Deputados, passando pelas eleições ao Senado e à Academia Brasileira de Letras, e chegando à posse no Ministério das Relações Exteriores) foi confeccionada ao longo de quase quatro anos (dezembro de 1961 — maio de 1965). A atuação como senador e, principalmente, o momento conturbado da política nacional (crise que se estendeu da renúncia do presidente Jânio Quadros à deposição do seu sucessor, João Goulart), protagonizado por Afonso Arinos como líder partidário, indicam os longos períodos sem escrever, perceptíveis nas datas registradas nos textos. Esse fator é, inclusive, constatado, destacado e contextualizado pelo próprio autor:

> 5 de dezembro [1964] — Eu mesmo não consigo explicar a mudança de ritmo [comparação entre o tempo que levou para escrever o primeiro e o segundo volume], mas não quero perder tempo em procurá-la aqui. A única explicação que me ocorre, no momento, é que o primeiro volume foi escrito em grande parte, em ambiente nacional mais tranquilo [...]. Enquanto que, hoje, as incertezas do futuro são a cada passo marcadas pelas surpresas do presente. Há um tempo psicológico, diferente do tempo cronológico. As pausas criadoras vêm da alma, mais do que das horas. A atual tensão brasileira, a confusão e mediocridade da política nacional, dilacerada entre ambições e ódios sem grandeza, tiram a calma necessária ao labor literário daquele, como eu, a quem os deveres da função envolvem, por menos que o deseje, na sucessão de crises sem causa identificável nem saída previsível. [Arinos, 1965:273]

Percebe-se assim, no trecho anterior em que justifica as "pausas", uma das tantas demonstrações da oposição entre as exigências do pragmatismo na prática política (desqualificado) e as condições à criação literária (celebrada). Arinos identifica nas conturbações e contingências conjunturais (e principalmente no ápice das crises) obstáculos à reflexão qualificada que julga necessária aos políticos de relevo, assim como valoriza a produção escrita (o "labor literário") como atividade enriquecedora da intervenção política, acessível a poucos.

Por sua vez, *Planalto* (terceiro volume) foi escrito entre 1965 e 1968 (abrangendo a atuação no Senado de 1961 até 1967). Nesse livro, o tom de diário se sobrepõe à narrativa autobiográfica. Contribuiu para isso, entre outros fatores, a proximidade temporal entre os acontecimentos narrados e o momento em que se efetuam os relatos. Tendência exacerbada nos dois últimos volumes, *Alto-mar, maralto* e *Diário de bolso seguido de Retrato de noiva* (publicados, respectivamente, em 1976 e 1979, quando Arinos ocupava assento no Conselho Federal de Cultura). O que foi constatado e grifado por Josué Montello na apresentação feita na orelha do livro *Diário de bolso seguido de Retrato de noiva*.

Observa-se mediante o cotejamento dos volumes a crescente presença tanto de prefaciadores e apresentadores de destaque no cenário literário como de notas biográficas mais detalhadas sobre a vida política e literária de Afonso Arinos, que precedem os relatos do autor. Sobre o primeiro aspecto, cabe grifar algumas diferenciações. O primeiro volume conta apenas com uma nota biográfica da Editora José Olympio, enquanto o segundo contém uma nota biográfica da mesma editora e a apresentação do próprio autor. O terceiro já traz a orelha do livro assinada por Francisco de Assis Barbosa e um trecho do discurso em homenagem a Afonso Arinos proferido por Guimarães Rosa. O quarto volume reproduz as "Louvações a Afonso Arinos" como elemento pré-textual, isto é, um conjunto de poemas dedicados ao autor por ocasião do seu aniversário de 70 anos, de autoria de Carlos Drummond de Andrade, Alphonsus de Guimarães Filho, Odilo Costa Filho e José Cândido de Carvalho. E o último volume, *Diário de bolso seguido de Retrato de noiva*, inclui um prefácio de Carlos Drummond de Andrade e um texto de Josué Montello na orelha do livro, ambos escritos especialmente para essa edição da obra.

As "memórias", que inicialmente conjugam o registro da narrativa autobiográfica com o do diário — fixando simultaneamente a autoimagem a ser transmitida e as versões pessoais sobre acontecimentos conjunturais —, passam a servir, nos últimos volumes, como instrumento de consagração do personagem que aparentemente afastava-se do cenário político.[100] Logo, o uso político dos escritos acompanha o percurso da carreira política: "formação", "escalada", atuação no "planalto", saída de cena e "louvações".

No que tange às definições e classificações de Afonso Arinos sobre o funcionamento do mundo político, a comparação (já mencionada) com os outros políticos-memorialistas analisados parece relevante.

Apesar de ser contemporâneo de parlamentares como Victorino Freire e Daniel Krieger (cujas memórias também foram alvo de exame no capítulo anterior), enquanto eles exaltaram códigos políticos então vigentes como violência, lutas partidárias e relações pessoais na cúpula do poder, Arinos identifica os mesmos códigos reinantes no período 1945-70, contudo assumindo posicionamentos críticos e distanciados em relação à atividade política.[101] Percepção essa que se estende às lutas políticas regionais, interpretadas sob a ótica da denúncia, do estranhamento e da superioridade de um universo do qual é oriundo (por relações familiares).

Os trechos a seguir ilustram a afirmação:

> Na hora de sair para a função [comício], ao entrar no quarto para trocar de roupa, encontrei em cima da mesa um revólver 38 metido em belo coldre de couro de onça, debruado de baeta vermelha. Pensando em ser esquecimento do Chico Pinheiro, levei-lhe a arma de volta, ao que ele retrucou, pensativo: "Não doutor, é para seu uso, esta noite; notei que o senhor não trazia arma...". Era como se eu fosse

---

[100] Como já foi salientado, Arinos voltou ao Senado através das eleições de 1986 que definiram a Assembleia Constituinte. O lugar de "eminência" que assumiu na elaboração da Constituição e no parlamento naquele período impede, no entanto, de interpretar esse "retorno" ao Legislativo como uma volta ao espaço de lutas políticas e eleitorais.

[101] Lattman-Weltman (2005) sublinhou como o "desejo de transcendência" de Arinos se expressou também na sua retórica parlamentar, evocando modelos de estadistas, denunciando o caudilhismo (em um primeiro momento personificado por Vargas e, em um segundo momento, estendido para um sistema marcado pelo clientelismo, paralisia governativa e crise da institucionalidade política) e apostando no progresso social.

para um comício sem paletó. Em Paracatu, andar desarmado é quase falta de educação. Para não ser indelicado, meti o bruto na cinta, mas passei-o, depois, ao Cornélio Palhares. [Arinos, 1965;124]

[...] Apesar de tão mineiro, de tão provinciano pela minha herança paterna e materna, a verdade é que eu passara praticamente toda a vida fora de Minas. Havia, assim, uma contradição que eu sentia ao vivo, embora procurasse sempre disfarçá-la: a contradição entre o meu modo de ser mineiro, que me aproximava dos colegas e correligionários, e o meu desgosto, o meu tédio por aquelas intrigas sutis, aqueles ajustes de contas partidários, que eu sentia provirem de paixões que me eram inteiramente estranhas, nascidas de choque entre pessoas que eu não conhecia, ocorridos em municípios onde eu nunca havia pisado. [...] [Arinos, 1965:72]

Em cima o grupo governativo: Presidente, ministros, deputados, senadores e os aderentes do sistema majoritário, empreiteiros, negocistas, exploradores, indefinidos e de todas as castas, com suas mulheres apetitosas, perfumadas, queimadas de sol, cheias de joias, cruzando de calças e sandálias as avenidas monumentais, ou as vielas afaveladas da cidade Livre. Abaixo deste vem o grupo dos altos burocratas, do Executivo e do Legislativo, do Banco do Brasil e das autarquias, mais ou menos na mesma situação. [...]. Funcionários do Senado e da Câmara contam-me, citando nomes, episódios mesquinhos, cavações reles, que dão, em pequeno, ideia do que pode ser, em grande, o ambiente nos meios que dispõem do poder do dinheiro público. [Arinos, 1961:289]

Por fim, deve-se realçar o esforço de Afonso Arinos em rejeitar a imputação às suas "confissões" como "versões sobre a história". A despeito de dispor de trunfos diversos advindos da inserção em domínios culturais legítimos (títulos escolares, reconhecimento dos pares, acesso a editores, prefaciadores de relevo etc.), da posição política alcançada pelos membros do grupo familiar e por ele mesmo (cargos eletivos, atribuições no parlamento, postos em governos, direção em partidos), enfim, do patrimônio familiar herdado e da posição social e política conquistada no plano regional e nacional,[102] seus relatos não assumem ou reivindicam o significado de uma contribuição à história política. Esses elementos que, muitas vezes, conferem autoridade ao escritor e às suas versões sobre eventos, personagens, movimentos etc., nesse caso servem para reivindicar: 1) a descrição literária do cotidiano da política; 2) a caracterização distanciada do funcionamento da política, suas regras e códigos; 3) o uso controlado/racionalizado do próprio gênero de escrita; e 4) a administração eficaz da autoimagem, da transmissão dos seus posicionamentos e da atribuição *a posteriori* da coerência dos seus movimentos.

As características sociais do agente e do grupo familiar são fatores condicionantes da posição distanciada e distintiva em relação à política e aos políticos, tanto quanto da relação ímpar com a escrita memorialística que ele visa estabelecer. E esses dois aspectos, relação com a política e significado atribuído às memórias, se mostram interligados e lastreados nas disposições forjadas no espaço doméstico.

Inicialmente, cabe evidenciar o lugar ocupado por Afonso Arinos entre os irmãos. Quinto filho homem[103] de um casal ligado a ramos de tradicionais famílias de políticos, como destacado no seu relato, não parecia "destinado" às atividades tidas como "masculinas". O que estaria interligado ao estigma de ser muito suscetível a ficar doente.[104] O trecho seguinte condensa esses dois aspectos persistentemente retomados por Arinos nos cinco volumes das suas "memórias":

> Nasci, como já disse, quinto filho. [...] Cresci como que isolado, entre duas meninas. Isto explicará, talvez, até certo ponto, a diferença de minha formação. Nunca chegou o meu tempo de escalar o pico, de

---

[102] As referências recorrentes às redes de amigos literatos e políticos, assim como às viagens internacionais realizadas e às bibliotecas existentes nas distintas residências em que habitou, são indicadores do capital social e do capital cultural, herdados e acumulados.
[103] Afonso Arinos tinha quatro irmãos, Cesário, Caio, Virgílio e Afrânio, e uma irmã, Amélia, mais velhos do que ele. Além disso, tinha ainda uma irmã, Maria do Carmo e um irmão, João, mais novos.
[104] Doenças, internações e crises de depressão são descritas em detalhes em muitas passagens dos cinco volumes. Para uma análise desses aspectos na constituição de vocações literárias, ver Miceli (1977).

tomar banho no córrego do Leitão; de criar galo de briga; de procurar o veadinho fugido "na ribanceira"; de montar no burro de seu Arquimedes ou no cavalo da ordenança; de criar, no quarto coelhinho branco de olhos vermelhos; de andar de bicicleta (nunca tive bicicleta própria, e esta foi uma das frustrações da minha meninice); de ir de súcia à Pampulha (fazenda de Bernardo Monteiro) ou à pedra do Sino (fazenda do meu avô), como os outros faziam. Minha mãe e minhas tias me metiam medo de doença; o horror aos ferimentos com sangue, por causa do tétano [...]. Creio que minha mãe, desanimada de dominar a malta dos "outros", intentava submeter o quinto varão, nascido entre as meninas, de doce, contemplativo temperamento. [Arinos, 1961:15]

As referências à irmã (a mais velha, Amelinha) e à mãe, reproduzidas a seguir, indicam como Arinos projeta na sua imersão no universo feminino as razões das inseguranças e seguranças das suas ações, pulsões e aptidões:

Tendo-a [a irmã, Amelinha] junto a mim [...] ela me era um auditório estimulante, e me dava uma grande confiança em mim, no terreno intelectual. Porém mais velha, [...] ela praticamente me levara pela mão, na vida. [...] A supremacia de Amelinha, no terreno do comportamento fez-me como sou, ou penso ser: não tenho na minha ação [...] a mesma confiança que deposito na minha capacidade de estudo. Na ação, sem hesitar (eu muito raramente hesito) me omito, levado pelo tédio, timidez, preguiça, ou incapacidade. [...] Desabituei-me, assim, muito cedo, da competição e da disputa. [Arinos, 1961:47]

Como forma de espírito, sensibilidade, gostos e inclinações, pareço-me muito mais com minha mãe que com meu pai. Minha vida se parece com a dele. Suspeito que minha alma, com a dela. [Arinos, 1965:230]

Ao menos aparentemente, o lugar ocupado nas estratégias familiares de sucessão política o relegava a um papel auxiliar (como intelectual). No entanto, por um lado, a insistência do irmão Virgílio de

Melo Franco para que Arinos fosse candidato, em 1945, e, por outro lado, a morte do próprio Virgílio, em 1948 (quando Arinos exercia seu primeiro mandato como deputado federal), foram elementos que contribuíram significativamente para projetá-lo ao primeiro plano no cenário político nacional.[105] A partir disso, os atributos do "homem de ideias" (próprio à intelectualidade) fizeram emergir com mais força ainda o tribuno, o legislador e o líder político.

Na passagem seguinte, Arinos descreve os argumentos manifestos que, para Virgílio, justificariam sua irrevogável entrada na política (quase como um dever genealógico), bem como indica motivos implícitos relacionados com o desprovimento do irmão em relação a determinados trunfos disponíveis para ele. Assim, fixam certas compensações que equiparam irmãos com virtudes distintas.

> No entanto, sem qualquer consulta, ele revelou-me, e alguns amigos, o propósito de conservar-se fora da Assembleia. Foram inúteis os meus argumentos. Virgílio manteve-se inabalável. "Todos nós temos de passar pelo parlamento — disse-me ele — e você não pode escapar a esta tradição da nossa gente". [...] As razões que levaram Virgílio a ter tal procedimento eram várias e concorrentes. Havia o desprendimento, o empenho de me empurrar, a confiança em mim. Havia também uma certa desconfiança nas suas próprias possibilidades, em face das exigências da função, pois ele sabia que não era jurista, nem orador. [Arinos, 1961:418]

Por conseguinte, a comparação com o irmão que é considerado como um "vocacionado" para a política e para outras atividades tidas como masculinas reforça, ao longo dos volumes, elementos da personalidade de Afonso Arinos. Virgílio representaria o protótipo do "homem de ação" enquanto Arinos encarnaria o "homem de pensamento". Em passagem, Arinos associa o irmão a imagens como: "tigre em uma jaula", portador de "uma força elástica que o animal

---
[105] Outros irmãos mais velhos de Afonso Arinos também faleceram antes de ele assumir o protagonismo na política nacional. Cesário Melo e Franco faleceu em 1918 e Caio Melo e Franco em 1952.

abriga e esconde, e que o faz partir, num relâmpago, da quieta postura ao salto certeiro". Manifesta ainda seu espanto a respeito da "capacidade de resistência, de ação direta e de participação total" demonstradas pelo irmão. Concluindo, declara: "Posso dizer que, no fim da sua vida, quando nossa identidade era maior, eu pensava por ele e ele agia por mim" (Arinos, 1961:291-292).[106]

Ao caracterizar o irmão e a "tradição familiar", Arinos externaliza de forma exemplar sua relação ambígua com a política, já demonstrada anteriormente. Quer dizer, revela ao mesmo tempo proximidade e complementaridade entre as competências dos "homens de ação" e dos "homens de pensamento". Quando os relatos são embebidos em vínculos afetivos e se expressam por construções que comportam admirações, rejeições, interdições e prescrições de papéis, emerge com força o duplo vínculo que a família possui com o universo das lutas políticas e com o âmbito intelectual (sintetizada na reivindicada complementaridade entre os irmãos), mas principalmente o quão imerso nessas duas gramáticas encontrava-se o próprio Arinos e quão conflitivo pode ser o pertencimento aos dois mundos. Observa-se a sutil mudança de ênfase na qualificação do universo político que pode assumir traços mais críticos, céticos e distanciados quando se refere aos "pares" e a práticas dominantes.

A configuração familiar teria incitado ao mesmo tempo uma concepção de "vocação política" espelhada no pai e no irmão e a reivindicação da "vocação literária" como "refúgio" das injunções, que pesavam sobre eles em virtude da divisão dos papéis no grupo familiar.

Desse modo, compreende-se o porquê de, em vários momentos, a crítica desferida à atividade política venha acompanhada da exaltação de sua propensão à literatura. Ao que tudo indica, o uso da condição de intelectual funciona, por um lado, como justificação para determinados desajustes entre a sua maneira de atuar politicamente

---

[106] A polaridade "contemplação" (Afonso Arinos) e "ação" (Virgílio) entre os irmãos também é destacada por Lattman-Weltman (2005:22). Porém, a chave explicativa adotada na sua análise reside na articulação, presente na "retórica" (uso da palavra) de Arinos, do intelectual e do político, da vocação (literatura) e da missão (posições de poder). Aqui estamos chamando a atenção para a divisão do trabalho de dominação política na configuração familiar e as tensões ou complementaridades que podem gerar.

e as regras do jogo da política valorizadas pela maior parte dos jogadores. Por outro lado, serve de instrumento de legitimação de um modo próprio de exercer o *métier* e das escolhas que efetuou acerca das modalidades de atuação, dada a submissão à predestinação familiar pela carreira política.

> Repassando tudo, não me arrependo, nem me envergonho, do que me foi dado a fazer, mas creia o leitor, não adquiri nenhum entusiasmo pela vida política, nem pela notoriedade que ela traz. Sinto-me mais velho, talvez fisicamente desgastado pelos choques e emoções do decênio, mas na minha inteligência e no meu coração subsistem, dominantes e jovens, o gosto do estudo e o amor das letras. [Arinos, 1961:122]

> Em mim, porém, a paixão política não é predominante e, por isso mesmo, não consigo dissociar minha ação, nesse terreno, da ordem do raciocínio e da convicção. [Arinos, 1965:137]

Não por acaso, a atividade literária parece conferir a Afonso Arinos, acima de tudo, um lugar distanciado e distintivo em relação aos outros políticos. Não são de se estranhar, portanto, as passagens recorrentes em que é valorizada a prática da escrita, da reflexão, do raciocínio etc. como meio de sair da rotina política,[107] bem como de localização de uma posição de superioridade ou, ao menos, da detenção de atributos excedentes, compensatórios e distintivos, tais como: "Sinto necessidade de refugiar-me na leitura ou na escrita, para manter o meu equilíbrio íntimo, conservar o que suponho ser o lado mais autêntico do meu espírito" (Arinos, 1961:320); ou "Eu me encontro agora nas condições propícias para instruir-me melhor sobre as questões que se colocam acima do cotidiano" (Arinos, 1968:122).

Por tudo isso, contrariando a velha tradição da família, não me metia em política, nem por ela me interessava. [...] Talvez essa dificuldade de definição é que me tenha levado a procurar refúgio privativo nas

---

[107] Fato também observado por Le Bart (1998) e o primeiro capítulo deste livro.

letras, com abandono de qualquer preocupação com a política, que, no entanto, me cercava, pois absorvia os meus. [Arinos, 1961:88]

Na mesma linha, então, é possível entender o porquê de a justificativa para a redação das "memórias" ser baseada no gosto e na necessidade de escrever, de fazer literatura, diferentemente das justificativas dadas por outros políticos para a confecção de textos desse tipo como solicitação de familiares, outros políticos, correligionários, assessores, amigos etc. para que fornecessem seus testemunhos e versões sobre a história. Nas primeiras páginas do primeiro volume, já afirma: "Pretendo fazer dele [livro], antes de tudo, como já disse, uma obra de literatura" (Arinos, 1961:5). Por meio da escrita literária ele parece querer exatamente expurgar as injunções derivadas das outras inserções, recusando, ao menos parcialmente, inclusive, se afirmar por outras aptidões que possui e por distintos conhecimentos e saberes advindos do direito, da sociologia ou da política, por exemplo:

Se me acontecer pensar juridicamente as matérias do meu curso de Direito Constitucional, encarar do ponto de vista da sociologia política os episódios partidários ou outros que tenha de viver como homem público, a verdade é que tudo que sinto de mais espontâneo e natural no meu espírito tende a considerar intelectualmente e mesmo literariamente a vida. [...] O direito e a política podem conformar-me segundo um modelo utilitário. Mas, deixado a mim mesmo, reintegro-me no meu mundo natural, que é o da Literatura. [Arinos, 1961:5]

Apoiado nessa autoimagem, associada, por sua vez, à afirmação precoce em "rodas" e "casas" literárias, Arinos define, de forma original, o tipo de relato produzido. Ao distanciamento propiciado pela literatura soma-se a ativação de uma técnica de ficção para salvaguardar-se de uma leitura que venha a projetar na sua obra a busca tanto da autobiografia quanto da versão histórica. Essas são rejeitadas por associação. Quer dizer, Afonso Arinos liga autobiografia e memória histórica para distanciar-se de ambos os gêneros de escrita.

Para ele: "o trabalho do memorialista se torna mais literário na medida em que ele se omite, e mais histórico na medida em que ele se apresenta". Na mesma linha, assevera que, quanto mais consegue neutralizar-se e deixa aparecer "uma trama de fatos, de ambientes e de seres, colhidos ao mundo exterior, e intimamente ligados à vida do autor", mais próximo do gênero das memórias literárias se encontra. Prosseguindo, afirma que "Omitindo-se, ele utiliza uma técnica aproximada da do ficcionista, embora nunca, é bom acentuar, se desligando dos compromissos com a verdade fatual, e pode realçar os valores literários das descrições e interpretações" (Arinos, 1961:6). Defende, com efeito, que seu projeto é de fazer um autorretrato e não uma autobiografia. Uma vez que:

> Autorretrato é diferente de autobiografia, na medida em que as memórias literárias são diferentes das memórias históricas. O escritor não pretende construir uma personalidade, mas revelar uma pessoa. E esta revelação se processa não mediante o desnudamento direto de uma alma, mas pelo funcionamento de um espírito, de uma inteligência, que assistimos descrevendo, interpretando, ou julgando paisagens, situações, seres e ideias que impressionaram o decurso, ora tranquilo, ora tumultuoso de uma vida. [Arinos, 1961:6-7]

Novamente, o esforço reside em demonstrar sua capacidade de descrição distanciada e de racionalização. Postula, no uso da linguagem literária e na capacidade de mobilizá-la, uma produção que não se pretende assentar sobre o abstrato da subjetividade, "da alma", mas de uma apropriação mais ampla e reflexiva, como expressão do "espírito" e da "inteligência", capaz de descrever, interpretar e julgar. Nesse sentido, a literatura expressa a capacidade de exercício da razão e a possibilidade de refúgio não só da política, mas do direito, da diplomacia etc. A memória literária, por sua vez, objetivaria ou sintetizaria sua habilidade em enxergar "situações" em um outro plano e a perícia para examinar o "cotidiano" inescapável, isto é, as funções políticas, jurídicas, diplomáticas, docentes que dele se apossaram.

Para finalizar, é preciso reforçar que a relação ambígua com a política evidenciada aqui não implica uma autoapresentação de Arinos, como político, marcada pela percepção de impotência ou incompetência em lidar com esse domínio da vida social. A herança política familiar e os trunfos conquistados são referidos sistematicamente como atributos que o credenciavam ao lugar de protagonismo nos embates políticos, ainda que nem sempre assumidamente desejados. Ao longo de todos os volumes das "memórias", associações com os ascendentes políticos, diplomatas, escritores etc. são reafirmadas. Para tanto, relatos de personalidades que conviveram com "os Melo Franco" testemunham "semelhanças" entre ascendentes e descendentes.

> E o caro Prudente dedicou-lhe [primeiro voto proferiu na Constituição de Justiça] uma crônica que me comoveu sinceramente. [...] De resto, ele próprio escreveu sob funda emoção, de vez que recordava o tempo em que meu pai presidia e o seu pai [Antonio Carlos, ex-governador de Minas Gerais] era membro destacado daquela mesma Comissão de Justiça. Apesar dos elogios, não posso deixar de transcrever aqui alguns períodos da crônica de Prudente, cujo título era 'Herdeiro e Sucessor'. [Arinos, 1965:86]

> [...] o cronista parlamentar do jornal do Comércio [...] publicou o seguinte, na edição de 7 de dezembro, sobre o meu discurso [de 17 de novembro de 1947 sobre Afonso Pena]: "Referimo-nos à oração do Sr. Afonso Arinos que [...] revelou possuir todas as credenciais para ser, em 1947, o continuador das nobres e famosas tradições do pugilo de deputados mineiros de 1906 — Carlos Peixoto, Pandiá Calógeras, Davia Campista, Gastão da Cunha, Afrânio de Melo Franco, João Luís Alves e Estevão Lobo". [Arinos, 1965:99]

Do mesmo modo, a familiaridade com cenários (lugares, universidades, casas legislativas, embaixadas) que emolduram as narrativas sobre as vivências ajuda-o a realçar uma espécie de "extirpe" e a inscrever as gerações de "homens públicos" em lugares de poder e de memória.

> A minha entrada na Câmara dos Deputados deu-se nas sessões preparatórias [...]. O recinto do palácio Tiradentes estava em reparos, o

que levou o presidente a convocar aquelas sessões para o salão nobre. [...] Eu já o conhecia [...]. Ali haviam falado meu pai e Virgílio. Eu não entrava novato, naquela casa, que me era, a bem dizer, familiar. Meu irmão, meu pai, meus dois avós tinham passado por ela. E outros, mais afastados pelo tempo. Eu era o oitavo do meu sangue que, entre o Império e a República, vinha representar o povo mineiro na casa do povo brasileiro. [Arinos, 1961:427]

[Sobre participação na Conferência em Genebra] [...] viemos encontrar a douta Genebra. [...] Na minha mocidade, esta terra de Calvino, Rousseau e Amiel era apenas o palco reduzido de uma luta de prestígio limitadamente europeia, cena do jogo sutil de oratória polida, entre Inglaterra e França, com a assistência de outros cavalheiros bem--educados, como meu pai, de colarinho duro, monóculo e bengala. [...] O prestígio do meu pai vinha da sua reputação de jurista [...]. Hoje as conferências sucessivas que aqui se reúnem todo o ano [...] tratam de coisas inimagináveis no meu tempo de rapaz. [Arinos, 1968:128]

Da mesma forma, "capacidade de estudo" (Arinos, 1961:47); "senso de autoridade" (Arinos, 1961:53); "veemência oratória" (Arinos, 1961:164); empenho em "extrair de casos concretos as teses jurídicas que eles comportavam [...] a estabelecer princípios, interpretar disposições e propor normas que sempre transcendiam e davam uma certa estabilidade às soluções" [Arinos, 1965:93]; "força persuasiva" (Arinos, 1965:131); "recursos de exposição verbal" (Arinos, 1965:155); são apenas algumas das qualidades autoatribuídas ao longo dos volumes. Afonso Arinos recorre, com alguma insistência, à importância dessas competências para o exercício de atribuições legislativas (plenário, comissões, liderança etc.), administrativas (realizações como ministro e secretário de Estado) e públicas em geral (promotoria, Conselho Federal de Cultura etc.).

Apontamentos finais

As narrativas autobiográficas que fixam as *identidades estratégicas* (Collovald, 1988) de Afonso Arinos revelam os processos de multinotabilização prevalecentes ao longo do século XX no Brasil e que decorrem da multiposicionalidade (Boltanski, 1973) de uma "elite letrada e votada" que comandou, simultaneamente, distintos domínios de atuação política e cultural. Desvelam, ainda, como o uso da escrita e o reconhecimento como escritor foram trunfos contundentes para encarnar o papel de porta-voz da "nação", que indissociavelmente prescrevia a habilidade intelectual do "intérprete da nação" e a capacidade política do "tribuno da identidade".

O exercício da função de representação política, como em outros cenários, implica o domínio de duas atividades complementares: por um lado, movimentar-se de forma eficaz em um sistema de instituições, de regras, de instituições, de posições, de negociações, de alianças, de coalizões e de enfrentamentos na esfera que compõe o aparato formal e informal da política; por outro, forjar e/ou mobilizar com maestria identidades coletivas, produzindo símbolos de reconhecimento para coletividades (Pizzorno, 1986). A partir do exame do caso de Afonso Arinos, percebe-se com bastante nitidez o que outros estudos já demonstraram (Pécaut, 1990; Coradini, 2014; Reis e Grill 2016, 2014; Reis, 2015, entre outros): que, no Brasil, tais atribuições exigem um duplo e indissociável reconhecimento, como homens de ideias e de ações políticas, mesmo que com pesos e intensidades distintas, racionalizações e justificações variadas.

Desse modo, representar politicamente é incumbência de agentes que manejam, ao mesmo tempo, saberes específicos do mundo da política institucional e conhecimentos relativos à identidade, à matriz comum, às formas de sociabilidade e comunicação, às concepções sobre o social e o político, enfim, à cultura política dos intelectuais.

O contexto em tela e o caso em análise permitem ainda uma rápida comparação com outras configurações nacionais (centrais e periféricas) no que tange à relação dos intelectuais com a política. Em uma direção, pode-se tomar o trabalho de Gisèle Sapiro (2012) sobre as modalidades de intervenção política dos intelectuais na França. A autora mostra como os processos de acúmulo de capital simbólico, de autonomização e de especialização interagem reciprocamente, condicionando as formas de engajamento e o valor dos bens culturais mobilizados nas "causas". Em outra direção, parece relevante considerar a investigação de Silvia Sigal (2012) sobre o cenário argentino, em que destaca ao mesmo tempo a débil influência dos intelectuais sobre o Estado e os partidos, a prevalência de atividades culturais ligadas à produção de noções comuns concernentes à ordem social e a dupla dependência de instâncias exteriores: o domínio político e de centros culturais metropolitanos.

O perfil de Arinos, a dinâmica multidimensional descrita e o cotejamento com esses cenários explicitam as peculiaridades do quadro em análise, quer dizer, a heteronomia como fonte de trunfos mobilizáveis em distintos domínios (contrastante com o caso francês) e a vinculação umbilical com o Estado (diferente do caso argentino) e com a política, suas linguagens, problemáticas construídas, funções exigidas, competências requeridas etc.

Por fim, o exame do *corpus* discursivo formado por relatos memorialísticos possibilitou igualmente compreender como o volume dos capitais possuídos e a combinação entre eles, assim como a associação com origens familiares e títulos escolares, conferem a Afonso Arinos autoridade para a imposição de definições sobre as formas legítimas de exercício do *métier* do político e do "homem de letras".

Sobretudo, quando se examina sua produção autobiográfica, vêm à tona profundos conflitos, ambivalências, dilemas e deslocamentos de sentidos decorrentes das responsabilidades herdadas, da divisão do trabalho político familiar, da inscrição em domínios diversos, da compatibilidade de gramáticas divergentes etc. Assim, as obras revelam um mosaico de prescrições e repertórios que delineiam uma identidade clivada de várias faces, não necessariamente conciliáveis ou livres de processos traumáticos originários da justaposição ou redefinição de papéis ocasionados pela reconfiguração do espaço político e pela readequação das estratégias de reprodução da família.

CAPÍTULO VII

Inserções culturais, engajamentos militantes e carreiras políticas a partir de duas configurações regionais (RS e MA)*

As intersecções entre os distintos domínios sociais favorecem e são forjadas em processos amplos de politização da vida social, redundando na oportunidade de acúmulo de multinotabilidades por determinados agentes inscritos na dupla luta por representação. A estratégia adotada neste capítulo é a de tratar do *cursus honorum* tido como mais "clássico" ou "tradicional" de percurso político para demonstrar sua relação com processos de redefinição de práticas e concepções de intervenção, que, por sua vez, são ligados a imbricações com os domínios culturais promovidas por agentes que se profissionalizam nos domínios políticos.

Propomos, então, examinar trajetos de agentes oriundos de "famílias de políticos", com participação em movimentos estudantis, portadores de formação jurídica, que ingressaram nas disputas partidárias e eleitorais ainda jovens, desfrutam do reconhecimento como intelectuais nos seus cenários de atuação graças aos empenhos na produção/manipulação de bens culturais e ocuparam cargos políticos nas últimas décadas a partir de dois estados brasileiros: Rio Grande do Sul e Maranhão.

A perspectiva comparada é inevitavelmente assumida em dois níveis de análise: em um, o confronto se dá entre conjunturas históricas e contextos regionais contrastantes; no outro, o cotejamen-

---
* Uma versão deste texto foi publicada por Reis e Grill, na revista *Tomo*, n. 13, 2008.

to é entre carreiras políticas e profissionais heterogêneas, porém, como foi mencionado, com características similares significativas. Esse procedimento é pertinente, sobretudo, porque permite relativizar possíveis prenoções que se constituem nos principais obstáculos ao trabalho sociológico e, por esse intermédio, fortalecer a verificação de regularidades, discrepâncias e especificidades dos e entre os perfis dos agentes, bem como das e entre as configurações regionais.

Ao abordar a questão do engajamento político a partir de agentes que se especializaram em carreiras político-eleitorais em contextos duplamente periféricos — já que é possível considerar o Brasil como situado em posição dominada na hierarquia global das nações e, mais particularmente, os estados da federação a partir dos quais os agentes atuam também não são centrais — pode-se discutir alguns aspectos concernentes à ideia de "militantismo". Trata-se particularmente de refletir sobre as potencialidades de alguns esquemas de análise em voga nas ciências sociais, sobre suas apropriações por pesquisadores brasileiros, e sobre algumas especificidades presentes em situações como essas que são aqui analisadas.

Como foi dito, além da dedicação às carreiras de cargos eletivos e públicos, os agentes em pauta privilegiam modalidades de intervenção política associadas ao reconhecimento desfrutado como "intelectuais" nos estados nos quais atuam. Mais precisamente, eles se notabilizaram antes e durante o exercício dos seus mandatos por uma variedade de formas de expressão associadas ao domínio, ao contato e ao uso da palavra escrita que empreenderam.

Como temos discutido neste livro, a produção escrita é uma forma de intervenção por excelência que sistematiza/manifesta/registra o conjunto de sentidos/interpretações atribuídos pelo seu produtor a dadas matérias, objetos e circunstâncias em oposição a outros tantos possíveis em determinados contextos e situações. A despeito das recepções infinitas e dos objetivos racionalizados do ato de comunicação, segue-se a ideia de que a disposição e a disponibilidade para oferecer uma obra, uma análise, um poema, uma composição etc. revelam a detenção ou estratégia de aquisição de *signos de riqueza* e *de autoridade* delegada e/ou pessoal (Bourdieu, 1996b:89).

O exame de trajetos de lideranças políticas permite, pois, apreender os recursos utilizados e os investimentos efetuados com vistas à acumulação de instrumentos legítimos de expressão que, por sua vez, incidem na conformação do reconhecimento dos agentes como "intelectuais".

Tomando-se especificamente a produção literária, poder-se-ia supor imediatamente sua distância (a não ser quando opostamente declarado) das "realizações políticas" propriamente ditas. Para uma dinâmica de relativa autonomia entre o campo literário e o campo político, tal distância poderia ser ponderada pela existência de "complementaridades, superposição e eventualmente defasagens distintivas entre o *métier* político e o *métier* de escritura" (Le Bart, 1998:77). E, para essas configurações, a distinção de *posturas* (relação com a escrita) pode, inclusive, ser reveladora: numa extremidade, a ruptura radical daqueles (profissionais da política) que nunca escrevem e acabam, assim, endossando as clivagens "ação/reflexão", "prática/teoria" e, consequentemente, a separação dos campos e suas competências; na outra extremidade, novamente uma ruptura, agora inversa, ou seja, em que a escrita implicaria um *desinteresse estetizante* que estabeleceria o corte definitivo com a "pretensão de agir sobre o mundo social que subentende toda a atividade política" (Le Bart, 1998:78); e, entre elas, a postura intermediária seria aquela que Barthes chamou de *écrivance*, definindo-a como o projeto transitivo de escrever para "dizer alguma coisa, de informar, de convencer" e no qual "a palavra suporta um fazer", por isso, é compatível com a atuação política (Le Bart, 1998).

No entanto, em se tratando de agentes que de modo mais ou menos intenso e sistemático ao longo dos seus trajetos produziram ou produzem textos de gêneros diversos e com lógicas, estratégias, inserções e reconhecimentos amalgamados, importa questionar sobre a interferência desses investimentos no desdobramento das suas carreiras e se esses se constituem numa raridade distintiva ou num modo de exercício indiscernível e habitual da atividade política. Assim, seria pouco útil determinar tipos ou posturas nas relações estabelecidas com a escrita, mas é imprescindível buscar os princípios subjacentes às práticas levadas a cabo por agentes que se consagram pelo ato de escrever.[108]

Os agentes lançaram-se em múltiplas modalidades de produção escrita como poesia, contos, ensaios, artigos jornalísticos, trabalhos acadêmicos, composições musicais, que explicitam tomadas de posição sobre história, cultura e política nas diferentes acepções. Nos contextos em pauta, nem escrever é uma novidade para aqueles que exercem atividades políticas, tampouco intervir em domínios políticos é uma novidade para os que se dedicam às atividades de escritura. Mais do que isso, são os mesmos protagonistas agindo em jornais, revistas, editoras, organizações e partidos, inserindo-se em meios diferenciados de socialização e sociabilidades, estabelecendo relações dinâmicas, afetivas e sociais, conectados por laços interpessoais.

Os casos examinados fazem parte de dois estudos mais amplos realizados pelos autores. Uma investigação centrada em protagonistas da contestação à "ditadura militar" e seus destinos sociais em termos de engajamentos e militâncias, na qual o padrão de especialização político-eleitoral (militantes que se profissionalizaram na ocupação de cargos eletivos) foi evidenciado como uma das modalidades possíveis de carreiras seguidas pelos agentes (Reis, 2015, 2013b). E uma pesquisa sobre origens sociais, carreiras de cargos políticos e concepções acerca da política entre deputados federais do Rio Grande do Sul e do Maranhão no período 1945-2008 (Grill, 2008a, 2008b).

---

[108] Pode-se recorrer a Bourdieu (1996b) e aos fatores que apontam para maior autonomização dos campos de produção cultural na França, isto é: 1) quando os princípios de hierarquização externos estão submetidos aos princípios de hierarquização internos aos campos; 2) quando se formam subcampos de produtores voltados para os pares ou para o grande público entre os quais os primeiros são simbolicamente dominantes; 3) impõe-se a necessidade de retradução ou refração das demandas externas ou heterônomas em obediência às regras, lógicas e linguagens do próprio campo. Em contraposição, em situações periféricas, como mostra Sigal (2012), há maior dependência de instâncias de consagração externas (centros metropolitanos e espaço do poder político), há vulnerabilidade e fragilidade das instituições culturais em relação ao poder político e aos interesses privados e há supremacia das lógicas políticas sobre os debates intelectuais. Fixa-se, assim, um espaço de lutas (chamados pela autora de campos culturais periféricos) em que coabitam militantes apoiados em saberes socialmente reconhecidos — dimensão letrada dos militantes — e intelectuais que assumem papéis políticos — a dimensão ideológica dos letrados.

Em primeiro lugar, a opção feita para esta discussão se justifica porque permite examinar os usos das origens sociais entre especialistas da política. Especialmente, porque as inserções prévias e simultâneas às carreiras políticas e aos engajamentos em distintas dimensões da vida social conformam recursos para a entrada, a ascensão e a permanência dos agentes no espaço político. Isso sem deixar de enfocar como a ativação de tais recursos se relaciona (ou não) ao processo de constituição e transformações do espaço político como domínio especializado, marcado pela separação entre profissionais e profanos, ocupado por agentes que dedicam grande parte do seu tempo à atividade política e que compartilham crenças, representações e interesses próprios (Offerlé, 1999).

A análise também recai sobre a conexão entre universos militantes — oficial, pública e coletivamente apresentados como "desinteressados" (Gaxie, 2005) — e um universo profissionalizado, mas no qual o exercício das funções é concebido sob as lógicas da "vocação", do "serviço" e da "arte" (Offerlé, 1999). Levando em conta que uma das principais retribuições alcançadas por meio das inserções militantes e dos trunfos que permitem acumular[109] é a ocupação de cargos políticos.

Ademais, o olhar direciona-se para a gama de domínios e modalidades de intervenção como "espaços de formação e socialização, de aprendizagem de papéis, disposições e *savoir-faire* que estão na base das formas cotidianas das funções de representação eletivas e de realização de uma carreira política" (Offerlé, 1999:9).[110]

---

[109] Segundo Gaxie (1977, 2005), o *militantisme* gera vantagens, prazeres, benefícios etc. que se constituem em retribuições que os militantes extraem da sua dedicação. Entre elas o autor grifa a satisfação de defender uma causa, os ganhos materiais (como cargos remunerados nas organizações partidárias e governos) e as gratificações simbólicas (reconhecimento dos demais militantes, sentimento de pertencer a um círculo de relações, autoestima gerada pelos instrumentos conquistados de compreensão e intervenção no mundo) retirados desse investimento.

[110] Tal agenda de questões aparece em importantes trabalhos produzidos recentemente na ciência política francesa sobre o que os autores denominam de profissão política e de *métier* político. Para um balanço das potencialidades das perspectivas de análise, as especificidades e complementaridade entre as abordagens, ver, além de Offerlé (1999), Lagroye (1994), Briquet (1994) e Garraud (1993).

Duas espécies de recursos são destacadas por autores como Bourdieu (1989a), Offerlé (1997), Gaxie (1993), Collovald (1985), Gaxie e Offerlé (1985) e nos vários estudos desenvolvidos tomando os mesmos parâmetros de análise. A saber: 1) a notoriedade advinda da intervenção como intelectual apoiada em títulos escolares, na reputação profissional, na dedicação às "causas", em um "nome de família" e no capital de relações sociais, herdado e adquirido; e 2) a investidura partidária alicerçada no investimento precoce em campanhas eleitorais de familiares, na "militância" em movimentos estudantis, no pertencimento a determinadas siglas e na administração de redes de relações no interior das mesmas.

Em segundo lugar, a escolha do recorte adotado neste estudo é pertinente porque viabiliza a compreensão das ligações existentes entre modalidades de "militâncias", ativação de determinados trunfos, mobilização de repertórios de intervenção política e intelectual, e outros condicionantes intervenientes no desempenho de papéis políticos. Sobretudo, pode-se apreender a influência das transformações em questão e seus efeitos no debate sobre engajamentos e "militantismos" nos universos investigados.

O crescente processo de profissionalização das carreiras políticas e de desenvolvimento de novas tecnologias se refletiu na (e pode-se dizer que, no mesmo golpe, são o reflexo da) reconfiguração dos registros e das competências legítimas para o exercício e para a ascensão política. Forjam-se, assim, os chamados "recursos de expertise" ou "tecnocráticos" (Dulong, 1996; Verrier, 2002, 2006). Paralelamente, e não sem vinculação, se constitui uma dinâmica convergente e conjunta de transformações "globais" nos espaços de inscrição proclamados como militantes, bem como emergem e proliferam "causas" tidas como legítimas e agentes com determinadas propriedades sociais se afirmam como seus "porta-vozes qualificados".

Esses aspectos contribuíram para a elaboração de uma ideia de que, atualmente, a "política se limita a uma mecânica abstrata de poderes institucionais" (Ravenel, 1999). E esse argumento é comumente acionado para justificar as novas modalidades de intervenção, as novas bandeiras, os seus intérpretes e, por que não dizer, os objetos de estudos privilegiados por cientistas sociais. E um dos sintomas disso pode ser constatado na distinção (eventualmente explicitada, quase sempre naturalizada) entre "militantismos clássicos" (vinculados à adesão aos partidos de esquerda e a sindicatos) e "novos militantismos" (referentes a ONGS, "altermundismos", associações ecológicas, solidárias, "médicos sem fronteiras", "redes de movimentos sociais" etc.).[111] E, não raro, há uma forte propensão à consagração desses últimos movimentos e de seus atores justamente por esse caráter de "novidade". Ainda que justificável nas competições por afirmação nos espaços de intervenção, é preciso atentar que se trata isto sim do uso do "novo" acionado como recurso de luta para a legitimação tanto de repertórios de ação que os agentes adotam quanto deles próprios como seus intérpretes.

Desqualificar o passado, o "velho militantismo" ("defasado", "rotineiro", "tradicional"...), e celebrar o "presente" ("moderno", "múltiplo", "competente"...). Esse é um trabalho — não necessariamente manifestado e racionalizado — de desconstrução que obstaculiza, para os cientistas sociais, a atenção que deve ser dedicada aos processos de construção que resultam nos "novos fenômenos", nem sempre conduzidos por "novos militantes", mas sempre com novos (e não inéditos) repertórios de ação.[112] Nesse caso, antes que uma "ruptura temporal e moral" entre o "ontem" e o "hoje", a "novidade" deve ser buscada em todas as conexões possíveis entre "a situação anterior e a atual e tudo o que é 'misto', híbrido, incerto, como os deslocamentos de um universo a outro, as reconversões ou as mobilizações" (Collovald, 2001:137). E, assim, é possível observar quais e como determinados aspectos das inserções diferenciadas (partidárias, sindicais, associativas...) se relacionam, ao mesmo tempo, com processos mais amplos, nos quais princípios de legitimação das prá-

---

[111] Discutindo o "fenômeno associativo", Siméant (2003:165) sublinhou que a "forte valorização sociológica e política das associações" e a "depreciação da política profissional e do militantismo antigo" podem levar à ossificação da "oposição entre participações política e associativa", favorecendo uma "teoria implícita dos 'vasos comunicantes' para a qual o declínio do militantismo partidário é diretamente correlato ao impulso de um militantismo associativo pensado como alternativa a esse último".

[112] Parte do processo de *politização* por meio do qual os agentes agem para requalificar as atividades sociais modificando a ordem política, seus objetos de lutas, suas práticas e repertórios legítimos (Lagroye, 2003:371).

ticas são confrontados, e com processos de redefinição das formas de fazer e de conceber o "político" ou a "política".

No caso francês, há todo um processo confluente de inserção prática e de racionalização, inclusive sociológica, dos "militantismos", que permite que os pesquisadores falem de um campo ou de campos do "militantismo" com uma dinâmica específica. O que lhes possibilita apurar determinadas práticas e representações nos âmbitos de organizações ou de associações estabelecidas ou mesmo de verificar a saída ou o "desengajamento" de agentes que a elas podem pertencer.[113] Todavia, isso está diretamente associado ao vocabulário da sociedade francesa, a uma dinâmica histórica de descolamento das esferas sociais e de desenvolvimento das ciências sociais naquele país.[114] Para aquele contexto há pesquisas que atentam para fenômenos de "hibridação", "contrabandos" ou "usos cruzados" de registros e lógicas entre universos *savants* e universos *militants* (Gaïti, 2002; Siméant, 2002; Matonti e Poupeau, 2006). Entretanto, a análise de situações como a brasileira requer a transposição de um dos principais obstáculos sociológicos relacionados com a utilização de modelos e instrumentos de análise forjados nessas *dinâmicas centrais* (Badie e Hermet, 1993).

A dificuldade consiste em evitar a tendência ao raciocínio analógico e dedutivista (sem controle) em detrimento da construção de ferramentas analíticas apropriadas, uma vez que a afirmação nos meios políticos e intelectuais nos casos examinados é condicionada pelo trânsito, recursos e reconhecimentos adquiridos nos múltiplos e indissociados domínios de inserção. Mais do que isso, os agentes podem mobilizar seus trunfos diversos, combinar e acionar lógicas variadas em espaços de concorrência distintos sem maiores prejuízos do valor potencial dos mesmos (Coradini, 1998a; Pécaut, 1990). Consequentemente, o montante de recursos detidos e o arranjo das lógicas ativadas podem garantir a ocupação de posições similares nos diferentes domínios de inscrição priorizados, ou ao menos a

---

[113] Ver trabalhos reunidos em Fillieule (2005).
[114] Sobre esse processo de descolamento das esferas, ver Bourdieu (1984a), Charle (1990), Lahire (2012), entre outros.

circulação entre eles sem grandes exigências de *reconversões* (Bourdieu, 1996b, 1989d, 1979).

Conjuga-se a isso a constatação de que o engajamento em diferentes lugares de "militância" e de mediação social, política e cultural favorece e é favorecido pela acumulação de um capital de relações sociais (não raro acrescidos àqueles de origem familiar) que, por um lado, coopera para a conquista de posições no domínio profissional e político-partidário e, por outro lado, colabora também para o trânsito no plano nacional e internacional dos agentes (Coradini, 2012). Ambos se traduzem, no universo analisado, em investimentos e usos para monopolizar instrumentos legítimos de expressão, produções culturais que explicitam tomadas de posição sobre história, cultura e política relacionadas com as características dos seus estados de origem.

Situações que parecem similares podem ser bastante diferentes. Dizer que na França "o multiposicionamento em campos distintos permite mobilizar recursos intelectuais no universo militante e evocar experiências militantes na produção das lutas intelectuais" (Gaxie, 2005:163) aparenta familiaridade com o caso brasileiro. Contudo, isso é significativamente distinto da complexidade das relações entre as dimensões da política e da intelectualidade, que no Brasil se deve à não constituição de campos ou à "inexistência de uma justaposição entre um campo intelectual, regido por suas próprias modalidades institucionais de legitimação, e um campo político igualmente submetido a outras modalidades de legitimação" (Pécaut, 1990:89). Sem falar que não há interferências mútuas, e sim uma configuração em que "todas as estratégias individuais se colocam sobre os dois registros [intelectual e político]" (Pécaut, 1990:89).

Assim, as problemáticas que orientaram os estudos específicos (Reis, 2015; Grill, 2008a, 2008b) são tributárias das investigações sobre profissionalização política e "militantismo" na França e do diálogo com pesquisas que evidenciaram a forte heteronomia das dimensões política e intelectual nas dinâmicas chamadas periféricas (Pécaut, 1990; Saint Martin, 1988; Anjos, 1998; Sigal, 2012; Coradini, 2014, 2013 e 2012, entre outros). Esses trabalhos foram desenvolvidos a partir da comparação com *dinâmicas centrais* marcadas por processos históricos de autonomização das esferas sociais.

Cursus honorus, militâncias e imbricações entre "política" e "cultura": perfis exemplares

A descrição que segue de quatro casos tem a pretensão de demonstrar as questões anteriormente formuladas, ou seja, constituí-los como exemplares de agentes com determinadas origens regionais, sociais e políticas, que conquistaram posições bem situadas nos domínios políticos, sobretudo na ocupação de cargos eletivos, e que, no transcurso de suas biografias, investiram de forma relativamente significativa em inserções militantes e produção de bens culturais variados.

Como mencionado, tratamos de dois agentes oriundos do Rio Grande do Sul (RS) e dois do Maranhão (MA), por ser esse um número de casos compatível com uma exposição mais ou menos detalhada e comparativa dos dados e por serem esses os estados sobre os quais desenvolvemos pesquisas de fôlego, além, é claro, de apresentarem nuances relevantes às indagações que orientam nossas reflexões. Optamos por apresentá-los de forma intercalada, dispondo-os mais segundo as aproximações de perfis do que pelo critério regional.

Os dois primeiros, Tarso Genro e Flávio Dino, respectivamente do RS e do MA, são formados em direito, foram advogados trabalhistas e tiveram atuação sindical (fontes importantes na alimentação de redes de militantes posteriormente mobilizadas); publicaram livros com temáticas generalistas e questões relativas às suas áreas de formação; alcançaram altas posições políticas nos planos regional (governadores dos estados) e nacional (notadamente administrativas). Os dois da sequência e na mesma ordem dos estados, José Fogaça e Joaquim Haickel, são igualmente advogados, porém sem uma atuação mais sistemática em algum domínio específico dessa área; seus engajamentos militantes (e para todos os agentes estamos nos referindo mais especificamente ao período que abrange o regime militar e a redemocratização do país, quando inauguraram suas intervenções políticas ainda "amadoras") foram mais vinculados a posicionamentos assumidos em espaços de sociabilidade cultural do que ligados a grupos ou organizações de esquerda (como os dois anteriores); publicaram livros preponderantemente no gênero literário; e ocuparam posições políticas (principalmente cargos eletivos) principalmente associadas ao plano regional.

"Heranças", usos do direito e ocupação de "altos postos"

Tarso Fernando Herz Genro (Tarso Genro) nasceu em 1947 no município de São Borja, no Rio Grande do Sul (RS). Segundo a "história familiar" difundida por meio do livro escrito por seu pai, Adelmo Genro (1983), eles são descendentes do mascate português Joaquim da Silva Dias, que foi residir na cidade de Santiago (RS) na primeira metade do século XIX e, a partir de dois casamentos sucessivos com as filhas de um grande proprietário de terras,[115] concentrou relativo patrimônio econômico naquela localidade, tornando-se proprietário de uma sesmaria. O pai de Adelmo Genro, neto de Joaquim da Silva Dias, teria negociado suas terras e perdido parte significativa do patrimônio. A distribuição do que havia restado entre 12 herdeiros levou à diversificação das estratégias de reconversão do capital de relações sociais acumulado pela família na "região".

Adelmo Genro nasceu em 1920 e seus laços políticos e partidários decorrem de contatos e relações que estabeleceu com os membros das famílias Vargas e Goulart — constituídas de grandes proprietários de terras de São Borja (RS)[116] — no período de declínio econômico do seu núcleo familiar. Afora isso, as relações cultivadas com outra liderança do Partido Trabalhista Brasileiro (PTB), também ori-

---

[115] Esta aliança e a forma como passou a ser conhecido e distinguido, isto é, como Joaquim, o Genro, para diferenciar-se de um escravo homônimo, é a origem do nome da família, segundo a genealogia escrita por Adelmo Genro (1983).
[116] "Os Vargas" e "os Goulart" são denominações dadas às famílias dos ex-presidentes do país Getúlio Vargas e João Goulart, principais lideranças do Partido Trabalhista Brasileiro no período 1945-64.

ginária da chamada "metade sul"[117] (Mariano Beck, então secretário de estado de Educação, que fora seu contemporâneo de ginásio em Santa Maria), oportunizaram a nomeação de Genro como diretor da principal escola estadual na cidade, o colégio Manoel Ribas.

A atuação na escola em Santa Maria, como professor e diretor, funcionou como "trampolim" à carreira política de Adelmo Genro, garantindo seu êxito na política eleitoral, elegendo-se vereador em 1959 e vice-prefeito em 1963, no mesmo município, pelo PTB. Porém, com o golpe militar de 1964 e em decorrência do pertencimento político-partidário, teve seu mandato cassado quando ocupava a prefeitura interinamente; acontecimento que o transformou em um dos símbolos da "luta contra o regime militar" e da "resistência democrática" naquela cidade.

Os efeitos desse episódio desdobraram-se em duas direções. No plano profissional, Adelmo Genro foi levado a empreender novas atividades, atuando como despachante, formando-se em direito e associando-se a um escritório de advocacia com uma "tradicional família de advogados e políticos locais" ("os Jobim").[118] No plano político, ele fora obrigado a afastar-se da militância partidária, no entanto acompanhou de perto os investimentos dos filhos, Tarso e Adelmo Genro, na política, e o destaque que adquiriram na "resistência à ditadura". Em 1980, filiou-se ao Partido do Movimento Democrático Brasileiro (PMDB), do qual foi presidente, chegando a concorrer a vice-prefeito em 1982. Posteriormente, filiou-se ao Partido Socialista Brasileiro

---

[117] A separação entre "norte" e "sul" do Rio Grande do Sul é bastante recorrente nos discursos políticos, econômicos, midiáticos e até "científicos". Geralmente apontam a decadência ou o processo de recuperação do "sul" (periferia) em relação com o "desenvolvimento" e a ascensão do "norte" (centro). Como qualquer luta de classificações, visa atribuir e impor características, ora positivas ora negativas, às partes separadas por fronteiras tomadas como "reais" (quando se sabe que elas são fruto dessas lutas classificatórias). De qualquer modo, para situar melhor a origem geográfica dos agentes, cabe esclarecer que entre os maiores municípios que formam a "metade sul" estão Pelotas e Santa Maria, enquanto no norte é localizada a capital do estado, Porto Alegre, e Caxias do Sul.

[118] "Família de políticos" que contava com um ex-governador de estado e um ex-deputado estadual e à qual pertence o ex-deputado federal e ex-ministro da Justiça de Fernando Henrique Cardoso (PSDB) e da Defesa Civil de Luiz Inácio Lula da Silva (PT), Nélson Jobim. Ele foi também ministro e presidente do Supremo Tribunal Federal. Para mais detalhes, ver Grill, 2008a.

(PSB), sendo presidente de honra no Rio Grande do Sul até o seu falecimento.

Com efeito, a notoriedade familiar e o ambiente político estimularam Tarso Genro e Adelmo Genro Filho à militância partidária e às disputas eleitorais, influências que costumam ser consagradas nas referências biográficas:

> Em Santa Maria, também acompanhava meu pai, desde os oito anos, nas campanhas políticas. Ele era prócer do PTB, foi vereador [...] e vice-prefeito. [...] Fui vice-presidente da ala moça do PTB. Meu pai foi o estímulo para a relação pública, como político. [O candidato..., 11 set. 2002:5]

Tarso teve nos pais a primeira inspiração para a carreira política: quando moravam em São Borja, Elly e Adelmo eram vizinhos de João Goulart, o Jango, e do irmão de Getúlio Vargas, Protásio. Foram fundadores do PTB na cidade. A vivência para o interesse de Tarso foi precoce. O ex-prefeito de Porto Alegre e os irmãos eram pequenos, mas já acompanhavam encontros na casa dos Genro com personalidades como Pedro Simon [...]. A efervescência se repetiria assim que Tarso e o irmão caçula, Adelmo Filho, entraram na Universidade Federal de Santa Maria (UFSM). As concentrações à noite na casa anteciparam nomes que se destacariam na política e na cultura. [A política..., 27 out. 2002:7]

Tarso Genro e Adelmo Genro Filho elegeram-se vereadores em Santa Maria. O primeiro iniciou sua militância político-partidária na "Ala Moça do PTB". Formou-se em direito pela Universidade Federal de Santa Maria (UFSM); elegeu-se vereador pelo Movimento Democrático Brasileiro (MDB), em 1968; trabalhou no escritório do pai (em sociedade com a "família Jobim"); e fez parte da Ala Vermelha do Partido Comunista do Brasil (PCdoB). Antes disso, participou de um "grupo literário", a Vanguarda Cultural. Exilou-se no Uruguai no início da década de 1970 e, no retorno ao Brasil, passou a residir em Porto Alegre, atuando como advogado trabalhista. Seu nome está vinculado às disputas em torno da atuação dos "operadores do direito" e às formulações daquilo que passou a ser denominado como "direito alternativo", "direito crítico" ou "pluralismo jurídico", identificado como um dos seus precursores no estado.

Nesse período, especificamente a partir de 1972, começou a escrever no Caderno de Sábado do jornal *Correio do Povo*, que congregava uma "geração" de jovens oriundos de várias profissões, vinculados à defesa da "redemocratização" do país e que explicitamente reivindicavam a condição de "intelectuais" do estado. Publicou seus textos nesse espaço por 15 anos. Em 1981, o jornal *Correio do Povo*, no mesmo caderno, divulgou matérias intituladas "Quem é quem nas letras rio-grandenses?". O verbete dedicado a Tarso Genro, além de listar sua produção escrita desde 1968, o definia como um "advogado militante no foro trabalhista", especialista em "obras jurídicas", dedicado a uma "poesia de forte cunho social" e "interessado na literatura latino-americana" (Quem é quem..., 10 jan. 1981:5).

Posteriormente, Tarso Genro integrou o conselho editorial do *Jornal Informação* e foi um dos responsáveis pela viabilização financeira do veículo, recolhendo contribuições junto aos advogados comprometidos com a "resistência à ditadura". A direção do órgão estava ao encargo de um conjunto de militantes do Setor Jovem do MDB de Santa Maria, provenientes dos movimentos estudantis e fortemente influenciados pelos irmãos Genro. Adelmo Genro Filho[119] era o editor-chefe, e seu primo, Daniel Herz, o diretor do *Informação* (ambos jornalistas).[120] Tarso Genro escreveu poesias, críticas literárias e de cinema, bem como textos sobre conjuntura política nesse jornal, classificado no meio como pertencente à "imprensa alternativa". Entre os

---

[119] Tendo iniciado sua militância política na Ala Vermelha do PCdoB em Santa Maria ainda adolescente e influenciado pelo irmão, o jornalista Adelmo Genro Filho foi líder estudantil na Universidade Federal de Santa Maria e principal expoente do Setor Jovem do MDB de Santa Maria, do qual foi presidente. O destaque nessas atividades contribuiu para sua eleição à vereança em Santa Maria, no ano de 1976. Em 1982, concorreu a deputado estadual. Foi um dos principais colaboradores da campanha de Tarso Genro à Assembleia Constituinte, em 1986, ajudando este último a chegar à primeira suplência da bancada do Partido dos Trabalhadores, que posteriormente possibilitou a ocupação de uma cadeira no Congresso Nacional.
[120] O histórico do jornal e a centralidade desse veículo como porta-voz de segmentos da esquerda gaúcha abrigada no MDB e para a fixação da liderança de Adelmo Genro Filho foram aspectos analisados por Reis (2015).

últimos, cabe destacar três textos produzidos sobre o "populismo" e sobre as "lideranças trabalhistas" no Rio Grande do Sul (leia-se Getúlio Vargas, João Goulart e Alberto Pasqualini). Nesses artigos de 1976 se apresentou à discussão sobre a "herança trabalhista", os "limites do populismo" (do qual, segundo ele, somente a "leitura marxista da realidade" poderia se desvencilhar), as especificidades da formação política gaúcha, sobretudo partidária (representada pela inserção popular e pela definição programática do PTB), e as condições de resgate dessa "tradição" pelas "novas forças políticas de esquerda".[121]

No final da década de 1970, passou a publicar livros com reflexões especialmente ligadas à política e ao direito como: *Introdução à crítica do direito do trabalho* (1979); *Contribuição à crítica do direito coletivo do trabalho* (1981); *Moçambique. A caminho do socialismo* (1982); *Direito individual do trabalho* (1985); *Lênin: coração e mente* (um livro de poesias, de 1985, em parceria com Adelmo Genro Filho).

Tais produções coincidiam com uma fase de realinhamentos nos jogos de identificações políticas. Juntamente com seu irmão Adelmo Genro Filho e o "pessoal de Santa Maria",[122] participou, no final da década de 1970, de um movimento denominado de "Oposições Populares" (que defendia a permanência dos "quadros de esquerda" no MDB como "frente"), bem como militou no Partido Revolucionário Comunista (PRC) e, com a redemocratização, ingressou no PMDB.

O ingresso no PMDB foi justificado como parte de uma estratégia coletiva compatível com os "projetos" do partido clandestino que formavam, o PRC. Por volta de 1984 filiou-se ao Partido dos Trabalhadores e liderou nessa sigla algumas "tendências" que adquiriram diferentes denominações ("PT Amplo e Democrático", "Democracia

---

[121] Para mais detalhes, ver Grill (2008a, 2005), que situa a interpretação feita por Tarso Genro sobre a "tradição trabalhista" em relação às leituras oferecidas por Miguel Bodea (integrante do Partido Democrático Trabalhista — PDT) e Pedro Simon (principal liderança gaúcha do PMDB). Consultar também Reis (2015), que compara os posicionamentos de Tarso Genro com os de Raul Pont (uma das principais lideranças do Partido dos Trabalhadores no estado), identificando elementos de aproximação e distanciamento entre eles e suas relações com os alinhamentos e desdobramentos no espaço político-partidário.
[122] Para um itinerário dos deslocamentos e dos posicionamentos do conjunto de militantes reunidos sob esse rótulo, ver Reis (2015).

Radical", "Nova Esquerda"...). No bojo desse movimento, ocorreu o processo de "reinterpretação" do marxismo ou a substituição de repertórios, rótulos e identificações, que afastou a maioria dos militantes do chamado "marxismo-leninismo" e os aproximou de posicionamentos considerados, pelos adversários, mais "moderados".

Novamente, constituíram espaços de interlocução e veículos de divulgação das tomadas de posição do "grupo", tais como o Centro de Filosofia e Política (Cefip) e a revista *Práxis*, dirigidos por Adelmo Genro Filho e financiados por Daniel Herz (oriundo de uma família de empresários no estado). Tarso Genro foi conferencista e professor nos cursos do Cefip e escreveu diversos artigos na revista sobre "marxismo", "direito" e "política".

O elo mais forte no interior do "grupo", mesmo sob algumas divergências políticas, é o estabelecido entre Tarso Genro e seu irmão Adelmo Genro Filho. Quer dizer, é possível afirmar que eles formaram a *clique* (Mayer, 2010; Boissevain, 2003) que centralizou uma rede de apoiadores, isto é, foram o núcleo em torno do qual se desenhou a organização informal de militantes ou seguidores (Bailey, 1971). Assim como capitalizaram suas ações conjuntas para a constituição de "correntes partidárias" de grande peso político e eleitoral no Rio Grande do Sul. Até a morte de Adelmo Genro Filho (aos 36 anos de idade), os dois sempre foram aliados e companheiros nas diferentes "organizações" às quais pertenceram, e a ligação entre eles sempre foi apresentada como caracterizada pelo "debate intelectual".

Os investimentos simultâneos "dos irmãos Genro" reforçaram-se mutuamente. Tarso Genro já se destacava como advogado trabalhista e como "intelectual de esquerda", contando ainda com uma base eleitoral contundente em Santa Maria — conquistada por seu pai e mantida por seu irmão quando foi vereador e candidato a deputado estadual em 1982 —, e com a possibilidade de maximizar o apoio em cadeia dos militantes de esquerda liderados por Adelmo. A maior "organicidade" na atuação militante de Adelmo Genro Filho — sua superior dedicação em termos de formação acadêmica e a intensidade das relações que mantinha com as "bases" (apoiadores e militantes) — era complementar à maior exposição pública e circulação por diferentes espaços de Tarso Genro. Inserções viabilizadas pelo desempenho das atividades como advogado de sindicatos, escritor, crítico literário em jornais etc. a partir da capital do estado, onde residia desde o início da década de 1970.

Essa soma de esforços e de atribuições contribuiu para a projeção do "grupo" e para a centralidade da cadeia de líderes-seguidores, que formou algumas facções políticas (Mayer, 2010; Landé, 1977) centralizadas por Tarso Genro. Mesmo após o falecimento de Adelmo Genro Filho, seus principais aliados e seguidores permaneceram integrados ao círculo de colaboradores políticos e aderentes das tomadas de posição de Tarso Genro. Lideranças de destaque da política gaúcha como Marcos Rolim (ex-presidente do Diretório Central de Estudantes — DCE — da UFSM, ex-vereador em Santa Maria e ex-deputado estadual e federal), Estilac Xavier (ex-presidente do DCE da UFSM, ex-chefe de gabinete de Adelmo Genro Filho na Câmara de Vereadores de Santa Maria, ex-secretário municipal do governo de Tarso Genro em Porto Alegre, ex-vereador e deputado estadual) e Paulo Pimenta (ex-presidente do DCE de Santa Maria, ex-chefe de gabinete de Marcos Rolim, ex-vereador em Santa Maria, ex-deputado estadual, ex-vice-prefeito de Santa Maria e atual deputado federal), são exemplos da persistência e renovação desses vínculos.

Tarso Genro concorreu, em 1986, a deputado federal constituinte (ficando na primeira suplência e vindo a assumir o mandato por dois anos), em 1988 elegeu-se vice-prefeito, em 1990 concorreu, sem êxito, a governador e, entre 1992-96 e 2000-02, foi prefeito de Porto Alegre. Em 2002, disputou a eleição para o governo do Rio Grande do Sul, mas perdeu no segundo turno para o candidato do PMDB, Germano Rigotto.

Tal derrota acabou oportunizando a ocupação do cargo de secretário de Desenvolvimento Econômico e Social da presidência da República, na gestão do presidente Luiz Inácio Lula da Silva (PT), entre 2003 e 2004. Na sequência, foi ministro da Educação, em 2004, das Relações Institucionais, em 2006, e da Justiça, de 2007 a 2010. Nesse período, em que atuou no plano nacional, ocupou ainda interinamente a presidência nacional do Partido dos Trabalhadores (PT), sucedendo José Genoíno (quadro político também originário do PRC e próximo de Genro nos alinhamentos políticos assumidos no interior do partido), que fora afastado em razão da crise gerada pelo chamado "escândalo do mensalão".

Como parte dessa ascensão política, sua produção escrita diversificou-se em termos de temáticas e alcançou veículos de projeção nacional e até internacional. Paulatinamente, começou a publicar suas obras por editoras de circulação nacional, a intervir politicamente mediante artigos publicados em periódicos localizados no centro do país e seus textos passaram a ser traduzidos para outras línguas. Alguns títulos são ilustrativos disso: *Direito individual do trabalho*, pela Editora LTR de São Paulo em 1994; *Orçamento participativo. A experiência de Porto Alegre*, publicado pela Editora Fundação Perseu Abramo, de São Paulo, em 1997, escrito com Ubiratan de Souza; *O futuro por armar* pela Editora Vozes de Petrópolis, em 1999; *Instituições políticas no socialismo* (em coautoria com José Dirceu e Edmilson Rodrigues) também pela Perseu Abramo de São Paulo, em 2001; *Democracia e política* pela Jorge Zahar do Rio de Janeiro, em 2003; *Esquerda em processo* também lançado pela Editora Vozes em 2004; *Crise da democracia — direito, democracia direta e neoliberalismo na ordem global*, idem em 2002; *Sul filo dei classici: autocrítica antiutopica del diritto? Em democrazia e diritto* pela editora italiana Franco Angeli de Roma, em 2004; *Mundo real: socialismo na era pós-neoliberal*, publicado pela LPM, em 2008; *Droite et marxisme* na *Enciclopedie de la Sociologie de Droite*, organizada por André-Jean Arnaud, Paris, 1993; "*Hacia una nueva democracia*", artigo publicado na editoria de Opinião do periódico espanhol *El País* de 1º de fevereiro de 2002; "*Vers une nouvelle citoyenneté. Thèses pour une théorie démocratique de l'État e du socialisme*", artigo publicado na revista francesa *Mouvements*, n. 18, nov./dez. 2001; "*Porto Alegre e le vie locali della cittadinanza*", veiculado no *Italianieuropei*, 1º fev. 2002; *Crisis de la democracia — derecho, democracia directa y neoliberalismo en el orden global*, livro lançado pela Ediciones del Serbal de Barcelona, em 2003.

Tarso Genro recebeu, em 2006, o título de Doutor Honoris Causa pela Universidade Federal de Pelotas (RS).

Em 2010, depois de duas tentativas sem êxito, elegeu-se, já no primeiro turno, governador do Rio Grande do Sul (com 54,3% dos votos), em uma coligação formada pelo PT, PSB, PCdoB e PR. Nesta ocasião, derrotou o ex-prefeito de Porto Alegre, José Fogaça (ver perfil adiante), do PMDB e a então governadora Yeda Crusius do PSDB, economista, professora universitária, ex-deputada federal e ex-ministra do governo Itamar Franco (ver perfil em capítulo deste livro). Durante o mandato de governador, ponto ápice da sua carreira política, manteve sua produção escrita em forma de artigos para jornais e revistas, arrefecendo a produção de livros.

***

Já Flávio Dino de Castro e Costa[123] nasceu em 1968 na cidade de São Luís, capital do Maranhão (MA). É originário de uma "família" notabilizada pelas carreiras políticas, jurídicas e intelectuais. O bisavô, Nicolau Castro e Costa, chegou a ocupar postos políticos, entre os quais se destaca o cargo de deputado provincial do Amazonas em 1874. O avô, também chamado Nicolau de Castro e Costa (conhecido como Nicolau Dino), nasceu no Amazonas em 1900, fez os estudos secundários em Belém e concluiu o curso de direito na então Faculdade do Pará. Foi promotor e juiz no Maranhão (indicado por "chefes políticos locais"), chegando ao posto de desembargador do Tribunal de Justiça do estado. Sua carreira no espaço jurídico foi ainda coroada com a eleição para a presidência dessa instituição. Era identificado com a facção dominante na política local denominada de "vitorinismo".[124] Simultaneamente, investiu na sua afirmação intelectual escrevendo uma tese sobre Gregório de Mattos (inscrita em um concurso de his-

---

[123] Os dados usados para a construção do itinerário do agente foram coligidos de um trabalho orientado por Grill (Barros Filho, 2007). Trata-se da dissertação de mestrado defendida no programa de Pós-Graduação em Ciências Sociais da UFMA por José Barros Filho. Para tanto, foi mobilizada uma entrevista realizada com o atual deputado federal (seguindo roteiro elaborado para uma pesquisa mais ampla sobre as bases da especialização política no Maranhão e aplicado em outros 22 casos) e uma gama variada de fontes para coleta de informações biográficas e referentes à genealogia (livros, entrevistas em jornais, anais da Assembleia Legislativa etc.).

[124] Para mais detalhes sobre o significado do que se convencionou chamar de "vitorinismo" (facção política liderada por Victorino Freire no estado do Maranhão), o trabalho de memória e as estratégias reprodução de grupos familiares na política na invenção de uma "tradição política", ver Grill (2012b).

tória da literatura); um livro intitulado *Onze votos vencidos* (no qual reproduziu julgamentos como desembargador); uma tese apresentada para a cátedra de Direito Civil; e outro livro intitulado *Visconde de Vieira da Silva* (em homenagem a seu patrocinador no Instituto Histórico e Geográfico do Maranhão). Nicolau Dino consta no "panteão jurídico" do estado como patrono da cadeira n. 40 da Academia Maranhense de Letras Jurídicas.

O filho de Nicolau Dino, pai de Flávio, Sálvio de Jesus de Castro e Costa (Sálvio Dino), formou-se pela Faculdade de Direito de São Luís e foi líder estudantil, tendo participado da União Maranhense de Estudantes Secundaristas e do "Parlamento Escola" do curso de direito. Chegou a ocupar os cargos de vereador e deputado estadual. Teve seus direitos políticos cassados em 1964 e, durante o regime militar, exerceu funções de primeiro escalão no governo do estado nas gestões de José Sarney e Pedro Neiva de Santana (ligados à Aliança Renovadora Nacional, a arena, partido que "dava sustentação ao regime militar"). Em 1974, Sávio recuperou o direito de concorrer a postos eletivos e se elegeu novamente deputado estadual. Porém, não obteve sucesso nas eleições de 1978 e de 1982 à Assembleia Legislativa, voltando a ocupar cargos de primeiro escalão em governos estaduais nas gestões de João Castelo e Luiz Rocha (ligados ao Partido Democrático Social — PDS —, o chamado "partido sucedâneo da Arena"). Por duas vezes, ele foi prefeito de João Lisboa, um pequeno município do interior do estado (MA), e encerrou sua carreira quando foi derrotado na tentativa de reeleição.

No que diz respeito especialmente aos investimentos "intelectuais", Sálvio Dino dedicou-se a escrever variados gêneros literários como contos, poesias, romances, coletâneas de discursos e livros de memória sobre a faculdade e os "vultos" do direito. Também foi consagrado como integrante da Academia Maranhense de Letras e membro fundador da Academia Imperatrizense de Letras (Imperatriz é o segundo município em número de habitantes no estado).

Além da influência dos ascendentes para a aquisição de disposições ao engajamento como ativista político e intelectual, bem como a disponibilidade de um consistente capital de relações sociais, o episódio da "cassação" em 1964 e o declínio da influência política de Sálvio Dino mostraram-se decisivos nos desdobramentos da trajetória de Flávio Dino. Na reconstrução feita por ele mesmo sobre o seu próprio trajeto, enfatizou a inscrição nas "tradições" literária, jurídica e política do estado, às quais teriam pertencido seu pai e seu avô. E a perda dos direitos políticos do pai durante a ditadura é citada como fator que explicaria as suas tomadas de posição à esquerda.

Evidencia-se o trabalho de dupla inscrição que Flávio Dino procura estabelecer com "tradições" que podem, paradoxalmente, ser concebidas como contraditórias, mas que são nesse caso articuladas na reconstrução genealógica e biográfica operada pelo agente. Assim, por um lado, ele busca vincular-se à "tradição" da "Atenas Brasileira" — expressão exaltada localmente e que remete a um passado próspero e marcado pela formação cultural dos homens públicos como referência mítica — e a uma genealogia política construída em relações com os "grupos" política, econômica e socialmente dominantes no estado; ao mesmo tempo, ele reivindica a vinculação com a "tradição" da "Ilha Rebelde" — termo que ativa uma pretensa continuidade de várias mobilizações populares na capital do Maranhão (Barros Filho, 2007). A decadência da liderança política do pai nas últimas décadas exigiu de Flávio Dino, além de um deslocamento no domínio político em busca de novos espaços e de novas alianças (a construção de posição "alternativa"), a edificação de uma notoriedade e de uma reputação que lhe permitissem o ingresso "por cima" na carreira política (o uso da posição estabelecida na elite local).

Flávio Dino e seus irmãos (Nicolau Dino e Sálvio Dino Júnior herdaram os nomes do avô e do pai, respectivamente) estudaram nos principais colégios particulares de São Luís e concluíram o curso de direito na Universidade Federal do Maranhão (UFMA). O atual governador do estado do Maranhão e ex-deputado federal pelo PCdoB foi presidente do grêmio estudantil do colégio Marista (à época o principal colégio particular de São Luís) na década de 1980 (tendo sido contemporâneo no movimento estudantil de vários filhos de políticos de destaque no estado) e participou de grupos de discussão sobre "política" e "marxismo" (comum nesses meios). No período em que era secretário-geral e coordenador do Diretório Central de Estudantes (DCE) da UFMA, Flávio se filiou ao Partido dos Trabalhadores (PT), tendo sido vice-presidente do Diretório Municipal da agremiação e atuado como advogado da sigla. Em 1990 defendeu sua monografia de conclusão do curso de direito intitulada *O direito de greve no Brasil: evolução e limitações atuais ao seu exercício*, que foi publicada em forma de livro (prefaciado por importantes "figuras" do espaço jurídico maranhense, contemporâneos do seu pai). Esse foi o marco de uma modalidade de intervenção política privilegiada pelo agente que funde, no mínimo, registros do âmbito das disputas partidárias, intelectuais, sindicais e jurídicas.

Com tal interpenetração de lógicas passou a atuar, na década de 1990, como advogado de sindicatos (clientela que fazia parte das suas relações políticas), foi secretário da Comissão de Direitos Humanos da Ordem de Advogados do Brasil no estado e professor da Universidade Federal do Maranhão (UFMA). Em 1994 investiu na "carreira de Estado" mediante a aprovação em primeiro lugar no concurso nacional para juiz federal. Nessa condição, começou a intervir politicamente por meio do engajamento nas lutas relativas à corporação e a tomar posição sobre diferentes questões. Em 1998, foi eleito vice-presidente da Associação dos Juízes Federais (Ajufe) e, em 2000, foi presidente da entidade, o que permitiu a atuação em espaços institucionais como o de membro do Conselho da Justiça Federal e secretário da Comissão de Altos Estudos da Justiça Federal. Nas pautas dos debates nos quais se inseriu, os principais temas eram os direitos humanos ("erradicação do trabalho escravo", "proteção às vítimas e testemunhas ameaçadas do Ministério da Justiça", entre outros) e a "reforma do judiciário" (especialmente a criação do Conselho Nacional de Justiça e o "combate ao nepotismo").

Suas intervenções, contudo, não se restringiram a esses domínios. Flávio Dino também se dedicou à atuação no âmbito universitário. Professor da UFMA, em 2001 defendeu sua dissertação de mestrado intitulada *Autogoverno e controle do Judiciário no Brasil: a proposta de criação do Conselho Nacional de Justiça*, publicada no mesmo ano em forma de livro (prefaciado pelo então ministro do Supremo Tribunal Federal, Nélson Jobim, e pela cientista política Maria Teresa Sadek). Foi também professor de direito na Universidade de Brasília (UnB). Participou ainda de instâncias como a comissão editorial da revista *Direito e Política*, do Instituto Brasileiro de Advocacia (Ibap), e publicou artigos e trabalhos sobre "direito ambiental", "direito administrativo", "direito constitucional", "direito público", "acesso à justiça", "trabalho escravo", "crimes ambientais" e "direitos humanos". Sobre a sua produção intelectual afirma: "Sempre foi determinada a partir da intervenção política, que sempre foi o mais forte. [...] Talvez os interesses no mundo do Direito sempre foram determinados politicamente, pela política, pela via da política" (entrevista com Flávio Dino).

A campanha de 2006 à deputação federal[125] foi construída a partir de um conjunto de bases de interconexão composto por alianças verticais para cima e para baixo (Landé, 1977) e elos pessoais justificados por princípios morais e pragmáticos (Bailey, 1971). Uma série de movimentos propiciou seu ingresso na carreira política e seu reingresso nas disputas partidárias do estado. Em primeiro lugar, as dissidências no jogo de *facções* locais redefiniram as clivagens. O então governador José Reinaldo Tavares rompeu sua ligação com a principal liderança do seu "grupo político" (José Sarney) e se aproximou das lideranças ligadas à *facção* rival. Atraiu vários prefeitos e personalidades para uma grande frente intitulada "Frente da Libertação" (entre elas, dois quadros de destaque do Judiciário: o ex-ministro e presidente do Supremo Tribunal de Justiça, Edson Vidigal, que concorreu a governador pelo PSB, e o próprio Flávio Dino, que concorreu a deputado federal pelo PCdoB). Na recomposição do seu secretariado, José Reinaldo Tavares contou com a colaboração do advogado e professor universitário Sálvio Dino Júnior (irmão de Flávio Dino, que fora coordenador do Diretório Central de Estudantes da UFMA), então militante do PT.

Flávio Dino foi beneficiado pelo apoio de parte das lideranças locais cooptadas pelo então governador e acionou um leque de contatos com círculos da "elite política brasileira", estabelecido no período em que atuou em Brasília. Tais trunfos se somaram ao trabalho de mobilização dos "operadores do direito" espalhados pelo estado, aos "quadros do PCdoB" que atuaram de forma coesa na

---

[125] Para mais detalhes, ver Barros Filho (2007).

campanha, aos "contemporâneos de movimento estudantil" (muitos deles, inclusive, ainda filiados ao PT) e a uma importante parcela dos chamados "formadores de opinião" (como professores e jornalistas) de São Luís.[126]

Um dos resultados desses investimentos foi a conquista de um cargo eletivo já na primeira competição eleitoral, e como o quarto deputado federal mais votado no MA. O ingresso "por cima", diretamente como deputado federal, favorecido por apoios no centro da política nacional, se utilizando de rearranjos nas alianças e alinhamentos no estado, bem como se alicerçando nas "imagens" que mesclam o reconhecimento como intelectual e político, permite aproximá-lo do padrão dominante de recrutamento da elite política. Mesmo que os repertórios e as linguagens utilizados sejam renovados e reatualizados constantemente.

Após a posse como deputado federal, Flávio Dino dedicou-se a escrever semanalmente uma coluna no *Jornal Pequeno*, um dos principais periódicos do Maranhão e que se caracteriza pelo alinhamento à facção que venceu as eleições de 2006 no estado.[127] Os artigos tratam de questões da conjuntura política e o autor fundamenta os posicionamentos sobre a agenda em pauta com referências históricas e jurídicas, bem como com o uso da sua biografia pessoal.

Em 2008 ele concorreu à prefeitura de São Luís, no entanto foi derrotado no segundo turno das eleições pelo candidato do PSDB, João Castelo. Em análises efetuadas especificamente sobre esse processo eleitoral (Grill e Reis, 2012b), verificamos que sua candidatura à medida que crescia nas pesquisas eleitorais passava a ser alvo de críticas dos jornais alinhados com a denominada "oposição ao sarneysismo". Em contrapartida, ele recebia o apoio, mais ou menos explícito, dos meios de comunicação controlados pela "família Sarney".

---

[126] Sobre a composição da rede de apoiadores e a mobilização da mesma durante a campanha em diferentes cenários (comícios, caminhadas, atos etc.) e mediante linguagens distintas (panfletos, depoimentos, cartas de apoiadores etc.) pode-se consultar Barros Filho (2007).

[127] Jackson Lago, do PDT, foi eleito no segundo turno com o apoio do PSB, do PCdoB, do PSDB, além de outros partidos menores, unindo as principais lideranças que se opunham à "família Sarney".

Em 2010, concorreu ao governo do estado com o ex-governador Jackson Lago (cassado em 2009) e com a então governadora Roseana Sarney. Esta última venceu ainda no primeiro turno, reelegendo-se, e Flávio Dino ficou em segundo lugar. Apesar da derrota, seu nome se consolidou como opção nos meios oposicionistas. Em 2012, ele foi o principal apoiador da candidatura do atual prefeito de São Luís, Edivaldo Holanda Júnior, eleito pelo PTN e hoje filiado ao PDT.

Dino voltou a lecionar na UFMA em 2011. No mesmo ano, foi convidado pela presidente Dilma Rousseff (PT) a assumir a presidência da Empresa Brasileira de Turismo (EMBRATUR), permanecendo no cargo até 2014, quando se desincompatibilizou para disputar novamente o governo do estado.

A partir disso, centralizou uma ampla coalizão de lideranças alocadas nos mais diversos partidos como PSB, PDT, PSDB e uma dissidência do PT,[128] entre outros. O que o levou à vitória já no primeiro turno, com 63% dos votos, derrotando o senador Edson Lobão Filho, empresário e "herdeiro" de uma "família" historicamente aliada à "família Sarney". Essa escalada política foi acompanhada de uma crescente exposição midiática, principalmente no plano nacional, participando de programas de entrevistas e escrevendo artigos para jornais com relativa assiduidade. A simbiose do duplo e indissociável reconhecimento, como intelectual do mundo do direito e político bem-sucedido, funciona como trunfo tanto para a obtenção de projeção para além do estado de origem quanto para autorizá-lo a se pronunciar em temas como *impeachment*, crise política, instituições etc., que preponderaram no debate político do ano de 2015. Em âmbito regional, seu governo é criticado tanto pelas lideranças derrotadas em 2014 (ligadas à "família Sarney") quanto por alguns ex-aliados situados mais à esquerda (ligados a segmentos da igreja católica, à sociedade maranhense de direitos humanos etc.).[129]

---

[128] Oficialmente a sigla estava coligada com o candidato Edson Lobão Filho, do PMDB.
[129] Para uma descrição da configuração de agentes e organizações ligados ao catolicismo no Maranhão, ver Reis (2014).

Gostos culturais, destinos políticos

José Alberto Fogaça de Medeiros nasceu em 1947, em Porto Alegre, Rio Grande do Sul (RS). O pai era farmacêutico, proprietário de uma farmácia (localizada num bairro de classe média alta da capital) e a mãe era dona de casa (proveniente de uma "família de políticos" de São Francisco de Paula/RS). O primeiro e o segundo graus foram feitos em "tradicionais" escolas particulares (Santa Inês e Rosário) de Porto Alegre. Ele afirma que começou a escrever poesias aos 10 anos de idade, ganhando, aos 13 anos, um concurso de redação promovido por um jornal de circulação regional. Além disso, na descrição da sua biografia (O filho..., 24 out. 2004:4) também ressalta que o desenvolvimento do seu "gosto pela criação literária e musical" fora estimulado pelo pai que gostava muito de ler e tinha uma "boa biblioteca", e também pelo bisavô materno que era músico (tocava acordeão e violão). As primeiras composições de José Fogaça teriam sido dedicadas à mãe "porque a família dela era musical" (O filho..., 24 out. 2004:4).

Quando era estudante secundarista nos anos 1960, Fogaça aproximou-se da Juventude Estudantil Católica e foi secretário de cultura do grêmio estudantil da sua escola (Colégio Rosário), sendo responsável pela produção de um "jornalzinho". Ingressou na Faculdade de Ciências Jurídicas e Sociais da Pontifícia Universidade Católica (PUC) de Porto Alegre, em 1965, e, na mesma instituição de ensino, também cursou letras. Chegou a concorrer à presidência do Centro Acadêmico, porém não obteve êxito e não investiu sistematicamente na militância estudantil desde então.

Depois de concluída a universidade, deu aulas em escolas e em um curso pré-vestibular. No início dos anos 1970 foi a um "popular" programa de televisão para divulgar um festival de música, acabou retornando a esse espaço para dar "dicas" de português e sendo contratado pela emissora para apresentá-lo uma vez por semana. Em decorrência dessa atuação, apresentou outros programas de TV e de rádio dedicados aos "jovens" e à música. Entre eles, destaca-se o programa *Opinião Jovem* da Rádio Continental em 1974, para o qual chegou a escrever uma música especialmente para a abertura, intitulada *Testamento*, que foi gravada por seus amigos do grupo musical "Almôndegas", então constituído por Kleiton e Kledir Ramil, Zé Flávio, Pery Souza, Quico Castro Neves e Gilnei Silveira.

No mesmo período, conheceu Isabela Coronel Amilivia, com quem teve quatro filhos. Nutricionista formada pelo Instituto Metodista de Educação e Cultura (Imec), ela participou de vários festivais de música gaúcha e, como cantora, adquiriu notoriedade pela interpretação de uma canção de Fogaça que ficou conhecida como um dos "hinos" de Porto Alegre (*Porto Alegre é demais*). Posteriormente, pautou sua carreira como intérprete, sobretudo das canções do marido, lançando basicamente quatro trabalhos com composições ou de composições de Fogaça: *Fogaça, Amigos e Canções* (1998); *Porto Alegre é Demais* (2000); *Natal em Família* (2003); e *Fogaça, Alma Gaúcha* (2004).

O primeiro disco com composições de José Fogaça foi *Gaudêncio Sete Luas*, de 1977, do grupo "Almôndegas", no qual continha a sua canção mais conhecida, *Vento negro*, que é lida por muitas pessoas como com "conteúdo político" e chegou a inspirar uma tendência do movimento estudantil denominada "Viração" (termo usado no refrão da música e que indica, no vocabulário "regionalista", uma mudança brusca do "clima, anunciada por uma ventania"). Além dessa, no mesmo disco, constam outras duas composições em parcerias (*Piquete do Caveira* e *Mi triste Santiago/Tributo a Pablo Neruda*). Em 1980, José Fogaça chegou a vencer o festival de música "Califórnia da Canção Nativa do Rio Grande do Sul" com a canção *Semeadura*, criada em parceria com Vitor Ramil, e igualmente considerada uma "música de protesto".

Por tais inserções, José Fogaça é apontado como um dos principais porta-vozes do chamado Movimento Nativista no estado[130] (ou de uma das suas vertentes). Na sua concepção, o movimento teria

---

[130] O chamado Movimento Nativista do Rio Grande do Sul teria impulsionado um crescimento muito grande do mercado de produção artística, ampliando o espaço para seus poetas, compositores e músicos, gerando a profissionalização dos mesmos, o crescimento do mercado editorial, o aumento dos espaços para a cultura regional na mídia e gerou, sobretudo, uma grande polêmica sobre a cultura regional gaúcha (Jacks, 1987).

emergido "em determinado momento em que as circunstâncias políticas e culturais" eram "extremamente desfavoráveis para a autonomia" do Rio Grande do Sul em relação ao resto do país. Ainda segundo a sua avaliação, tratava-se, então, de uma "atitude de resistência cultural", como "reação" à "cada vez menor participação do Rio Grande do Sul nos espaços políticos e econômicos sobreposto pela ocupação político-cultural de outras culturas, principalmente as emanadas do centro do país, e de procedência estrangeira" (José Fogaça, apud Jacks, 1987:46).

O destaque adquirido (como professor, apresentador, poeta, compositor...) teria resultado no convite (aceito) feito pela liderança gaúcha Pedro Simon[131] para filiar-se ao Movimento Democrático Brasileiro (MDB). Devido ao fim do programa que apresentava e no qual fazia comentários sobre política, em 1976, por intervenção de agentes do "regime militar", José Fogaça se deslocou para São Paulo, onde igualmente trabalhou numa rádio como comentarista político. O retorno definitivo ao Rio Grande do Sul ocorreu somente seis meses antes da sua eleição como o deputado estadual mais votado do MDB, em 1978, e nesse mesmo ano lançou o livro de crônicas *Uma geração amordaçada*.

Em 1982 elegeu-se deputado federal pelo PMDB; em 1983 lançou pela Câmara dos Deputados "Nossa luta, nossa esperança"; no ano seguinte atuou como coordenador da campanha pelas "Diretas Já"; e, em 1985, publicou *Aprendizes da esperança* e concorreu à vice-prefeitura de Porto Alegre na chapa encabeçada pelo economista Carrion Júnior, ambos filiados ao PMDB. Em 1986 conquistou a vaga de senador, sendo reeleito em 1994. Nesse meio tempo, em 1990, concorreu sem sucesso ao governo do estado (RS).

Afora os vários artigos em jornal que produziu nesse período, algumas matérias publicadas em revistas podem ser destacadas: "Presidencialismo e a história do compadrio"; "É possível acabar com o fisiologismo na política brasileira?"; "Concessões de serviço público

---

[131] Conhecido tanto por ter "olho clínico" ("treinado", "capacitado", "especializado") na identificação de "novas lideranças" como, justamente, pelo "interesse" que tinha em estabelecer um elo com a "juventude" através de mediadores qualificados vindos desse meio. Ver Reis (2015, 2013b).

de transporte coletivo de passageiros"; e "O Senado entra em jogo. Rumos do desenvolvimento"; cabendo ainda mencionar o trabalho divulgado pela Câmara dos Deputados, em 1987, intitulado *Uma geração que avança*[132] e outro publicado pelo Senado Federal, *Em defesa do governo Simon-Guazelli*.

Ainda não havia concluído o segundo mandato de senador quando optou por acompanhar, em 2001, a dissidência liderada pelo ex--governador Antônio Britto, que deixou o PMDB para ingressar no Partido Popular Socialista (PPS). Por esse último partido, José Fogaça tentou novamente reeleger-se ao Senado, sem obter êxito. Afastou--se temporariamente dos pleitos e dedicou-se ao magistério como professor de direito constitucional nas Faculdades Rio-Grandenses. Também atuou como articulista do jornal *Zero Hora*.

Em 2003, preparou com a esposa o CD *Natal em Família*, com composições e adaptações inéditas, lançado pela Companhia Zaffari, cujo publicitário chefe era Luiz Coronel (poeta, originário da "região da campanha" ou da "metade sul", que também continha uma música no disco de 1977 dos "Almôndegas", que participou do mesmo Movimento Nativista com Fogaça, e que com ele compôs uma das canções do disco de natal). A mesma Companhia Zaffari fora responsável pela maior divulgação, mediante uma massiva campanha publicitária, da canção *Porto Alegre é demais* e, consequentemente, da sua cantora Isabela Coronel Fogaça. Também em 2003, quando Fogaça já era pré--candidato à prefeitura de Porto Alegre, Isabela lançou o CD *Fogaça: Alma Gaúcha*, que tornou possível a divulgação (via *outdoors* e anúncios na televisão) do seu nome e a sua associação com a definição da identidade regional. Entre os intérpretes das músicas de Fogaça estavam artistas gaúchos como Kleiton e Kledir Ramil, Isabela Fogaça, Vitor Hugo, Jader Cardoso e Elaine Geissler.

Além das apresentações promovidas no estacionamento da maior filial do supermercado Zaffari da capital, um show de natal também passou a ser realizado na cidade de Gramado (RS) a partir de 2004 (promovido pela mesma empresa). Em entrevista, já em 2007, co-

---

[132] Sobre o uso da ideia de geração como critério de identificação e de mobilização política entre militantes do Setor Jovem do MDB do Rio Grande do Sul, ver Reis (2015).

mentando a participação no evento, Isabela enfatiza que "este espetáculo é quase uma religião para nós, gostamos muito de fazer".[133] A filha do casal canta desde os cinco anos no coral e participa dos shows. Na foto da matéria, Isabela está ao lado de Fogaça vestido de papai-noel.

Nessa ocasião, ele já havia assumido a prefeitura de Porto Alegre, tendo sido eleito em 2004 numa coligação PPS-PTB. Apresentando-se como uma "terceira via" na polarização PT/PMDB, a ênfase da sua campanha foi a "mudança" mantendo alguns projetos marcantes da administração do PT, como o orçamento participativo. Durante a campanha, os amigos músicos manifestaram seu apoio e cantaram nos comícios, principalmente Kleiton e Kleidir Ramil (portanto, sem a presença de Vitor Ramil, cuja principal colaboração foi não ter manifestado seu apoio ou participado dos comícios do adversário petista, o que vinha fazendo em todas as eleições em prol dos candidatos do Partido dos Trabalhadores). Afora as diversas aparições de Isabela, principalmente cantando as músicas do marido nos programas eleitorais.

Uma vez eleito, uma das medidas de Fogaça foi assinar, com a Prefeitura de Uruguaiana, o "protocolo de intenção" para a "promoção cultural da 34ª Califórnia da Canção Nativa do Rio Grande do Sul. Pela primeira vez a edição regional do evento recebeu o apoio oficial da Prefeitura de Porto Alegre".[134] No discurso de lançamento do protocolo (realizado durante a 28ª Expointer no dia 3 de setembro de /2005): "Fogaça relembrou suas participações no festival na década de 70 e falou sobre a importância da Califórnia na cena musical e cultural do Rio Grande do Sul".[135] Nas suas palavras: "É com orgulho redobrado que eu assumo este protocolo para apoiar a realização deste grande evento, responsável por irradiar no Estado a magia do nativismo".[136]

Em 28 de setembro de 2007, José Fogaça retornou ao PMDB. Por esse partido concorreu, com sucesso, à reeleição em 2008. Sobre

---
[133] Disponível em: <http://gramadosite.com.br>. Acesso em: 14 fev. 2008.
[134] Disponível em: <www2.portoalegre.rs.gov.br>.
[135] Disponível em: <www2.portoalegre.rs.gov.br>.
[136] Disponível em: <www2.portoalegre.rs.gov.br>.

essa eleição, ele escreveu um artigo na revista *Cadernos Adenauer*, publicação da Fundação partidária alemã Konrad Adenauer (KAS),[137] vinculada à União Democrata Cristã (CDU). Ele foi o primeiro prefeito eleito duas vezes consecutivas na capital do estado. Contudo, renunciou ao mandato para concorrer a governador em 2010. Foi derrotado por Tarso Genro (ver seção anterior). E, em 2014, concorreu a deputado federal. Ficou em uma suplência e assumiu posteriormente o mandato.

***

Joaquim Elias Nagib Pinto Haickel nasceu em 1959, em São Luís (MA). Os avós maternos (de origem portuguesa) e os paternos (de origem libanesa) eram pequenos comerciantes. Esses últimos teriam se deslocado para o Maranhão na primeira década do século XX e ajudaram a constituir uma significativa "colônia de imigrantes" no município de Pindaré Mirim, pertencente à chamada "região da baixada maranhense". Além da dedicação ao comércio e ao sucesso empresarial alcançado, alguns deles investiram também na carreira política.

Motivado pela eleição do irmão que concorrera a prefeito de Pindaré Mirim (tendo ocupado esse cargo por 14 anos: três mandatos de quatro, seis e quatro anos) e se tornar aliado do governador eleito em 1965, José Sarney, o pai de Joaquim Haickel, Nagib Haickel, estreou nas competições eleitorais em 1966. Com o segundo grau incompleto, além de empresário (ou próspero comerciante), "Nagibão" (como é chamado pelo filho) desde aquele ano (quando se elegeu deputado estadual pela primeira vez) até 1993 (quando ocupava a

---

[137] A KAS foi criada em 1956 como "Sociedade para a Obra da Educação Cristã Democrática" e, em 1964, alterou seu nome para condecorar o primeiro chanceler alemão (1949-63) que participou da fundação do CDU e teria sido um "aglutinador" das "tradições sociais, cristãs, conservadores e liberais". É ressaltado no site da fundação que "o seu nome representa a visão da reconstrução democrática da Alemanha, a consolidação externa numa sociedade de valores transatlânticos, transfronteiriços, a visão da unificação europeia e a orientação na economia social do mercado. O seu legado intelectual é a nossa missão e o nosso dever ao mesmo tempo". Disponível em: <www.kas.de/brasilien/pt/about/>. Acesso em: 27 abr. 2014.

posição de presidente da Assembleia do Estado e veio a falecer) teria sido um "político de verdade" (entrevista com Joaquim Haickel). Entre os postos ocupados, Nagib foi por três ocasiões deputado estadual (1966 a 1978) e duas vezes deputado federal (1978 a 1986). Sem ter sucesso na eleição para deputado estadual de 1986, desempenhou o cargo de administrador (ou interventor) de outro município, Zé Doca (situado na mesma região de Pindaré Mirim), durante aproximadamente três anos. Depois, em 1990, elegeu-se novamente deputado estadual.

Aos 22 anos Joaquim Haickel conseguiu se eleger deputado estadual com um montante de 16.850 votos, graças aos vínculos de parentesco, ou mais precisamente, pelo fato de "ser filho do Nagib", com quem fez uma "dobradinha" naquela ocasião (entrevista com Joaquim Haickel). Antes disso, foi chefe do gabinete oficial do então governador do estado, João Castelo. Já formado em direito pela UFMA, em 1986 repetiu a parceria com o pai, porém invertendo os cargos disputados. Novamente foi bem-sucedido, sendo eleito deputado federal aos 26 anos. Segundo ele, a inversão feita teria sido estratégica para oportunizar sua atuação como "constituinte", facilitada pela formação jurídica. Ele interpreta essa "experiência" como a chance de "poder privar da companhia de Florestan Fernandes, Arthur Da Távola, Luís Viana, ser assessorado por Miguel Reale, foi um negócio fantástico". A ida para a Assembleia Legislativa é classificada como um "mestrado" e a "experiência" de "constituinte" como um "doutorado" (entrevista com Joaquim Haickel).

Além das inserções políticas, na primeira metade da década de 1980 (no período em que ainda cursava a faculdade), Joaquim Haickel também investiu em sociabilidades e posicionamentos em domínios culturais. Um dos principais resultados desses empreendimentos e alvo constante de autoconsagração foi a edição de suplementos semanais no jornal *Estado Maranhão*, em 1983, e de 24 revistas mensais, entre 1984 e 1985, das publicações chamadas de Guarnicê,[138]

---

[138] Em 2003 foi publicado o "Almanaque Guarnicê. 20 anos", com poemas, fotos, caricaturas, crônicas, enfim, materiais predominantemente assinados pelos nove destaques da "geração Guarnicê" (Joaquim Haickel, Celso Borges, Roberto Kenard, Paulo Coelho, Érico, Ronaldo Braga, Cordeiro, Dulce Britto e Franco Jasiello).

bem como uma antologia de poemas, em 1984, e uma antologia de poemas eróticos, em 1985, além de meia dúzia de outros livros de poemas, contos, ensaios e cartuns.

Em matéria escrita no seu blog[139] e dedicada a homenagear os 20 anos do "Guarnicê", evidencia-se o esforço de Joaquim Haickel em aclamar as contribuições "intelectuais" (poesias, crônicas, críticas e desenhos, compilados e editados) de jovens, que estudaram "em bons colégios" e tiveram "uma boa orientação educacional, cultural e social". Do mesmo modo, Haickel exalta as "colaborações financeiras" do "velho pai" (que financiou a gráfica que eles montaram), do "dirigente do Sioge" (Serviço de Imprensa e Obras Gráficas do Estado) e de Fernando Sarney — "então presidente da Cemar, empresa patrocinadora de tudo que aconteceu nas artes e na cultura (e até nos esportes) do Maranhão de 1983 até 1995".[140]

Revelando, assim, os empreendimentos e vínculos valorizados.

É importante frisar ainda o reconhecimento reivindicado ao amigo e hoje sócio Fernando Sarney (chamado de "guru da cultura maranhense") e ao Sistema Mirante, de propriedade da "família de políticos" aos quais "os Haickel" estão ligados por vínculos de aliança desde o início da década de 1970. A divulgação do "Guarnicê" teria começado na rádio Mirante FM: "Foi lá que começamos tudo, fazendo o programa *Em Tempo de Guarnicê*, com essa mesma turma, onde apoiávamos e incentivávamos a música, a poesia e a cultura maranhense, foi de lá que surgiu a Revista Guarnicê".[141]

No mesmo processo de afirmação intelectual, tal "geração de poetas" polemizava com "ícones" da "intelectualidade maranhense". O movimento inaugural foi concretizado na primeira edição do suplemento que traz escrito na capa: "Qualquer semelhança com um movimento morto é mera coincidência". Procuravam, assim, redefinir o significado do termo Guarnicê, fazendo alusão à publicação de 1975, denominada *Hora do Guarnicê*, da qual participaram importantes escritores maranhenses de "outras gerações". A expressão

---

[139] Disponível em: <http://joaquimhaickel.globolog.com.br>. 15/11/2006. Acesso em: 4 fev. 2008.
[140] Disponível em: <http://joaquimhaickel.globolog.com.br>. Acesso em: 4 fev. 2008.
[141] Disponível em: <http://joaquimhaickel.globolog.com.br>. Acesso em: 4 fev. 2008.

cunhada pelos "brincantes" de bumba-meu-boi[142] "significa dar sustentação à brincadeira, velar a essência do ritual" e "beber na fonte de amos, índias e caboclos de pena e ali erguer a ponte entre o novo e o novilho" (Lima, 2003:39). Ainda no ano de 1983, muito do conteúdo dos textos produzidos no Guarnicê era de crítica à Academia Maranhense de Letras e à "concessão recorrente" que seus membros fariam ao poder oficial (Lima, 2003:39).

Contudo, uma tomada de posição política de Joaquim Haickel produziu tensões nas relações de sociabilidades culturais e políticas das quais desfrutava. Com a escolha dos representantes ao colégio eleitoral que participariam da eleição indireta do presidente da República (1984), Haickel, com colaboração do pai então presidente da Assembleia, foi um dos deputados estaduais encarregados de optar entre Tancredo Neves (com José Sarney de vice) ou Paulo Maluf. Porém, um dilema se coloca quanto ao posicionamento a ser assumido. De um lado, seu pai havia estabelecido alianças com Paulo Maluf mediante a convergência de elementos como: vinculação étnica, identificação partidária (então PDS), convivência no Congresso Nacional e retribuição ao auxílio dado por Maluf que teria "salvo a sua vida" (quando sofreu um enfarte, o político paulista enviou um jatinho e um cardiologista, Adib Jatene, para atendê-lo). De outro, seus elos em domínios políticos e culturais apoiavam Tancredo Neves. A "pressão" chegou ao auge quando, no dia 25 de outubro de 1984, foi publicada, nos principais jornais de São Luís, a intitulada "Carta aberta ao poeta-deputado Joaquim Haickel", assinada por importantes figuras do cenário político-cultural da ilha de São Luís (Lima, 2003:86-87). Em resposta, Haickel escreveu um "desabafo" intitulado "Um homem dividido", no qual se apresenta "encurralado entre a fidelidade familiar e a voz das ruas" (Lima, 2003:86-87).

Tal episódio teria lhe rendido uma série de conflitos e contestações. Acabou votando no candidato que era amigo do seu pai (Paulo Maluf), contrapondo-se à rede de lealdades na qual estava inserido ("família Sarney" e uma parte majoritária da "intelectualidade mara-

---

[142] Expressão da chamada "cultura popular" que possui destaque nas "festividades" de São João em junho.

nhense"). Com exceção do amigo e agora sócio Fernando Sarney, "um monte de amigos" dele se afastaram e teria passado "cinco anos no ostracismo" (entrevista com Joaquim Haickel). Apesar disso, com o apoio do pai, se elegeu deputado federal em 1986.

Não concorreu à reeleição em 1990 e os esforços, de pai e filho, se voltaram para o retorno de "Nagibão" à Assembleia Legislativa. Em 1991, Joaquim Haickel foi subsecretário de Ações Políticas durante aproximadamente três anos e subsecretário de Educação durante nove meses. Porém, em 1993, com o falecimento do pai, teria decidido sair temporariamente da cena política. Adiciona a isso a justificativa da necessidade de "consolidar" suas empresas. Nesse momento, fortaleceu sua sociedade com Fernando Sarney em uma cadeia de rádios. Sem deixar de mencionar o incremento dos seus empreendimentos editoriais.

Um hiato então acaba se estabelecendo no fluxo desse trajeto politicamente ascendente. Retornou aos pleitos somente em 1998 e conquistou três mandatos consecutivos de deputado estadual. Ele avalia tais conquistas como "100% suas", comparativamente à importância da intervenção do pai nas anteriores: "[...] o [mandato] de 82 e o de 86 me foi dado, eu ganhei de presente, esses três últimos foram meus, 100%. Esforço pessoal, eleitoral, financeiro, tudo. Eu sou o meu único doador na minha campanha de 2006, não recebi um centavo de ninguém" (entrevista com Joaquim Haickel).

Não concorreu à reeleição em 2010, mas foi convidado pela governadora Roseana Sarney para assumir a secretaria de Esportes do estado, cargo que ocupou entre 2011 e 2014.

No ano em que obteve sua última vitória eleitoral, 2006, passou a compor o rol de membros da Academia Imperatrizense de Letras, ocupando a cadeira nº 9. Um ano antes de decidir não disputar a reeleição, em 2009, foi empossado na cadeira nº 37 da Academia Maranhense de Letras. Em seu discurso de posse, Joaquim Haickel ativa elementos que tanto o afastam dos membros dessa galeria de notáveis (como as disposições para o comércio e os negócios ligadas à origem social) quanto o aproximam deles (em virtude da ascensão social do pai e seu pertencimento às mais altas rodas do Maranhão). Inicialmente, relembra a resistência do pai, Nagib, à dedicação que

Joaquim conferia à poesia na juventude. Para, logo depois, projetar o "orgulho" que ele teria tido ao ver o filho recebido por seus "amigos" (políticos, desembargadores, professores da faculdade de direito etc.) naquele "recinto". Reforçando sua inscrição nos "panteões regionais" da cultura, chegou à cadeira nº 47 do Instituto Histórico e Geográfico do Maranhão, em 2011.

Ao longo do trajeto político, Joaquim Haickel transitou por seis siglas partidárias: Partido Democrático Social (PDS); Partido do Movimento Democrático Brasileiro (PMDB); Partido Democrata Cristão (PDC); Partido Republicano Progressista (PRP); Partido Trabalhista Brasileiro (PTB); e Partido Socialista Brasileiro (PSB). Atualmente é filiado ao PMDB.

No blog que mantém no site "Imirante", sua autoapresentação é compatível com a forma como constrói seu reconhecimento a partir de um caráter multifacetado ou, como o definiu Rossini Correa (1991) no posfácio do livro *A ponte*, como um "homem de sete instrumentos". Novamente, a ênfase recai na promoção do "Guarnicê" como divisor de águas e destaca a atuação como:

> Poeta, contista e cronista, que, quando sobra tempo, também é deputado [...]. Mais de duas décadas depois do Guarnicê, o ainda parlamentar [...] permanece cronista, contista e poeta. Advogado [...] cinéfilo inveterado, ele alinhava um livro sobre cinema e psicanálise, que, segundo ele, será sua obra definitiva.[143]

Joaquim Haickel também mantém uma página numa rede social da internet na qual não somente as "facetas" até então mencionadas são exaltadas no álbum de fotografias como são igualmente consagradas outras habilidades, notadamente, como de "chefe de cozinha" e "jogador de basquete". Há fotos da família, principalmente da filha primogênita; de viagens ao exterior; apresentando-se como escritor, dando autógrafos; ao lado de "personalidades" da política maranhense (como Aderson Lago, Mauro Bezerra, Ricardo Murad) e da literatura nacional (como Fernando Morais e Mário Prata). Somam-

---

[143] Disponível em: <http://joaquimhaickel.globolog.com.br>. Acesso em: 4 fev. 2008.

-se a essas as muitas fotos na tribuna ou no parlamento. Para essas últimas, as legendas realçam comportamentos e gestos valorizados na apresentação de si: "professoral", "objetivo", "convicto", "irônico", "inflamado", "debochado", "argumentativo", "conciliador", "rindo", "gritando", "palestrando", "arquitetando", "explicando", "ouvindo".

Entre as demais publicações de Joaquim Haickel identificadas, estão: *A ponte*, livro de contos prefaciado por Artur da Távola; três livros de poemas: *O quinto cavalheiro*, *Manuscritos* e *Saltério de três cordas* (coautoria), prefaciado por Hernandes Herreira de Nunez e Nunez; e três volumes de ficção: *Confissões de uma caneta*, *Garrafa de ilusões* e *Clara Cor-de-Rosa, dito & feito* (livro de 2009 que reúne algumas de suas crônicas publicadas aos domingos no jornal *O Estado do Maranhão*); *Contos, crônicas, poemas & outras palavras*, lançado em 2012. Sua produção abrange também o setor audiovisual, com autoria e/ou produção e/ou direção do curta-metragem *Padre nosso*, do filme *Pelo ouvido* e dos desenhos animados *A ponte* e *Upaon-Açu... Saint Louis... São Luís...* (este último dedicado a fatos históricos que levaram à fundação de São Luís). Afora o próprio blog no qual publica contos, poemas, crônicas, comentários variados, com temas políticos, românticos, religiosos, posicionamentos sobre assuntos conjunturais, geralmente mesclando esses registros, entre outros.

Apontamentos finais

Os quatro casos analisados refletem algumas invariâncias e contrastes no que diz respeito às lógicas do recrutamento de elites políticas no Rio Grande do Sul e no Maranhão, já observadas em estudos anteriores.

No primeiro rol de aspectos persistentes, identificam-se o forte peso da herança familiar, a preponderância na formação em direito e, sobretudo, o relativamente alto nível de profissionalização política, atestada pela precocidade da entrada dos agentes na política e/ou pelo desdobramento de carreiras em cargos públicos e/ou eletivos.

Sobre a gama de elementos distintivos, pode-se igualmente destacar três evidências. A primeira, diz respeito ao ingresso na carreira política por posições mais periféricas e eletivas no Rio Grande do Sul (vereança no caso de Tarso Genro e deputação estadual no caso de José Fogaça), em contraposição à estreia por posições eletivas mais centrais ou por cargos públicos de nomeação no Maranhão (deputação federal no caso de Flávio Dino e oficial de gabinete do governador no caso de Joaquim Haickel).

A segunda refere-se à diversificação das instituições de ensino (públicas e privadas na capital e no interior) nas quais os "gaúchos" buscam seus títulos universitários (Universidade Federal de Santa Maria para Tarso Genro e PUC de Porto Alegre para José Fogaça), ao passo que há uma prevalência da formação na UFMA para os "maranhenses".

A terceira constatação é sobre a maior centralidade da vinculação a uma "região" ou a uma atividade profissional desempenhada como estratégia contundente de afirmação de lideranças para os casos do Rio Grande do Sul (observou-se o destaque assumido pelos "irmãos Genro" em Santa Maria e por José Fogaça pelo exercício do magistério e pela exposição na mídia), enquanto para os casos do Maranhão percebeu-se uma significativa dinâmica de cooptação conduzida por lideranças de facções que dominam a política estadual (o apoio da facção liderada pelo então governador José Reinaldo Tavares para Flávio Dino e a ligação "dos Haickel" com "os Sarney").

Indo mais além, é possível caracterizar alguns mecanismos comuns e estruturantes dos engajamentos, bem como sua tradução em termos de profissionalização política para os agentes investigados. No entanto, apoiando as considerações aqui expostas em verificações propiciadas pela investigação de universos mais amplos (em termos quantitativos e de dimensões de análise).

Inicialmente, é preciso sublinhar a relevância da origem social e da vinculação dos ascendentes familiares com a política. Nesse caso, atenta-se que os usos do patrimônio político familiar se mostram decisivos para a *politização*: 1) a socialização com o universo da "política"; 2) a constituição (muitas vezes racionalizada) de uma disposição para intervenção; 3) a mobilização de um capital de relações sociais e sua ativação para o acúmulo de capital eleitoral; 4) a administração de fidelidades intergeracionais e adaptação aos novos condicionantes da luta política; e 5) para a atenção voltada ao atendimento de clientelas diferenciadas (esforço nítido nos casos de Tarso Genro, Flávio Dino e Joaquim Haickel).

A isso se acrescenta a importância da apropriação, ativação e incremento do patrimônio cultural dos ascendentes que permitem o estabelecimento de uma ponte com a história regional e suas referências míticas. Nota-se, para uma configuração, como eles acionam, via laços de parentesco, identidades regionais ligadas às lutas políticas, militares e ao "mundo da estância" (para Tarso Genro na ambígua vinculação com o trabalhismo e para José Fogaça na definição e reivindicação do "nativismo" como "causa" de luta para os sul-rio-grandenses). E para a outra, do mesmo modo, como constroem uma relação simultaneamente de continuidade e de ruptura com a "tradição intelectual" do Maranhão, constantemente reinventada e fundamentada nas imagens do estado como "Atenas Brasileira" (tanto para Flávio Dino como para Joaquim Haickel).

Do que foi dito e descrito, pode-se focalizar que a "militância" em diferentes espaços e meios sociais é acompanhada de um repertório em constante reformulação no que diz respeito às temáticas e às "bandeiras de luta". E ainda é possível observar que essas inserções e reformulações se dão em sintonia com as reconfigurações das modalidades legítimas de intervenção que se afirmam no Brasil e no mundo.

De forma mais precisa e simplificadamente, procuramos sistematizar algumas modificações concernentes às temáticas privilegiadas nas tomadas de posição dos agentes analisados. Cabe sublinhar que, mais do que simples "temas", em muitos casos trata-se mesmo de referências de síntese que pautam os repertórios de mobilização agilizados nos mais variados domínios de inscrição militante.

Em Tarso Genro evidencia-se a substituição do debate acerca da "revolução socialista" pelas reflexões sobre a redefinição do "valor democrático". Esse deslocamento pautou e foi pautado pelos posicionamentos que assumia no transcorrer de seu trajeto e tendo em vista as interferências conjunturais e as condições históricas mais gerais. Nesse caso, há a convergência com estratégias de mobilização política e com os arranjos institucionais (destaque para as discussões em torno das ideias de "participação popular", "orçamento participativo", "fóruns de deliberação"....). Do mesmo modo, e indiscernivelmente, há a própria caracterização das profissões jurídicas e as intervenções sobre a agenda do governo a partir dos ministérios do Desenvolvimento Social, da Educação e da Justiça, fornecendo lógicas de atuação política passíveis de serem articuladas na composição de justificações oferecidas, interpelações solicitadas e ações assumidas.

Em Flávio Dino verifica-se uma alteração de ênfase semelhante ao caso anterior. E o movimento mais evidente foi das "causas" referentes à "classe trabalhadora" do "jovem advogado" às prescrições sobre o "Estado" do juiz e representante classista portador de uma "vocação para a coisa pública". Todas elas fundidas nos textos do deputado federal "neófito" no parlamento, membro de um partido periférico, mas com qualificados lugares de expressão garantidos pelo acesso ao centro da política nacional, pelo posicionamento na luta entre facções estaduais e pela biografia pessoal. Desse modo, o repertório de "causas esquerdistas" encontra condições de voz por meio de lógicas tidas como "tradicionais".

Embora privilegiando outras arenas de disputas que se constituem em torno de "causas culturais" (que não estão ausentes para os demais), José Fogaça e Joaquim Haickel utilizam objetos de disputas próprias aos "produtores de bens culturais" para constituir sinais diacríticos regionais como "causas políticas". De diferentes modos, a partir de múltiplos lugares e com variados recursos, ambos procuram fixar sua associação com "gerações" de poetas ou músicos do Rio Grande do Sul e do Maranhão, respectivamente, o que os permite constituir-se como porta-vozes e intérpretes do que é "genuíno" e "autêntico" nessas "regiões" ou "culturas". Símbolos sobrevalorizados como produtos políticos, na medida em que são pensados e mobilizados como instrumentos de afirmação da "cultura popular", geralmente concebida como "manifestação" preterida e em oposição àquelas fornecidas ora pela "indústria cultural" ou de "massa", ora pelos intelectuais estabelecidos de "gerações" anteriores (com os quais firmam relações sempre ambivalentes).

Seguindo o mesmo raciocínio, outro aspecto a ser destacado é o papel central que os casos analisados aqui desempenharam em empreendimentos com vistas à formulação de ofertas de interpretações sobre a "política" e a "cultura". Lançando mão dos capitais herdados e adquiridos, de recursos familiares ou individuais, os agentes constituíram redes de militantes e/ou ativistas culturais cristalizadas (principalmente nos "momentos heroicos") em lugares privilegiados de sociabilidades, de constituição de vínculos e alianças, de construção de "causas" legítimas e de tomadas de posição públicas. São exemplos disso: o jornal *Informação* e o Centro de Filosofia e Política para Tarso Genro (junto com seu irmão, Adelmo Genro Filho, e seu primo, Daniel Herz); as revistas jurídicas para Flávio Dino; os festivais nativistas para José Fogaça; e as publicações literárias para Joaquim Haickel.

Todos os elementos mencionados contribuem para o uso retrospectivo da categoria "geração", acionada como estratégia geral de consagração de si mediante a exaltação de um pertencimento geracional — sempre construído com base num sentido de excepcionalidade atribuído aos eventos e aos personagens ("contemporâneos"). Mais particularmente, o uso da ideia de "geração", nos casos investigados, emerge como pretexto (não necessariamente de modo manifesto, racionalizado ou cínico) para a demarcação de um espaço e, nele, de uma posição de mediador inter e intrageracional. A possibilidade da mediação entre diferentes "gerações" é revelada na recorrência com que procuram explicitar os elos de proximidade (não raro de parentesco mesmo) com aquelas personalidades ou lideranças estabelecidas. Aliás, paradoxalmente, tal proximidade acaba se impondo como a própria condição de superação do "antigo" e de afirmação do "novo". Logo, como possibilidade de reconhecimento dos seus mediadores como porta-vozes autorizados da "novidade". E essa "novidade" é fundamentada na utilização dos laços e dos saberes construídos a partir da inscrição em domínios políticos e intelectuais simultânea e inseparavelmente.

Desta forma, por fim, é importante ressaltar como os registros culturais e políticos acionados segundo lógicas sempre múltiplas e interpenetradas apresentam alguma correspondência com as posições ocupadas ao longo das carreiras políticas. Os móbiles de articulação e interpelação ativados se modificam com os deslocamentos na hierarquia do espaço político, assim como os veículos utilizados para as tomadas de posição no espaço público são mais sofisticados do ponto de vista dos critérios de excelência políticos e intelectuais. Como se observa, a afirmação política e a afirmação intelectual se complementam e funcionam como mecanismos de uma mesma dimensão da vida social (Lagroye, 1997). A escalada política é garantia de inserção em espaços mais qualificados e mais valorizados (como revistas e jornais), inclusive do ponto de vista universitário (como mostram os casos de Tarso Genro e Flávio Dino), permitindo um constante acréscimo de trunfos provenientes dos amálgamas entre diferentes domínios. Assim, o reconhecimento adquirido no âmbito intelectual reforça a condição de porta-voz de segmentos "desfavorecidos" e situados em posições "desvalorizadas" do espaço social (como os "trabalhadores", os "usuários da justiça", as "vítimas do trabalho escravo", os "produtores da cultura popular", os "artistas da região"...).

Referências

A POLÍTICA vem do berço: pais de Tarso se emocionam ao contar a história de seu rebento mais ilustre. *Zero Hora*, 27 out. 2002. Jornal da Eleição, p. 7.

ABREU, Alzira et al. (Org.). *Dicionário histórico-biográfico brasileiro pós-30*. Rio de Janeiro: Editora da FGV, 2001.

___. *Dicionário histórico-biográfico brasileiro pós-30*. Rio de Janeiro: FGV/CPDOC, 2009.

___. *Dicionário histórico-biográfico brasileiro pós-30*. Rio de Janeiro: FGV/CPDOC, 2011(versão online).

ACHIN, Catherine. Démocratisation du personnel politique et parité: un premier bilan. *Mouvements*, n. 18, p. 57-61, nov./dez. 2001.

ALMEIDA, Alfredo Wagner. *A ideologia da decadência*. Rio de Janeiro: Casa 8; Fundação Universidade do Amazonas, 2008.

ALMEIDA, Ana Maria F.; BITTENCOURT, Agda B. Anísio Teixeira, Paulo Renato: circulação internacional e carreiras políticas. In: CANÊDO, L.; TOMIKAZI, K.; GARCIA JR., A. *Estratégias educativas das elites brasileiras na era da globalização*. São Paulo: Hucitec, 2013. p. 213-247.

ALONSO, Angela. *Ideias em movimento*. A geração de 1870 na crise do Brasil-Império. Rio de Janeiro: Paz e Terra, 2002.

ANJOS, José Carlos dos. *Intelectuais, literatura e poder em Cabo Verde*. Tese (doutorado) — Programa de Pós-Graduação em Antropologia Social, Universidade Federal do Rio Grande do Sul, Porto Alegre, 1998.

ARAÚJO, Clara. Gênero e acesso ao Poder Legislativo no Brasil: as cotas entre as instituições e a cultura. *Revista Brasileira de Ciência Política Brasília*, n. 2, p. 23-59, jul./dez. 2009.

___. Partidos políticos e gênero: mediações nas rotas de ingresso das mulheres na representação política. *Revista de Sociologia e Política*, Curitiba, n. 24, p. 193-215, jun. 2005.

ARINOS, Afonso. *A escalada* (memórias). Rio de Janeiro: Livraria José Olympio, 1965.

___. *Alma do tempo* (memórias — mocidade e juventude). Rio de Janeiro: Livraria José Olympio, 1961.

___. *Alto-mar, maralto* (memórias). Rio de Janeiro: Livraria José Olympio, 1975.

___. *Diáric de bolso seguido de Retrato de noiva* (memórias). Rio de Janeiro: Nova Fronteira, 1979.

___. *Planalto* (memórias). Rio de Janeiro: Livraria José Olympio, 1967.

___. Processos contemporâneos de elaboração das Constituições. *Revista de Ciência Política*, Rio de Janeiro, v. 27, n. 1, p. 1-32, jan./abr. 1984.

___. *Um estadista da República*. Rio de Janeiro: Livraria José Olympio, 1955.

___ et al. *O Intelectual e o político*: encontros com Afonso Arinos. Brasília: Senado Federal; Fundação Getulio Vargas; Dom Quixote, 1983.

ARNAUD, Lionel; GUIONET, Christine. *Les frontières du politique*. Enquête sur les processus de politisation et de dépolitisation. Presses Universitaires de Rennes — P.U.R., 2005.

ARRUDA, Maria A. do Nascimento. *Mitologia da mineiridade*. São Paulo: Brasiliense, 1999.

AVELAR, Lúcia. *Mulheres na elite política brasileira*. São Paulo: Fundação Konrad Adenauer; Editora da Unesp, 2001.

AZEVEDO, Fernando. *Manifesto dos pioneiros da educação nova*. Recife: FJN; Massangana, 2010.

BACHELARD, Gaston. *A formação do espírito científico*: contribuição para uma psicanálise do conhecimento. Rio de Janeiro: Contraponto, 1996.

BADIE, Bertrand; HERMET, Guy. *Política comparada*. México: Fondo de Cultura Económica, 1993.

BAETA NEVES, Clarissa E. Estudos sociológicos sobre educação no Brasil. In: MICELI, S. (Org.). *O que ler na ciência social brasileira*. 1970-2002. São Paulo: Anpocs; Sumaré; Brasília, DF: Capes, 2002.

BAILEY, Frederick George. *Les régles du jeu politique*. Paris: PUF, 1971.

REFERÊNCIAS

BARREIRA, Irlys. *Imagens ritualizadas*: apresentação de mulheres em cenários eleitorais. São Paulo: Pontes, 1998.

___. Práticas parlamentares, habitus e performances no campo da política: a participação de mulheres no Congresso Nacional. In: ENCONTRO ANUAL DA ANPOCS, 30., 2006, Caxambu.

BARROS FILHO, José. *A tradição engajada*: origens sociais, redes e recursos eleitorais no percurso de um agente. Dissertação (mestrado) — Centro de Ciências Humanas, Universidade Federal do Maranhão, 2007.

BAUDELOT, Christian; ESTABLET, Roger. *Quoi de neuf chez les filles?* Entre stéréotypes et libertés. Paris: Nathan, 2007.

BEST, Heinrich; COTTA, Maurizio. *Parliamentary representatives in Europe 1848-2000*. Oxford: Oxford University Press, 2000.

BEZERRA, Marcos Otávio. *Corrupção*. Um estudo sobre poder público e relações pessoais no Brasil. Rio de Janeiro: Relume-Dumará, 1995.

___. *Em nome das bases*. Política, favor e dependência pessoal. Rio de Janeiro: Relume-Dumará, 1999.

BOLTANSKI, Luc. L'espace positionnel: multiplicité des positions institutionnelles et habitus de classe. *Revue Française de Sociologie*, v. 14, n. 14-1, p. 3-26, 1973.

BOISSEVAIN, Jeremy. Coaliciones. In: FÉLIX SANTOS, Requena (Org.). *Análisis de redes sociales*. Barcelona: Ciclo Veituinno, 2003. p. 147-183.

BOURDIEU, Pierre. *A dominação masculina*. Rio de Janeiro: Bertrand Brasil, 1999.

___. *A economia das trocas linguísticas*: o que falar quer dizer. São Paulo: Editora da Universidade de São Paulo, 1996a.

___. A ilusão biográfica. In: ___. *Razões práticas*. Campinas: Papirus, 1996c.

___. A representação política. Elementos para uma teoria do campo político. In: ___. *O poder simbólico*. Lisboa: Difel, 1989a.

___. *As regras da arte*. São Paulo: Companhia das Letras, 1996b.

___. Espaço social e gênese das classes. In: ___. *O poder simbólico*. Lisboa: Difel, 1989b. p. 133-161.

___. *Homo academicus*. Paris: Minuit, 1984a.

____. La delegation et le fetichisme politique. *Actes de la Recherché en Sciences Sociales*, n. 52-53, p. 49-55, 1984b.

____. *La distinction*: critique sociale du jugement. Paris: Minuit, 1979.

____. *La noblesse d'État*: grandes ecoles et esprit de corps. Paris: Les Editions de Minuit, 1989c.

____. Le mort saisit le vif. As relações entre história reificada e a história incorporada. In: ____. *Lições da aula*. São Paulo: Ática, 1988.

____. *O poder simbólico*. Rio de Janeiro: Difel, 1989d. p. 75-106.

____. Os modos de dominação. In: ____. *A produção da crença*: contribuição para uma economia dos bens simbólicos. São Paulo: Zouk, 2002.

BRIQUET, Jean-Louis. Communiquer en actes. Prescriptions de rôle et exercice quotidien du métier politique. *Politix*, v. 7, n. 28, p. 16-26, 1994.

BRITO, Maria Noemi C. Gênero e cidadania: referenciais analíticos. *Estudos Feministas*, n. 1, p. 1-8, 2001.

BUCLET, Benjamin. Os peritos não governamentais da biodiversidade amazônica e seus financiadores Internacionais: uma parceria desigual em torno de interesses comuns. *Revista Pós Ciências Sociais*, v. 6, n. 12, p. 89-114, 2009.

BURREL, Barbara C. *A woman's place is in the house*: campaigning for Congress in the feminist era. Ann Arbor: University of Michigan Press, 1994.

CAMARGO, Aspásia et al. *O intelectual e o político*. Encontros com Afonso Arinos. Brasília: Senado Federal; Dom Quixote; Rio de Janeiro: CPDOC/FGV, 1983.

CANÊDO, Letícia Bicalho. Continuidade e descontinuidade na ordem política brasileira: o caso de Minas Gerais. In: COLÓQUIO SABER E PODER, 2008, Campinas.

____. Herdeiros, militantes, cientistas políticos: socialização e politização dos grupos dirigentes no Brasil. In: ____ (Org.). *Estratégias educativas das elites brasileiras na era da globalização*. São Paulo: Hucitec, 2013. p. 24-53.

____. Metáforas da família na transmissão do poder político. *Cadernos do Cedes*, Campinas, v. 42, p. 29-52, 1997.

____. O capital político multiplicado no trabalho genealógico. *Revista Pós Ciências Sociais*, v. 8, n. 15, p. 55-76, 2011.

CARVALHO, José Murilo de. *A construção da ordem*. Rio de Janeiro: Relume-Dumará, 1996.

CHALOUB, Jorge. Dois liberalismos na UDN: Afonso Arinos e Lacerda entre o consenso e o conflito. *Revista Estudos Políticos*, n. 6, p. 294-311, 2013.

CHAMPAGNE, Patrick. *Formar a opinião*: o novo jogo político. Petrópolis: Vozes, 1998.

CHARLE, Christophe. Concorrences entre elites et champ du pouvoir. In: COHEN, Antonin; LACROIX, Bernard; RIUTORT, Philippe. *Nouveau manuel de science politique*. Paris: La Découverte, 2009. p. 137-151.

___. *Naissance des "intellectuels" (1880-1900)*. Paris: Editions de Minuit, 1990.

___; VERGER, J. *História das universidades*. São Paulo: Editora da Unesp, 1996.

COELHO, Edmundo C. *As profissões imperiais*: medicina, engenharia e advocacia no Rio de Janeiro (1822-1930). Rio de Janeiro: Record, 1999.

COLLOVALD, Annie. De la défense des pauvres nécessiteux à l'humanitaire expert. Reconversion et métamorphoses d'une cause politique. *Politix*, n. 56, p. 135-161, 2001.

___. Identité(s) stratégique(s). *Actes de la recherche en sciences sociales*, v. 73, n. 73, p. 29-40, 1988.

___. *Jacques Chirac et le gaullisme*. Biographie d'un héretier à histoires. Paris: Belin, 1999.

___. La république du militant. Recrutement et filières de la carrière politique des députés socialistes, 1981. In: BIRNBAUN, Pierre (Dir.). *Les élites socialistes au pouvoir*. Paris: PUF, 1985. p. 11-52.

CORADINI, Odaci Luiz. As missões da "cultura" e da "política": confrontos e reconversões de elites culturais e política no Rio Grande do Sul (1920-1960). In: REIS, Eliana T. dos; GRILL, Igor G. (Org.). *Estudos sobre elites políticas e culturais*. São Luís: Edufma, 2014. p. 71-100.

___. Engajamento associativo/sindical e recrutamento de elites políticas: "empresários" e "trabalhadores" no período recente no Brasil. *Antropolítica*, v. 19, p. 113-146, 2007.

____. *Estudos de grupos dirigentes no Rio Grande do Sul*: algumas retribuições recentes. Porto Alegre: Editora da UFRGS, 2008.

____. Origens sociais, mediação e processo eleitoral num município de imigração italiana. In: PALMEIRA, M.; BARREIRA, I. (Org.). *Candidatos e candidaturas*: enredos de campanha eleitoral no Brasil. São Paulo: Annablume, 1998a.

____. Os professores de ensino superior como posição social: segmentação interna e relações com centros internacionais. In: CANÊDO, L.; TOMIKAZI, K.; GARCIA JR., A. *Estratégias educativas das elites brasileiras na era da globalização*. São Paulo: Hucitec, 2013. p. 248-271.

____. Os usos das ciências humanas e sociais pelo catolicismo e pelo luteranismo e as relações centro/periferia. *Repocs*, São Luís, v. 9, n. 17, p. 101-122, 2012.

____. Panteões, iconoclastas e as ciências sociais. In: FELIX, Loiva Otero et al. (Org.). *Mitos & heróis*: construção de imaginários. Porto Alegre: Editora da Universidade Federal do Rio Grande do Sul, 1998b. p. 219-240

____; REIS, Eliana T. dos. Transações culturais, intelectuais e as ciências sociais. *Repocs*, São Luís, v. 9, n. 12, p. 9-18, 2012.

CORREA, Rossini. Joaquim Haickel: a ponte. In: HAICKEL, Joaquim. *A ponte*. São Paulo: Global, 1991.

COSTA, Luiz Domingos; CODATO, Adriano. Profissionalização ou popularização da classe política brasileira? Um perfil dos senadores da república. In: MARENCO, A. (Org.). *Os eleitos*: representação e carreiras políticas em democracia. Porto Alegre: Editora da UFRGS, 2013. p. 107-134.

DAVIS, John. *Antropología de las sociedades mediterráneas*. Barcelona: Anagrama, 1977.

DÉZALAY, Yves; GARTH, Bryant. A dolarização do conhecimento técnico-profissional do Estado: processos transnacionais e questões de legitimação na transformação do Estado (1960-2000). *Revista Brasileira de Ciências Sociais*, São Paulo, v. 15, n. 43, p. 163-175, 2000.

DOGAN, Mattei. Les professions propices à la carrière politique. Osmoses, filières et viviers. In: OFFERLÉ, Michel. *La profession politique*. Paris: Belin, 1999. p. 171-200.

DOLAN, Kathleen. *Voting for women*: how the public evaluates women candidates. Boulder: Westview Press, 2004.

DUBOIS, Vincent. Introduction. In: ___. *La culture comme vocation*. Paris: Éditions Raisons d'Agir, 2013. p. 9-24.

DULONG, Delphine. Des actes d'institution d'un genre particulier: les conditions de légitimation des femmes sur la scène électorale (1945 et 2001). In: LAGROYE, Jacques (Dir.). *La politisation*. Paris: Belin, 2003. p. 425-443.

___. Quand l'economie devient politique. La conversion de la compétence economique en compétence politique sous la V Republique. *Politix*, n. 35, p. 109-130, 1996.

___. *Sociologie des institutions politiques.* Paris: La Découverte, 2012. (Coll. "Repères").

ELIAS, Norbert. The changing balance of power between the sexes. A process-sociological study: the example of the Ancient Roman State. *Theory, Culture & Society*, Londres, v. 4, n. 2, p. 287-316, 1987.

ENGELMANN, Fabiano. *Diversificação do espaço jurídico e lutas pela definição do direito no Rio Grande do Sul*. Tese (doutorado) — Programa de Pós-Graduação em Ciência Política, Universidade Federal do Rio Grande do Sul, Porto Alegre, 2004.

FAUSTO, Boris. Imigração e participação política na Primeira República. In: ___ et al. (Org.). *Imigração e política em São Paulo*. São Paulo: Sumaré, 1995. p. 7-26.

FÁVERO, Maria de Lourdes. A universidade no Brasil: das origens à Reforma Universitária de 1968. *Educar*, Curitiba, n. 28, p. 17-36, 2006.

FILLIEULE, Olivier. *Le désengagement militant*. Paris: Belin, 2005.

FOUCAULT, Michel. *A arqueologia do saber*. Rio de Janeiro: Forense Universitária, 2000.

FREIRE, Victorino. *A Laje da Raposa*. Rio de Janeiro: Guavira, 1978.

GAÏTI, Brigitte. La science dans la mêlée: usages croisés des discurs savants et militants. In: HAMMAN, P.; MÉON, J.-M.; VERRIER, B. (Dir.). *Dicours savants, discours militants*: mélange des genres. Paris: l'Harmattan, 2002.

GARCIA JR., Afrânio. Les intellectuels et la conscience nationale au Brésil. *Actes de la Recherche en Sciences Sociales*, n. 98, p. 2-33, 1993a.

____. Reconversion des elites agraires: du pouvoir local au pouvoir national. *Études Rurales*, Paris, n. 131-132, p. 89-105, dez. 1993b.

GARRAUD, Philippe. Le métier d'élu local: les contraintes d'un role. In: FONTAINE, J.; LE BART, C. (Dir.). *Le métier d'élu local*. Paris: Harmattan, 1993. p. 29-54.

____. La politique à l'épreuve du jugement judiciaire. La pénalisation croissante du politique comme "effet induit" du processus d'autonomisation de l'institution judiciaire. In: BRIQUET, J. L.; GARRAUD, P. (Dir.). *Juger la politique*: entreprises et entrepreneurs de la politique. Paris: Préses Universitaires Rennes, 2001. p. 25-43.

GARRIGOU, Alan. Clientélisme et vote sous la IIIe République. In: BRIQUET, J-L.; SAWICKI, F. *Le clientélisme politique dans les sociétes contemporaines*. Paris: PUF, 1998. p. 39-74.

GAXIE, Daniel. Économie des partis et rétributions du militantisme. *Revue Française de Science Politique*, v. 27, n. 2, p. 123-154, fev. 1977.

____. *La démocratie représentative*. Paris: Montchrestien, 1993.

____. Les logiques du recrutement politique. *Revue Française de Science Politique*, v. 30, n. 3, p. 5-45, fev. 1980.

____. Rétribuitions du militantisme et paradoxes de l'action collective. *Swiss Polical Science Review*, v. 11, n. 1, p. 157-188, 2005.

____; OFFERLÉ, Michel. Les militants syndicaux et associatifs au pouvoir? Capital social collectif et carrière politique. In: BIRNBAUN, P. (Dir.). *Les élites socialistes au pouvoir*. Paris: PUF, 1985. p. 105-138.

GENRO, Adelmo. *Um tal Mathias Capador*. Porto Alegre: Martins Livreiro, 1983.

GRÈZES-RUEFF, François. *La culture des députés français (1910-1958)*: essai de typologie. Toulouse: Presses Universitaires du Mirail, 1994.

GRILL, Igor G. As múltiplas notabilidades de Afonso Arinos: biografias, memórias e a condição de elite no Brasil do século XX. *Revista Sociologia Política*, v. 23, n. 54, p. 21-42, jun. 2015.

____. Bases sociais e intérpretes da tradição trabalhista no Rio Grande do Sul. *Dados*, v. 48, n. 3, p. 525-556, 2005.

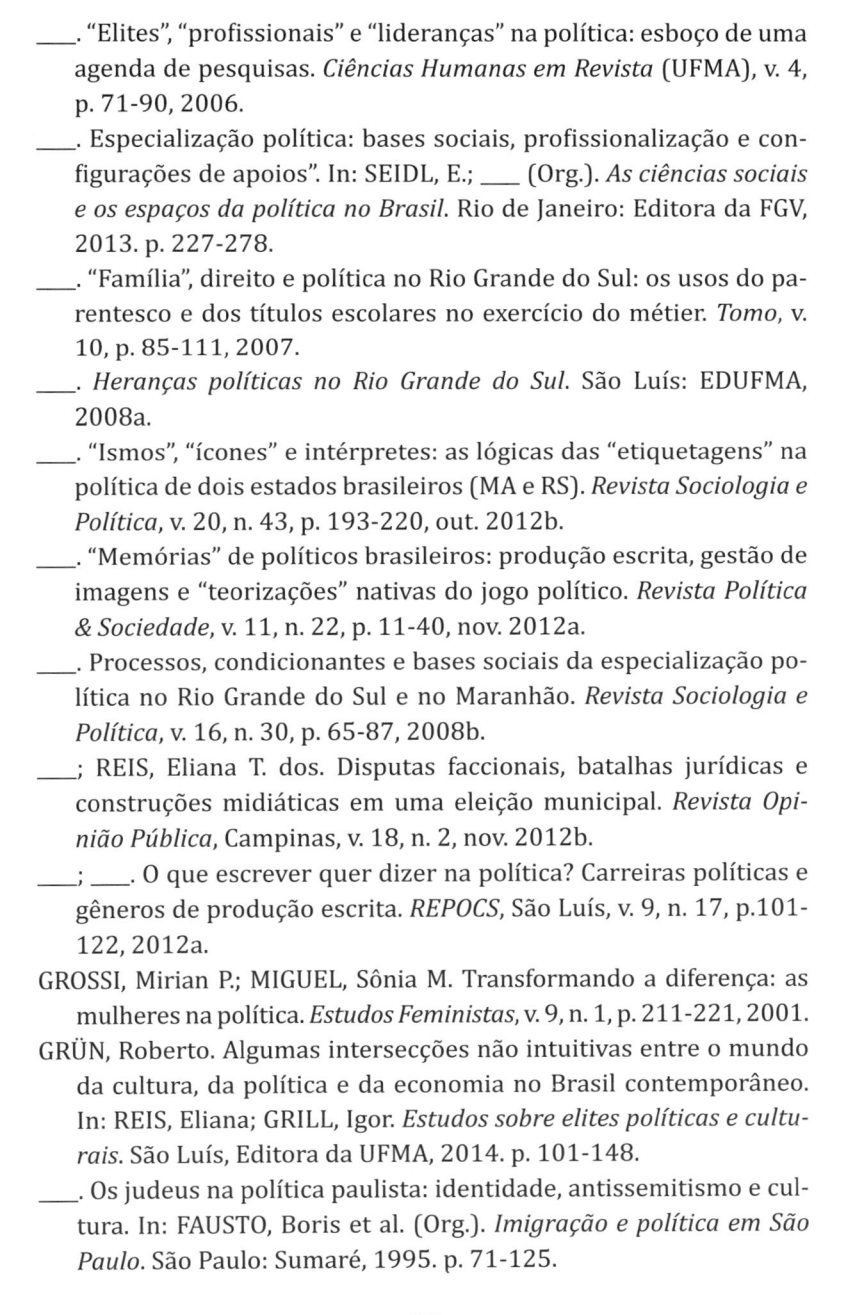

___. "Elites", "profissionais" e "lideranças" na política: esboço de uma agenda de pesquisas. *Ciências Humanas em Revista* (UFMA), v. 4, p. 71-90, 2006.

___. Especialização política: bases sociais, profissionalização e configurações de apoios". In: SEIDL, E.; ___ (Org.). *As ciências sociais e os espaços da política no Brasil*. Rio de Janeiro: Editora da FGV, 2013. p. 227-278.

___. "Família", direito e política no Rio Grande do Sul: os usos do parentesco e dos títulos escolares no exercício do métier. *Tomo*, v. 10, p. 85-111, 2007.

___. *Heranças políticas no Rio Grande do Sul*. São Luís: EDUFMA, 2008a.

___. "Ismos", "ícones" e intérpretes: as lógicas das "etiquetagens" na política de dois estados brasileiros (MA e RS). *Revista Sociologia e Política*, v. 20, n. 43, p. 193-220, out. 2012b.

___. "Memórias" de políticos brasileiros: produção escrita, gestão de imagens e "teorizações" nativas do jogo político. *Revista Política & Sociedade*, v. 11, n. 22, p. 11-40, nov. 2012a.

___. Processos, condicionantes e bases sociais da especialização política no Rio Grande do Sul e no Maranhão. *Revista Sociologia e Política*, v. 16, n. 30, p. 65-87, 2008b.

___; REIS, Eliana T. dos. Disputas faccionais, batalhas jurídicas e construções midiáticas em uma eleição municipal. *Revista Opinião Pública*, Campinas, v. 18, n. 2, nov. 2012b.

___; ___. O que escrever quer dizer na política? Carreiras políticas e gêneros de produção escrita. *REPOCS*, São Luís, v. 9, n. 17, p.101-122, 2012a.

GROSSI, Mirian P.; MIGUEL, Sônia M. Transformando a diferença: as mulheres na política. *Estudos Feministas*, v. 9, n. 1, p. 211-221, 2001.

GRÜN, Roberto. Algumas intersecções não intuitivas entre o mundo da cultura, da política e da economia no Brasil contemporâneo. In: REIS, Eliana; GRILL, Igor. *Estudos sobre elites políticas e culturais*. São Luís, Editora da UFMA, 2014. p. 101-148.

___. Os judeus na política paulista: identidade, antissemitismo e cultura. In: FAUSTO, Boris et al. (Org.). *Imigração e política em São Paulo*. São Paulo: Sumaré, 1995. p. 71-125.

GRYNSZPAN, Mário. A teoria das elites e sua genealogia consagrada. *BIB*, n. 41, p. 35-83, 1996.

___. Os idiomas da patronagem: um estudo da trajetória de Tenório Cavalcanti. *Revista Brasileira de Ciências Sociais*, São Paulo, v. 5, n. 14, p. 73-90, out. 1990.

___; GRILL, Igor G. Elites: recursos e legitimação. *Revista Pós Ciências Sociais*, v. 8, n. 15, p. 9-14, 2011.

GUILHOT, Nicolas. Les professionnels de la démocratie. Logiques militantes et logiques savantes dans le nouvel internationalisme américain. *Actes de la Recherche en Sciences Sociales*, Paris, n. 139, p. 53-65, 2001.

GUIONNET, Christine; NEVEU, Érik. *Féminin/masculin.* Sociologie du genre. Paris: Armand Colin, 2004. (Collection U).

GUSSO, D. A.; CÓRDOVA, R de A.; LUNA, S. V. de. *A pós-graduação na América Latina*: o caso brasileiro. Brasília: Unesco/Cresalc; MEC/Sesu/Capes, 1985.

JACKS, Nilda. *Mídia nativa*: indústria cultural e cultural regional. Dissertação (mestrado) — Programa de Pós-Graduação em Antropologia Social, Universidade Federal do Rio Grande do Sul, Porto Alegre, 1987.

KRIEGER, Daniel. *Desde as missões.* Rio de Janeiro: Livraria José Olympio, 1976.

LAGRAVE, Rose Marie. Recherches féministes ou recherches sur les femmes. *Actes de la Recherche en Sciences Sociales*, v. 83, p. 27-39, 1990.

LAGROYE, Jacques. Être du métier. *Politix*, n. 28. p. 5-15, 1994.

___. Le processus de politisation. In: LAGROYE, Jacques (Org.). *La politisation*. Paris: Belin, 2003. p. 359-372.

___. *Sociologie politique.* Paris: Presses de Sciences Po et Dalloz, 1997.

LAHIRE, Bernard. *Monde pluriel.* Paris: Seuil, 2012.

LANDÉ, Carl H. Introduction: the dyadic basis of clientelism. In: SCHMIDT, S.W. et al. (Ed.). *Friends, followers and factions.* A reader in political clientelism. Berkeley: University of California Press, 1977. p. xiii-xxxvii

LATTMAN-WELTMAN, Fernando. *A política domesticada*: Afonso Arinos e o colapso da democracia em 1964. Rio de Janeiro: FGV, 2005.

LE BART, Christian. La construction sociale du genre "livre politique". In: ARNAUD, L.; GUIONNET, C. (Org.). *Les frontières du politique*. Paris: PUF, 2005. p. 27-48.

___. *La politique en librairie*. Les stratégies de publication des professionnels de la politique. Paris: Armand Colin/Recherches, 2012.

___. L'écriture comme modalité d'éxercice du métier politique. *Revue Française de Science Poltique*, v. 48, p. 76-96, 1998.

___; NEVEU, Érik. Quand des énarques se font écrivains: un art du "Grand Écrit". *Mots*, n. 54, p. 9-26, mar. 1998.

LE GAL, Laurent; OFFERLÉ, Michel; PLOUX, François (Org.). *La politique sans en avoir l'air*. Rennes: PUR, 2012.

LÉVÊQUE, Sandrine, DULONG, Delphine. Une ressource contigente. Les conditions de reconversion du genre em ressource politique. *Politix*, v. 15, n. 60, p. 81-111, 2002.

LIMA, Félix Alberto. *Almanque Guarnicê 20 anos*. São Luís: Clara Editores; Edições Guarnicê, 2003.

LOUREIRO, Maria Rita. Economistas e elites dirigentes no Brasil. *Revista Brasileira de Ciências Sociais*, n. 20, p. 45-65, 1992.

___. *Economistas no governo*: gestão econômica e democracia. Rio de Janeiro: Editora da FGV, 1997.

___; OLIVIERI, Cecília; MARTES, Ana Cristina. Burocratas, partidos e grupos de interesse: o debate sobre política e burocracia no Brasil. In: ___; ABRUCIO, F. L.; PACHECO, R. S. *Burocracia e política no Brasil*. Rio de Janeiro: Editora da FGV, 2010. p. 73-108.

MACEDO, Roberto. Antônio Delfim Netto. *Estudos Avançados*, v. 15, n. 43, p. 375-385, 2001.

MAIA, Tatiana. *Os cardeais da cultura nacional*: o conselho federal de cultura na ditadura civil-militar. São Paulo, Itaú Cultural; Iluminuras, 2012.

MANIFESTO dos pioneiros da nova educação (1932) e dos educadores (1959). Fernando de Azevedo et al. Recife: Fundação Joaquim Nabuco; Massangana, 2010.

MARENCO DOS SANTOS, André. *Não se fazem mais oligarquias como antigamente*: recrutamento parlamentar, experiência política e vínculos partidários entre deputados brasileiros [1946-1998].

Tese (doutorado) — Universidade Federal do Rio Grande do Sul, Porto Alegre, 2000.

____. Sedimentação de lealdades partidárias no Brasil: tendências e descompassos. *Revista Brasileira de Ciências Sociais*, v. 6, n. 45, p. 69-83, 2001.

____; SERNA, Miguel. Por que carreiras políticas na esquerda e na direita não são iguais? Recrutamento legislativo em Brasil, Chile e Uruguai. *Revista Brasileira de Ciências Sociais*, v. 22, p. 93-113, 2007.

MARQUES, Edicarla dos Santos. *Uma história social dos carnavais de Amargosa*. Feira de Santana. Dissertação (mestrado em história) — Universidade Estadual de Feira de Santana, Feira de Santana, 2010.

MARQUETTI, Dominique. Le journalisme d'investigation: genèse et consécration d'une spécialité journalistique. In: BRIQUET, J. L.; GARRAUD, P. *Juger la politique*: entreprises et entrepreneurs de la politique. Paris: Préses Universitaires Rennes, 2001. p. 167-191.

MARTINS, Carlos Benedito. A reforma universitária de 1968 e a abertura para o ensino superior privado no Brasil. *Educação & Sociedade*, Campinas, v. 30, n. 106, p. 15-35, jan./abr. 2009.

____. Estudos sociológicos sobre educação no Brasil. In: MICELI, Sergio (Org.). *O que ler na ciência social brasileira*. 1970-2002. São Paulo: Sumaré; Brasília: Capes, 2002. p. 351-437.

MATONTI, Frédérique; POUPEAU, Franck. O capital militante. Uma tentativa de definição. *Plural*, n. 13, p. 127-133, 2. sem. 2006.

MAYER, Adrian C. A importância dos quase-grupos no estudo das sociedades complexas. In: FELDMAN-BIANCO, B. (Org.). *Antropologia das sociedades contemporâneas*. São Paulo: Global, 2010. p. 127-158.

MEDVETZ, Tom. Hybrid intellectuals: toward a theory of think tanks and public policy experts in the United States. *Paper Social Sciences*. dez. 1990. Disponível em: <www.socialsciences.cornell.edu/0609/Medvetz.html>.

____. Think tanks as an emergent field. *The Social Science Research Council*, p. 1-10, out. 2008.

MENDONÇA, Ana Waleska. A universidade no Brasil. *Revista Brasileira de Educação*, n. 14, p. 131-194, 2000.

MENEGUELLO, Rachel. *Partidos e governos no Brasil contemporâneo (1985-1987)*. Rio de Janeiro: Paz e Terra, 1998.

MICELI, Sergio. Carne e osso da elite política brasileira pós-30. In: FAUSTO, B. *História geral da civilização brasileira*: o Brasil republicano. Sociedade e política (1930-1964). São Paulo: Difel, 1981. p. 557-596.

___. *Intelectuais e classe dirigente no Brasil (1920-1945)*. Rio de Janeiro: Difel/Difusão Editorial SA, 1979.

___. *Poder, sexo e letras na República Velha*. São Paulo: Perspectiva, 1977.

MOREIRA FILHO, Eliezer. *Coleção cartas às minhas filhas*. São Luís: Gráfica e Editora Belas Artes, 2007. v. 1 e 2.

NAVA, Pedro. Afonso. In: CAMARGO, Aspásia et al. *O intelectual e o político*. Encontros com Afonso Arinos. Brasília: Senado Federal; Dom Quixote; Rio de Janeiro: CPDOC/FGV, 1983. p. 27-47.

NEVEU, Erik. Le sceptre, les masques et la plume. *Mots*, Paris, n. 32, p. 7-27, ago. 1992.

___. Métier politique: d'une institutionnalisation à une autre. In: LAGROYE, J. (Org.). *La politisation*. Paris: Belin, 2003. p. 103-121.

___. *Sociologia do jornalismo*. São Paulo: Loyola, 2006.

NUNES, Edson. *A gramática política do Brasil*. Rio de Janeiro: Jorge Zahar, 2003.

O CANDIDATO por ele mesmo. Tarso Genro. *Zero Hora*, 11 set. 2002. Jornal da Eleição, p. 4-5.

O FILHO do farmacêutico. José Fogaça. *Zero Hora*, 24 out. 2004. Reportagem Especial, p. 4.

OFFERLÉ, Michel. Entrées en politique (présentation). *Politix*, n. 35, p. 3-5, 1996.

___. *La profession politique. XIX-XX siècles.* Paris: Belin, 1999.

___. *Les partis politiques*. Paris: PUF, 1997.

OLIVEIRA, Wilson José F. de. *Paixão pela natureza, atuação profissional e participação na defesa de causas ambientais no Rio Grande do Sul entre 1970 e inícios dos anos 2000*. Tese (doutorado) — Programa de Pós-Graduação em Antropologia Social, Universidade Federal do Rio Grande do Sul, Porto Alegre, 2005.

PAIM, Paulo. *O rufar dos tambores*. Brasília: Senado, 2006.

PALMEIRA, Moacir; GOLDMAN, Márcio (Org.). *Antropologia, voto e representação política*. Rio de Janeiro: Contra-capa Livraria, 1996.

___; HEREDIA, Beatriz. *Política ambígua*. Rio de Janeiro: Relume-Dumará, 2010.

PÉCAUT, Daniel. *Os intelectuais e a política no Brasil, entre o povo e a nação*. São Paulo: Ática, 1990.

PERISSINOTTO, Renato. Burocracia econômica e industrialização no Brasil (1930-1966): notas para uma futura comparação com o caso argentino. In: ENCONTRO ANUAL DA ANPOCS, 36., 2012. *Anais*...

___; MIRÍADE, Angel. Caminhos para o parlamento: candidatos e eleitos nas eleições para deputado federal em 2006. *Dados*, v. 52, p. 301-333, 2009.

PERROT, Michelle. Escrever uma história das mulheres. Relato de uma experiência. *Cadernos Pagu*, Dossiê História das Mulheres no Ocidente, n. 4, p. 9-28, 1995.

PETRARCA, Fernanda Rios. *O jornalismo como profissão*: recursos sociais, titulação acadêmica e inserção profissional dos jornalistas no RS. Tese (doutorado) — Programa de Pós-Graduação em Sociologia, Universidade Federal do Rio Grande do Sul, Porto Alegre, 2007.

PHELIPPEAU, Erik. *L'invention de l'homme politique moderne*. Paris: Bélin, 2002.

PINTO, Céli R. J. Feminismo, história e poder. *Revista de Sociologia e Política*, v. 18, p. 15-23, 2010.

___. Paradoxos da participação política das mulheres no Brasil. *Revista USP*, São Paulo, n. 49, p. 98-112, mar./maio 2001.

___; MORITZ Maria Lúcia. A tímida presença da mulher na política brasileira: eleições municipais em Porto Alegre (2008). *Revista Brasileira de Ciência Política*, Brasília, n. 2, p. 61-87, jul./dez. 2009.

PIZZORNO, Alessandro. Algum tipo diferente de diferença: uma crítica das teorias da escolha racional. In: FOXLEY, A. et al. *Desenvolvimento e política*. São Paulo: Vértice, 1988. p. 366-386.

___. Sur la rationalité du choix démocratique. In: BIRNBAUM, Pierre; LECA, Jean (Dir.). *Sur l'individualisme*. Paris: FNSP, 1986. p. 364-369.

POLITIX. Dossier: Entrées en politique. *Politix: Revue des sciences sociales du politique*, v. 9, n. 35, 1996.

___ Dossier: Être du métier. *Politix: Revue des sciences sociales du politique*, v. 7, n. 28, 1994.

___. Dossier: Trajectoires de la notabilité. *Politix: Revue des Sciences Sociales du Politique*, v. 17, n. 67, 2004.

POLLAK, Michel. *L'expérience concentrationaire*. Paris: Métailié, 2000.

PONTES, Heloísa. Retratos do Brasil: um estudo dos editores, das editoras e das "coleções brasilianas", nas décadas de 1930, 40 e 50. *Boletim Informativo e Bibliográfico (BIB)*, Rio de Janeiro, n. 26, p. 56-89, 1988.

QUEM é quem nas letras sul rio-grandenses. *Correio do Povo*, 10 jan. 1981. Caderno de Sábado, p. 5.

QUINTELLA, Maria Madalena Diegues. Cultura e poder ou espelho, espelho meu: existe alguém mais culto do que eu? In: MICELI, Sergio (Org.). *Estado e cultura no Brasil*. São Paulo, Difel, 1984. p. 113-135.

RAVENEL, Bernard. L'irrésistible crise du militantisme politique classique. *Mouvements*, n. 3, p. 19-27, mar./abr. 1999.

REIS, Eliana T. dos. Apropriações da gramática democrática, perfis militantes e concepções de gestão pública (RS e MA). In: SANTOS, A. M. dos (Org.). *Os eleitos/as eleitas*. Porto Alegre: EDUFRGS, 2013b. p. 189-224

___. Da contestação à profissionalização política: capital militante, capital social e capital político. In: GRILL, Igor Gastal; REIS, Eliana; BARROS FILHO, José. *Elites, profissionais e lideranças políticas (RS e MA)*. São Luís: Editora da UFMA, 2008. p. 83-170.

___. Saberes em movimento: transações entre "intelectuais", definições de ciências sociais e a "política". In: SEIDL, E.; GRILL, I. G. (Org.). *As ciências sociais e os espaços da política no Brasil*. Rio de Janeiro: Editora da FGV, 2013a. p. 21-74.

___. *Trajetórias, espaços e repertórios de intervenção política*. Porto Alegre: Zouk; São Luís: Edufma, 2015.

___. Um tipo diferente de diferença na elite política: perfis políticos e inserções culturais de parlamentares brasileiras. *Cadernos Pagu*, n. 43, p. 233-263, 2014.

___; GRILL, Igor. G. (Org.). *Estudos sobre elites políticas e culturais*. São Luís: EDUFMA, 2014a.

___; ___ (Org.). *Estudos sobre elites políticas e culturais*: reflexões e apropriações não canônicas. São Luís: EDUFMA, 2016.

___; ___. Letrados e votados: lógicas cruzadas do engajamento político no Brasil. *Tomo*, v. 13, p. 127-168, 2008.

___; ___. O espaço das fundações partidárias no Brasil: institucionalização de partidos, carreiras políticas e perfis intelectuais. In: ENCONTRO DA ASSOCIAÇÃO BRASILEIRA DE CIÊNCIA POLÍTICA, IX, 2014, Brasília. 2014b. *Anais...*

___; ___. Trajetórias de multinotabilidade: reconfigurações históricas e condicionantes sociais das inscrições políticas e culturais de parlamentares brasileiros. *Revista Dados*, v. 58, n. 2, p. 331-369, 2015.

ROCHA, Daniella N. C. Compétences acquises en France et la fabrication des élites politiques du Brésil contemporain. *Cahiers des Amériques Latines*, v. 48-49, p. 91-106, 2005.

RODRIGUES, Caio Farah; FALCÃO, Joaquim. O projeto da escola de direito do Rio de Janeiro. *Cadernos FGV Direito Rio*, Texto para discussão n. 1, Rio de Janeiro, p. 4-15, 2005.

RODRIGUES, Leôncio Martins. *Mudanças na classe política brasileira*. São Paulo: PubliFolha, 2006.

___. Partidos, ideologia e composição social. *Revista Brasileira de Ciências Sociais*, v. 17, p. 31-47, 2002.

SAINT MARTIN, Monique de. À propos d'une rencontre entre chercheurs: science sociales et politique au Brésil. *Actes de la Recherche en Sciences Sociales*, n. 71-72, p. 129-134, 1988.

SAKURAI, Célia. A fase romântica da política: os primeiros deputados nikkeis no Brasil. In: FAUSTO, Boris et al. (Org.). *Imigração e política em São Paulo*. São Paulo: Sumaré, 1995. p. 127-177.

SANTOS, Fabiano Guilherme dos; PEGURIER, Fabiano. Political careers in Brazil: long term trends and cross-sectional variation. *Regional & Federal Studies*, v. 21, p. 603-621, 2011.

SAPIRO, Gisèle. Modelos de intervenção política dos intelectuais: o caso francês. *Revista Pós Ciências Sociais*, v. 9, n. 17, p. 19-50, 2012.

SCOTT, Joan Wallach. Gênero: uma categoria útil de análise histórica. *Educação & Realidade*, Porto Alegre, v. 20, n. 2, p. 71-99, jul./dez. 1995.

SEIDL, Ernesto. *A elite eclesiástica no Rio Grande do Sul*. Tese (doutorado) — Programa de Pós-Graduação em Ciência Política, Universidade Federal do Rio Grande do Sul, Porto Alegre, 2003.

SEYFERTH, Giralda. Etnicidade, política e ascensão social. *Mana*, v. 5, n. 2, p. 38-58, 1999.

SIGAL, Silvia. Intelectuais, cultura e política na Argentina. *Revista Pós Ciências Sociais*, São Luís, v. 9, n. 17, p. 51-66, 2012.

SILVA, Simone. As "rodas" literárias no Brasil nas décadas de 1920-30. Troca e obrigações no mundo do livro. *Latitude*, v. 2, n. 2, p. 182-210, 2008.

SIMÉANT, Johanna. Friches, hybrides et contrebandes: sur la circulation et la puissance militantes des discours savants. In: HAMMAN, P.; MÉON, J.-M.; VERRIER, B. *Discours savants, discours militants*: mélange des genres. Paris: l'Hartmattan, 2002. p. 17-53.

___. Un humanitaire "apolitique"? Démarcations, socioalisations au politique et espaces de la réalisation de soi. In: LAGROYE, Jacques (Org.). *La politisation*. Paris: Belin, 2003. p. 163-196.

SIMIONI, Ana Paula Cavalcanti. *Profissão artista*: pintoras e escultoras acadêmicas brasileiras. São Paulo: Editora da Universidade de São Paulo, 2008.

SORÁ, Gustavo. *Brasilianas*. José Olympio e gênese do mercado editorial brasileiro. São Paulo: Edusp, 2010.

SOUZA-LOBO, Elisabeth. O gênero da representação: representação política no Brasil (1980-1990). *Revista Brasileira Ciências Sociais*, n. 17, p. 7-14, 1991.

SOW, Marilene Mendes. A participação feminina na construção de um parlamento democrático. *E-Legis*, Brasília, n. 5, p. 79-94, 2. sem. 2010.

SUPLICY, Marta. *Minha vida de prefeita*. O que São Paulo me ensinou. Rio de Janeiro: Agir, 2008.

TRINDADE, Helgio. Bases da democracia brasileira. In: ROUQUIE, Alain et al. *Como renascem as democracias*. São Paulo: Brasiliense, 1985.

TRUZZI, Oswaldo. Sírios e libaneses em São Paulo. In: FAUSTO, Boris et al. (Org.). *Imigração e política em São Paulo*. São Paulo: Sumaré, 1995. p. 27-69.

UNZUÉ, Martín. A universidade na trajetória dos parlamentares brasileiros. *Revista Brasileira de Ciência Política*, n. 8, p. 13-46, 2012.

VELLOSO, Mônica Pimenta. *Os intelectuais e a política cultural do Estado Novo*. Rio de Janeiro: FGV/CPDOC, 1987.

VERRIER, Benoît. Expert, idéologue, militant: la production d'une ressouce socialiste (1964-1969). In: HAMMAN, P.; MÉON, J.-M.; VERRIER, B. *Discours savants, discours militants*: mélange des genres. Paris: l'Harmattan, 2002. p. 83-107.

___. Les transformations d'une marque politique. Du Ceres au MDC. In: COHEN, A.; LACROIX, B.; RIUTORT, P. *Les formes de l'activité politique*. Paris: PUF, 2006. p. 103-122.

WEBER, Max. *Ciência e política*: duas vocações. São Paulo: Cultrix, 1993.

___. *Economia y sociedad*. México: Fondo de Cultura Económica, 1987.

WILLEMEZ, Laurent. La republique des avocats. In: OFFERLÉ, M. *La profession politique*. Paris: Belin, 1999. p. 201-230.

Sites consultados

<http://cpdoc.fgv.br/producao/dossies>. Acesso em: nov. 2012.
<http://gramadosite.com.br>. Acesso em: 14 fev. 2008.
<www.academia.org.br>. Acesso em: 20 out. 2014.
<www.academia.org.br/abl>. Acesso em: 11 nov. 2013.
<www.cristovam.org.br/vida>. Acesso em: 20 jan. 2013.
<www.fea.usp.br>. Acesso em: out. 2012.
<www.fgv.br/cpdoc>. Acesso em: 20 out. 2014.
<www.fgv.br/cpdoc/acervo/arquivo-pessoal/CMa/. Acesso em: 20 jun. 2015.
<www.ieb.usp.br/guia-ieb/detalhe/167>. Acesso em: 16 mar. 2013.
<www.joaquimhaickel.globolog.com.br>. Acesso em: 4 fev. 2008.
<www.portoalegre.rs.gov.br>. Acesso em: 12 jan. 2008.
<www.responsabilidadesocial.com/article/article_view.php?id=203>. Acesso em: 24 mar. 2013.

Este livro foi impresso nas oficinas gráficas da Editora Vozes Ltda.,
Rua Frei Luís, 100 – Petrópolis, RJ.